LESSONS FROM THE

What Companies in the New Economy Can Lear
Great Industrial Giants to Drive Sustainable Succ

U0683694

沉浮的巨轮

十大工业巨头的转型之路

斯科特·戴维斯（Scott Davis）

［美］卡特·科普兰（Carter Copeland）　◎著　王　刚◎译

罗布·韦特海默（Rob Wertheimer）

人民邮电出版社

北　京

图书在版编目（CIP）数据

沉浮的巨轮：十大工业巨头的转型之路 / （美）斯科特·戴维斯（Scott Davis），（美）卡特·科普兰（Carter Copeland），（美）罗布·韦特海默（Rob Wertheimer）著；王刚译. -- 北京：人民邮电出版社，2022.5
ISBN 978-7-115-58535-6

Ⅰ. ①沉… Ⅱ. ①斯… ②卡… ③罗… ④王… Ⅲ. ①工业企业管理－研究－美国 Ⅳ. ①F471.25

中国版本图书馆CIP数据核字(2022)第044046号

内 容 提 要

本书主要由美国 10 个工业企业的案例研究组成：例如，通用电气公司如何成为世界上最大的企业，又如何因其傲慢的文化而导致最终溃败；波音公司如何重新评估风险、提高利润，又不幸地失衡；丹纳赫公司如何通过不断地自我革新，避免巨大的成功所带来的隐患；霍尼韦尔公司如何渡过文化几近崩溃的难关，实现完美的转型；卡特彼勒公司如何因过于依赖预测而造成高达数十亿美元的损失，又通过重拾基本原则而得以恢复等。通过充满启发性的案例研究和对工业巨头成功或失败的经验、教训的总结，来自华尔街的 3 位资深分析师，以其独特的视角，为我们提供了诸多宝贵的洞见，以帮助企业和管理者建立完善的运营体系，进行严格的资本配置，拥有长期、稳定的表现能力，从而在激烈的市场竞争中获得成功。

本书适合企业管理者、企业培训师、咨询师、投资者阅读。

- ◆ 著　　　　 ［美］斯科特·戴维斯（Scott Davis）
　　　　　　　 ［美］卡特·科普兰（Carter Copeland）
　　　　　　　 ［美］罗布·韦特海默（Rob Wertheimer ）
　　译　　　　 王　刚
　　责任编辑　 李　强
　　责任印制　 马振武
- ◆ 人民邮电出版社出版发行　　北京市丰台区成寿寺路 11 号
　　邮编　100164　　电子邮件　315@ptpress.com.cn
　　网址　https://www.ptpress.com.cn
　　北京天宇星印刷厂印刷
- ◆ 开本：720×960　1/16
　　印张：17.75　　　　　　　　2022 年 5 月第 1 版
　　字数：288 千字　　　　　　 2025 年 6 月北京第 10 次印刷
　　著作权合同登记号　图字：01-2021-0903 号

定价：99.80 元
读者服务热线：**(010)81055493**　印装质量热线：**(010)81055316**
反盗版热线：**(010)81055315**

版权声明

致谢

我们每个人都有自己经历过的这样的故事可讲：在我们职业生涯的某个时刻，有人担险提携我们。众所周知，进入华尔街的研究部门十分困难，而一旦进入，再向上发展则更加困难。行而致远离不开执着的追求和他人的襄助。我们有幸得到了商界很有才华的评论家和分析大师如艾丽斯·施罗德（Alice Schroeder）、史蒂夫·吉尔斯基（Steve Girsky）、玛丽·米克尔（Mary Meeker）、查克·菲利普斯（Chuck Phillips）、亨利·马维（Henry McVey）、拜伦·维恩（Byron Wien）、巴顿·比格斯（Barton Biggs）、斯蒂芬·罗奇（Stephen Roach）和詹妮弗·墨菲（Jennifer Murphy）等的指导，才成为崭露头角的分析师，对此我们心存感激。在他们的时代，尽管分析师的竞争异常激烈，他们仍是各自所在领域的翘楚。他们在退出分析师行业之后转战其他职业，又都攀上了第二个高峰。高层管理人员如摩根士丹利（Morgan Stanley）研究部的迈瑞·克拉克（Mayree Clark）、丹尼斯·史（Dennis Shea）和安德鲁·琼斯（Andrew Jones）、雷曼兄弟公司（Lehman Brothers）研究部的斯图·林德（Stu Linde）、投资银行部门的露丝·波拉特（Ruth Porat），以及摩根士丹利首席执行官约翰·麦克（John Mack），也带给我们很多鼓舞。他们都非常杰出，是来自另一个时代的领军人物。他们非常期待我们取得实质性的成就，同样又慷慨地给予我们指导。我们都很感激他们把经验分享给我们。

启动这个项目之际，我们并不知道面临的挑战有多么严峻。在这个非常时期，同一时间既要创业，又要分析企业的得失成败，再加上创作，似乎有点疯狂。然而，事实上，很多企业都不愿让人知晓它们的经历。我们认识到，很多杰出的人物一直将谦卑保持到退休或是人生终点。这次项目让我们感触颇深的是，成功人士和成功企业通常不愿置身于闪光灯下。缘于此，我们感谢布莱恩·杰利森（Brian Jellison）

的家人准许我们讲述他的故事，并感谢与他一起在儒博工业有限公司工作的同事。丹纳赫公司委托我们来讲述其精彩历史，这让我们喜出望外，同时也深表感谢。

对于在华尔街梅利乌斯研究公司（Melius Research）的同事，一句简单的感谢不足以表达我们的感激之情。杰克·莱文森（Jack Levinson）和瑞安·埃尔德里奇（Ryan Eldridge）不仅是杰出的分析师，事实证明，这两位分析师帮助我们把本书的每一章内容都变得更加鲜活、更加宝贵。梅利乌斯的其他员工定期给我们提供反馈，不时地告知初稿存在的各种问题，在写作过程中提供了非常珍贵的帮助。

对于那些编辑、审校本书的人，我们也感激不尽。我们的经纪人约翰·巴特曼（John Butman）使我们保持专注和谦虚。2020 年 3 月，他意外身故，这件事至今仍然令人难以接受。能够目睹其才华，我们深以为幸，尽管为时不久。约翰·兰德里（John Landry）是我们的合作者，他既专业又负责，指导我们完成了这项巨大的工程。

对于我们的客户，我们要说，如果没有你们，这一切都不可能实现，感谢对我们的信任并相信我们提供的建议。与创作此书的初衷一样，我们每天都努力做得更好。我们的企业名称 "Melius"（梅利乌斯）是一个拉丁词，意思是 "持续改进"。我们用热情秉持这些原则，从成功中总结经验，从失败中吸取教训，每一天都在努力把这些经历转化为对你们有益的工作。

我们还要感谢一位重要的合作伙伴——凯西·埃布罗（Casey Ebro），他是麦格劳 - 希尔教育出版公司（McGraw-Hill）的编辑。感谢他给了我们此次机会。出版容易被人忽视的主题的图书，这对我们来说是第一次。凯西，我们感谢你的指导与信任。

我最后想要感谢的人，也是最重要的人，是我的妻子兼业务伙伴利兹·戴维斯（Liz Davis）。她不仅仅是一位贤妻良母，事实证明她也是一位杰出的编辑。她日复一日地帮助我们反复修改亟待完善的书稿，一稿又一稿，直到我们能够独立撰写。她从一开始就表现出来的对此项目的耐心和热情是无价之宝。利兹和我都很幸运，父母和家人从第一天起就一直支持我们。

这个项目对于我们来说还意味着家人的付出与期许。它不只是我们办公室的成果。卡特·科普兰（Carter Copeland）感谢妻子劳拉·玛丽（Lora Marie）、4

个好孩子以及父母对他的无限支持，他们一直是他生活和事业的一部分。他们的爱与鼓励是他无限乐观的源泉。科普兰也感激他的导师——小约瑟夫·坎贝尔（Joseph Campbell Jr.）。坎贝尔教导他如何成为一名谦逊但保持好奇心的分析师、一位慈爱的父亲、一个善解人意的人，这些教导造就了今天的他。

罗布·韦特海默（Rob Wertheimer）很感激家人在整个项目期间对他的支持。他在周末进行编辑工作，这给孩子们提供了一个机会，让他们认识到写作、修改和重写这一过程不只是学校所教授的东西。

作者简介

斯科特·戴维斯是梅利乌斯研究公司的董事长和首席执行官，同时也是多行业领域的首席分析师。他有 25 年研究工业企业股票的经验，研究了 50 多家企业，这些企业的市值加起来超过 1 万亿美元。

在过去的 20 多年里，戴维斯带领的杰出研究团队，在华尔街所有分析师团队中始终牢牢占据前 10% 的位置。在过去的 17 年里，《机构投资者》（*Institutional Investor*）6 次将戴维斯评为多行业领域分析师第一名，他在其余年度也跻身前三名。

在效力梅利乌斯研究公司之前，戴维斯在摩根士丹利担任董事会主席以及全球工业研究集团（Global Industrials Research Group）负责人长达 16 年之久，后来在巴克莱银行（Barclays Plc）工作 6 年。戴维斯的观点及研究被数百本刊物所引用，其中包括《华尔街日报》（*Wall Street Journal*）、《纽约时报》（*New York Times*）、《福布斯》（*Forbes*）和《财富》（*Fortune*）。戴维斯还经常登上美国消费者新闻与商业频道（CNBC），并在彭博电视台（Bloomberg）、福克斯（Fox）和美国有线电视新闻网（CNN）中频频露面。

卡特·科普兰是梅利乌斯研究公司的总裁，同时也是全球航天与国防行业的首席研究分析师。在加入梅利乌斯研究公司前的十几年里，他每年都在《机构投资者》年度分析师排行榜中名列前茅。《机构投资者》旗下的《阿尔法》（*Alpha*）还将他评为航天与国防行业的华尔街第一分析师。科普兰曾作为航天与国防行业的高级分析师，效力于巴克莱银行和雷曼兄弟公司。在股票分析师的职业生涯开始之前，他在美国联邦储备委员会（Federal Reserve Board）理事会担任研究助理。作为联邦公开市场委员会（Federal Open Market Committee）的助理，他在企业金融方面有多个主题的学术研究，并负责出版事宜，对退休金管理的研究成果尤其令人瞩目。

罗布·韦特海默是梅利乌斯研究公司的创始合伙人，担任全球机械行业的研究主任和首席研究分析师。他有 10 余年的工业企业研究经验，在供职于巴克莱银行和摩根士丹利期间被《机构投资者》评为领域内排名前三的分析师。

在来到巴克莱银行之前，韦特海默在市场研究及咨询服务公司和摩根士丹利带领团队进行机械领域的分析。在入行之初，他在顶级的团队中担任副手，研究拉丁美洲的饮料和零售业；也曾在几家小企业担任过战略咨询师，研究制造业和零售业。韦特海默曾前往西非的尼日尔，专注于研究农业、林业和小乡村的水资源。

前言

过去 10 年来，在股票市场，投资者一直在炒作科技巨头企业，使得这些企业能够在未来数十年里面临较小的竞争且得到非常丰厚的利润。在赢者通吃的经济社会，市场份额成为这些企业的首要目标。而硅谷以外的企业则将大量资金用在企业的成长上，很少考虑企业成功上市后如何挣钱。随着所有关于颠覆和市场主导地位的讨论，你可能会认为商业法则已经失效了。就如同我们遭遇了一场可能产生更深远影响的新危机，但 2008—2009 年金融危机中吸取的惨痛教训早已被遗忘。

在新的世界格局中，投资者越来越难以评估企业的价值，推测哪些企业能够经久不衰却让位于颠覆市场和主宰市场的梦想。2019 年年底，几近垮掉的众创空间公司（WeWork）就是对这场挑战的一个鲜明的警示。激烈动荡的优步公司（Uber）是另外一个警示，特斯拉公司（Tesla）则进一步加剧了这场过山车式的动荡。2020 年的股票市场剧烈动荡，导致许多产业回到大萧条时期的估值水平，而其他一些产业则几乎没有受到影响。整体来说，这种局面只能被描述为"不稳定的平衡"。

事实上，我们也不知道 10 年后谷歌公司（Google）是否能生存下去；没有创始人的远见卓识，苹果公司（Apple）是否能够依旧兴旺；脸书公司（Facebook）是否只是昙花一现。还要再过 5 年我们才能知道，面对大批新的电动汽车即将投入市场的猛烈冲击，特斯拉公司的创新能否继续遥遥领先。同时，我们也很难知道健康产业和消费品产业的大型并购是会促成效益提升还是会促使官僚作风盛行。所有这些企业均有可能重蹈历史上曾经声名显赫的企业的覆辙。今天的颠覆者届时将会面临自己被颠覆的风险。

　　我们撰写此书，源于我们作为华尔街的分析师，可以直接看到一些企业的成功是如何转瞬即逝的。实际上，我们看到的失败案例的数量远远超过成功的案例。而且我们认为，这一趋势还会更加明显。第一次世界大战结束后的几十年里，标准普尔 500 指数榜上的企业平均寿命为 60 年，而今天，企业的平均寿命却不到 20 年，且在今后的几十年里，这个数字每年还将呈减小之势。其中的一些企业因为被兼并而消失，而另外一些企业则直接彻底消亡了。不管是哪种方式，其共同点是它们没能坚守住能令它们荣膺标准普尔 500 指数榜的卓越品性。那么，为什么规模庞大且实力雄厚的企业未能保持其竞争优势？权威学者通常的解释就是"颠覆"，这一点非常难以预测，也可能是一个最方便的借口。现实是更加复杂和令人难堪的。企业的失败通常是因为管理团队的无能和傲慢，而不是因为他们难以预测未来。

　　预测未来本身可能就是一种徒劳之举。20 世纪 80 年代，在我们成长的过程中，未来主义者预测过，到 20 世纪 90 年代末电动汽车将被广泛使用。事实上，通用汽车公司早在 1996 年就推出了第一代电动概念车（EV1）。几十年后，我们仍处于电动汽车广泛使用的早期阶段。这是真的吗？ 20 多年过去了，却依然如此。如果这种颠覆的步伐令汽车行业的领导者或投资者感到意外，那么他们脱节的程度肯定超出了我们的想象。与此同时，很少有人会预料到我们如今拥有的计算能力、互联网及智能手机的无处不在的影响。2011 年，网景通信公司（Netscape）的共同创始人、硅谷（Silicon Valley）投资者马克·安德森（Marc Andreessen）指出，"软件正在吞噬世界"。这一预测当然是准确的。很少有人会想到软件已经产生了如此巨大的影响。安德森的这一预测被大多数人忽视了，但现在看来则非常有先见之明。即使是最优秀的首席执行官，如果他们认为自己能够始终如一地预测未来，那也是在自欺欺人。

　　因此，高级管理人员必须专注于他们实际能够控制的事情：培养一种鼓励持续改进的谦逊文化，坚持控制企业成本，推动制造卓越产品，鼓励一切以客户为中心的理念，建立严格的资金分配流程，将投资组合投向回报率更高的资产，同时制定激励措施，让员工专注于手头的工作。这些都是影响成功者的因素。

　　现实的情况是，绝大多数企业能利用必要的工具来推进业务，即使在正被颠覆的情况下也依然如此。在一个资本廉价的世界，即便是行动缓慢的管理团队也可能找到实现重大商业模式转变所需的资源；无论是利用并购的力量来加速修建一条新的通道，还是对现有核心板块进行大量投资，这都是事实。我们都已看到了成功，但关键是要投资，而不仅仅是眼睁睁地看着别人抢占先机。在大多数行业中，许多企业之所以发展缓慢，并非因为产品或市场突然中断，而是因为这些企业未能跟上高速发展的竞争对手的步伐。自满、傲慢、建立自己的"帝国"和不切实际的愿景是失败的共同特征。事实上，我们已经通过对每一个失败案例的分析看到了上述影响因素。

基于这样的背景，我们认为，应该更加重视那些经营好的企业所遵循的基本、传统的原则。这些原则依然存在并经受了时间的检验，我们的目的是将其分享给大家。

为什么工业是最适合分析的行业

作为资深的分析师，我们首先看到了市场 20 年来痴迷于颠覆、数字化转型、市场主导地位和盲目崇拜领导的现象。但随着"新经济"时代越发成熟，问题就变成了什么样的企业将会持续存在，企业如何才能持续生存并继续增长？答案是：那些高歌猛进、成功发展的大型工业企业，其中许多已经发展了几十年。它们占据了市场最初的科技领域，如图 0-1 所示。它们曾经也是充满雄心壮志的年轻企业，与今天崛起的许多科技企业并无二致。很多企业都是通过某种方式，如单一的颠覆、企业家的梦想或其他一些关键的竞争优势而成功的。通用电气公司（GE，General Electric）的历史可以追溯到托马斯·阿尔瓦·爱迪生（Thomas Alva Edison）的发明；波音公司（Boeing）源于飞行；霍尼韦尔公司（Honeywell）源于恒温器制造；史丹利百得公司（Stanley Black&Decker）源于 19 世纪 40 年代的五金工具生产。但在颠覆性的阶段之后，这些企业都经历了其创始人可能从未想象到的种种磨炼。高利润总会吸引新的创业者，而反过来，那些创业者往往会受益于模仿他人成功的能力，只需要一张白纸和资本投入就可获得所有的收益。更为重要的是，若对系统和流程不予重视，这些企业都将经历诸如管理能力不佳、愿景不切实际，以及关注点流失等影响带来的生存困境。

道琼斯工业平均指数涉及的企业	
1896 年	
美国棉花油制造公司	拉克利德燃气公司
美国糖类公司	国家铅业公司
美国烟草公司	北美公司
芝加哥燃气公司	田纳西煤、铁和铁路公司
酿酒和饲料公司	美国皮草公司
通用电气公司	美国橡胶公司
2020 年	
3M 公司	摩根大通公司
美国运通公司	麦当劳
苹果公司	默克制药公司
波音公司	微软公司
卡特彼勒公司	耐克
雪佛龙公司	辉瑞制药有限公司
思科公司	宝洁公司
可口可乐公司	旅行者集团
陶氏化学	联合技术公司
埃克森美孚公司	联合健康集团
高盛集团	威瑞森电信
家得宝公司	维萨
国际商用机器公司	沃尔格林博姿联合公司
英特尔公司	沃尔玛
强生公司	迪士尼

图 0-1　工业是最初的技术和增长板块

资料来源：道琼斯（Dow Jones）、彭博社

　　尽管存在这些挑战，但我们重点介绍的这些企业都在现实的商业环境的高峰和低谷中幸存下来，并且大多数生意兴隆，蓬勃发展。历经反复的失败和成功，它们开发出了世界上先进的商业系统。最优秀的人不畏艰险，变得卓然出众。事实上，它们的秘密可以说根本就不是秘密——持续改进、采用严格的标杆分析法、精准严谨的投资、有原则的领导、建立稳固的经营体系。但这些做法却早已被那些做着谷歌、亚马逊（Amazon）或苹果公司成功梦的商人们所遗忘、忽视或抛弃。

这些工业企业是我们工作的灵感来源。

我们谈论道琼斯工业指数是有原因的——这些企业在历史上大部分时间里都主宰着股市。工业企业所造成的或遭受的颠覆比其他任何企业都多。利用一个世纪以来这些企业取得的巨大成功或遭受失败的数据，我们得以在很多方面将工业作为进一步研究的绝好领域。它们在以下方面获得了成功：内燃机车、喷气发动机、谷物收割机、工厂机器人和 X 光机。这些企业拥有看似神奇的市场地位，但大多数企业都没用好这一优势。傲慢导致了投资决策浪费、劳资关系糟糕以及丑闻层出不穷。空气污染和水污染源于它们的贪婪。在国内外的竞争对手提供了更低成本和更高质量的产品时，许多过去的管理者却拒绝适应和改变。然而，那些学会克服这些挑战而繁荣发展的企业，则成为我们绝佳的研究对象。

美国商业中的大多数企业失败都是微妙的。这些企业只是逐渐消失，通常会并入一个更大的实体，这个实体乐于接受现有企业的基本结构、客户名单、某些技术和人才，所有这些都是以低价出售的。这些企业并不是绝对意义上的失败，事实上，其企业高管离开时一般都名利双收。但是，如果没有出售或合并，它们失败的可能性就很大。仅在工业行业，就有数千家类似的企业。虽然研究了一百多年来的数据，但我们意识到不必追溯得那么远。失败的原因和成功的公式根本没有改变，无论是 1950 年、1980 年还是 2020 年，几乎完全相同。

如果我们往回看一点，一个既有趣或许又具有讽刺意味的现象是，几十年来，"挣扎/失败"转变为"出售/合并"的状态，助长了许多成功实体的并购欲望。沃伦•巴菲特（Warren Buffett）是早期以价值为基础的并购先驱，如今很多私募股权基金的存在都是基于这一战略。收购别人管理得一团糟的企业，接着"缝缝补补"，关停一部分，或者卖掉不想要的部分。这种操作帮助了不少企业，它们的利润增长远远高于同行，且增加了收益。

工业企业多年来一直在完善这一战略，因此，几十年来尽管全球竞争加剧，有机增长相对有限，颠覆发生无数次，但其利润率一直在上升，如图 0-2 所示。事实上，过去的 50 年里，标准普尔 500 指数中，工业和科技成为仅有的利润率不断上升的领域。具有讽刺意味的是，其作为标准普尔 500 指数中最老和最新的板块，一直是成功的，但原因各不相同。工业企业吞并弱者，改善其经营状况，并通过整合来控制成熟市场；而科技企业专注于颠覆，通过实际垄断新市场来获胜。这是非常明显的例子，表明两个行业处于不同的成熟期，但情况并非总是如此。既然工业源于最初的科技，那么从工业的发展中吸取的教训对当今的科技世界是非常有价值的，这似乎是合乎逻辑的。最终，科技将不得不从早期的颠覆阶段过渡到某些更可持续的领域。这就是本书中案例研究的价值所在。这个教训是惊人的，也是永不过时的。

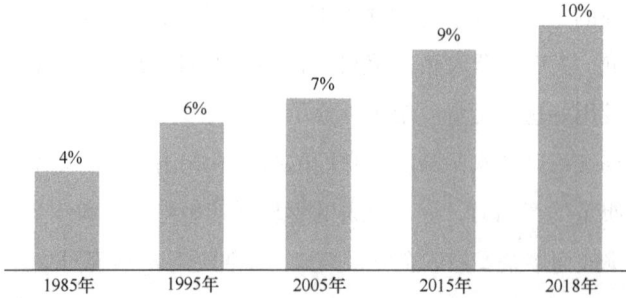

图 0-2　几十年来，尽管全球竞争日益激烈，但工业企业的净利润率仍在上升
资料来源：彭博社

因为几十年来一直在分析工业领域，所以我们知道通用电气公司为什么跌跌撞撞，霍尼韦尔公司又是如何拯救自己的，尽管 2001 年显示的情况恰恰相反；丹纳赫公司（Danaher）如何通过一次又一次自我改造成为历史上最成功的企业之一；史丹利百得公司是如何通过利用卓越的制造能力和专注创新力，在世界上竞争最激烈的领域之一——手工工具业取得成功的。我们研究的是风险管理，很少有企业经历过如波音公司那样从高点跌落到令人羞愧的低点。我们通过分享创造惊人价值的儒博工业有限公司（Roper）和泛图公司（TransDigm）的故事来挖掘并购的力量。

我们利用一个世纪以来的企业数据来研究采用何种模式才能使企业持续存在。我们收集了赢家、输家、迷茫者、回归者的数据和故事的统计样本。在经历了几十年的激烈竞争、周期性波动和地缘政治变化后，幸存下来的工业企业找到了一条繁荣发展的道路，它们的韧性对其他经济也有启示。一旦颠覆了你的行业，挑战就不会结束，你只会遇到新的挑战。

我们寻找的是什么

我们费了很大的气力去探究企业有无狂妄自大的迹象，这是失败最普遍的特征，甚至比得意自满更常见。而成功者似乎一直在告诫自己要永葆谦逊。我们介绍了业务系统和严格的标杆分析法是如何使企业脚踏实地，从而维持长期的运营。我们关注的是那些不断改善运营情况的企业如何获得资金流，以便富有创造性地投资，用于新产品的开发和投机性的并购。我们还关注它们如何能够不断地改进，以一种非常有条不紊、可以重复的方式，从增量投资中获取更高的利润和资金。

和许多商业类图书一样，我们确实在关注文化，但关注的方式不同于通俗文学的做法。健康并有利于发展的文化对任何企业的长期运营都至关重要。但我们发现这种文化是行动和激励措施的副产品，而不是驱动力。换言之，这种文化不能从上至下强制推行。它不是语言，而是行动。谈论文化的大多数企业其实并没有文化，至少没有一种优秀的文化。文化不是来自于使命宣言或首席执行官的网络演讲。企业文化虽然是得到上层鼓励的，但事实上是自下而上建立起来的——在完成工作的工厂车间或者小隔间里。员工的安全和福利必须成为企业文化的基础。市场营销部门以客户为中心也是最基本的。研发机构是否致力于解决客户当前的问题，以及与此任务相伴的整合防错和精益生产？员工是否集中精力、受到激励、得到授权，并致力于持续改进？如果企业开始落后，领导者是否会对标最好的企业进行赶超，并接受挑战？伦理道德是最低期望吗？坏消息传得比好消息快吗？领导们是团结起来解决问题，还是浪费精力推卸责任？虽然坐在办公室里谈论文化是很方便的，但如果管理者们不能到最基层去亲身体验文化，如果文化没有渗透到最底层的劳动者中，那种文化就毫无意义。

企业的高层管理者对文化的影响表现在行动和激励措施上。首席执行官举止不当，其管理的企业会表现糟糕。奖励那些做正确事情的员工，这样良好的行为就可能成为规范。金钱激励确实很重要。文化没有对错之分，我们看到一些成功的企业采用了各种不同的行之有效的方法。配备乒乓球台和午休室，可能有助于为一些企业确立休闲的基调，但在另一些企业就可能产生适得其反的影响。重要的是，这些方法是否适合企业的领导力、能力和所面临的挑战的强度。

至于企业崩溃，我们已经看到了很多例子，无论是我们所研究的企业还是自己所服务过的企业。我们中的一位作者目睹了他所在的雷曼兄弟公司，在6个月内从华尔街的宠儿走向破产；而另外两个人则见证了他们的雇主摩根士丹利濒临破产，却在最后几小时内起死回生。摩根士丹利之所以能存活下来，全靠政府的支持和一家日本银行在最后一刻的抢救性投资。在 2008 年金融危机之前，我们经历了科技泡沫。1999—2001 年，分析师们都是明星，豪华轿车排着队等着接送他们，甚至最初级的分析人员也可以享受到这一待遇。而到了 2004 年，我们大都处于赋闲状态。如今的新冠肺炎疫情危机带来了一个完全不同的挑战，也带来了巨大的风险。

然而，几十年来研究企业的经验让我们相信，经济大灾难非常引人关注，尽管"死亡"似乎常常即将来临，但在现实中很少发生。2008 年，华尔街多家企业倒闭，但是它们多年前就提高了风险等级。公开呈报非常清楚，债务水平飙升。如今的疫情暴发得很突然，但是对此类事件的警告已经出现了几十年。大多数政府忽视了风险，没有做好准备。因此，尽管"颠覆"占据了媒体的头条，引人关注，但做好日常的整合防错和精益生产才至为关键：让企业拥有以实体为中心的业务系统；标杆管理杜绝企业守成不变，让即使是最好的企业也能保持虚心向上。给我们留下特别深刻印象的是并购的力量——即使是每年 1% ~ 2% 的增长率，累积起来也十分可观。经营效率的稳步提高为未来投资的增长提供了越来越多的资金，这反过来又可以进一步提高经营的回报。这是一种良性循环，让企业有能力灵活应对颠覆或其他任何挑战，此即"飞轮效应"——吉姆·柯林斯（Jim Collins）在 2001 年的畅销书《从优秀到卓越》（*Good to Great*）中成功地推广了这个术语，如图 0-3 所示。

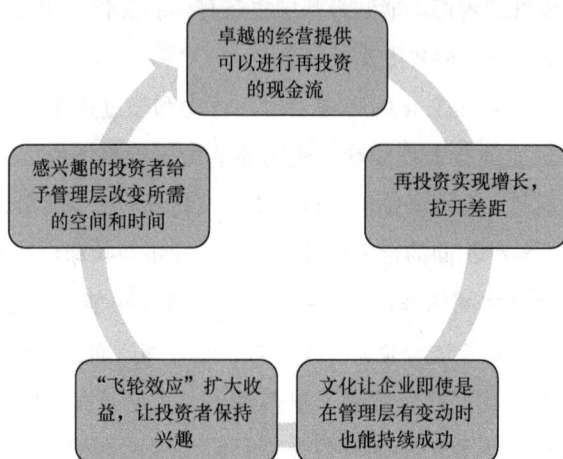

图 0-3 现代"飞轮效应"示意

资料来源：梅利乌斯研究公司

我们如何衡量成功

在理想的情况下，我们会使用一套广泛的评价标准来衡量成功，包括财务性指标和非财务性指标。然而，非财务性指标可能无法准确计量，具有很大的主观随意性，并且对不同的行业有不同的相关性。例如，员工敬业度、员工在职业生涯中的整体体验、客户满意度、产品对社会的价值、社区和环境等指标很重要，但是我们能有效地利用它们吗？从很多方面来看皆非易事。现实情况是，成功的企业为员工创造了机会，往往支付员工较高的薪酬，但多数企业也将工作岗位转移到成本低的地区。这对社会的净冲击是大是小，现在尚不清楚，但许多行业的生存需要完全改变成本结构。20世纪70年代以后的美国的服装业就是一个典型的例子：留在美国，等着破产；把制造业务转移到海外，继续生存下去。这并不是一个容易做出的决定，但是如果企业因坚守过时的原则而消亡，则没有人会从中受益。

员工敬业度可能风靡一时，但数据并不公开，因此无法处理，我们也会对管理层在评分方面的判断持怀疑态度。大多数因素一旦添加到奖励算法中，就会被操纵。

无论如何，我们别无选择，只能用财务指标来定义成功。我们发现，随着时间的推移，股市回报与生存的相关性高于其他任何指标。从长远来看，股票市场是一个公平的裁判。资本效忠于创造价值的实体并从破坏价值的企业中流失。短期内也许存在炒作和投机，但从长期来看，企业成功与股市回报之间的相关性很高。

虽然我们通常用股东回报作为衡量企业战略是否长期成功的一种方式，但我们不会忽视更广泛的利益相关者的利益。最好的企业似乎能很好地平衡这一切。生存是至关重要的，企业倒闭对员工、供应商、客户都没有好处。对于安然（Enron）、安达信（Arthur Andersen）或雷曼兄弟（Lehman Brothers）等大企业破产案来说，员工失业伴随着简历价值大幅下降、医疗福利的损失以及落空的退休基金承诺。通常情况下，无法满足普通股东需求的企业最终会失败。一旦它们失去了获得资金的能力，不能进行资产、员工、供应商和客户的再投资……企业就会不断衰败，最终倒闭。

在找到更好的衡量标准之前，股东价值及其与生存的高度相关性将成为我们选择的衡量标准。我们不会忽视其他利益相关者，事实上，我们有时会强调其中一个的重要性，但只在它是至关重要的情况下。关键利益相关者群体的成功并不相互排斥。现实情况是，获得长期成功的企业几乎总是高度关注客户的需求，将供应商视为合作伙伴，将员工视为最大的资产，并对社区进行投资。我们几乎找不到相反的证据。但股东价值必须放在首位和中心位置。如果实体没有某种持续创造价值的表征，投资不足几乎是必然的，然后所有其他利益相关者都会被影响。

在定性方面，我们寻求的是运行效率，以及强有力的战术和战略决策。通常，通过收购和集中的研发支出，这些都会得到改善。我们寻找符合所有者利益的薪酬方案，以及善于与股东沟通的优秀的投资者关系团队。我们发现有效的沟通能促成长期的战略决策，并为管理层争取到执行计划所需的关键时间。一切美好的事物都需要时间。事实上，我们在本书中强调企业需要长达 7 年的时间来全面部署其战略。任何有说服力的商业计划都需要始终如一的专注，这可能是最困难的部分。在商业周期的起起落落中坚持一种策略，同时还要处理"打地鼠"般层出不穷、分散注意力的日常问题，这需要极大的专注力。

我们是谁

我们是华尔街分析师，大部分职业生涯都在大型投资银行度过。但我们打破常规，成立了自己的股票研究、数据分析和咨询公司。我们每个人都有长期跟踪各种类型和规模的工业企业及其公开交易的股票的经验。作为分析师，我们的工作是深入研究一家企业的业务，提供详细的收益分析，同时将其与同类企业或整个市场进行比较，对这家企业的价值进行评估，从而将其股票评级为买入、持有或卖出。一些批评人士说，我们只是报酬过高的记者；而另一些人则指出，利益冲突会影响我们的判断。这些观点有些道理，就像其他职业一样，有一些非常糟糕的从业者，同时也有杰出者。我们每个人都有幸与一些极有天赋的分析师共事。无论如何，分析师的影响力高于常人。一个有影响力的分析师可以扼杀一桩并购交易，影响企业首次公开募股（IPO），并对董事会级别的大规模变动起相关作用。这种能力通常会让我们可以直接拨打许多大企业高管的电话。高管们经常与我们讨论他们的想法、计划、担忧和愿景：有些是公开讨论的，有些则是私下讨论的，我们经常一对一地交流数小时。我们已经看到了一些杰出的战略家和经营者，以及与之相反的例子，在足够多的迭代中写满了不止一本书。

全书指南

本书的大多数案例研究都始于几代以前的科技驱动的成长型企业。它们面对的现实是残酷的竞争、缩短的产品周期和剧烈的商业环境波动，经历了帝国建设和非集中化战略管理时期。最终，它们研发出了实现生存的工具。

它们的许多竞争对手已经不复存在：要么破产，要么被能够更有效地获取利润和资本的赢家所并购。多年来，确保生存所需的工具不断进化，也在不断改进：在美国工业化时代，简单、有效的命令控制式管理体系就足以带来成功。历史上也曾有过需要大刀阔斧、痛下决心地削减成本才能继续将企业经营下去的情况。全球贸易或竞争力的变化往往需要采取积极行动。很明显，现在只有这些已经不够了，至少还需要更加严格的管理。

从我们长达一个世纪的数据库中可以得到的最清晰的教训是，没有纪律的经营是行不通的，不适用于核心业务。在核心业务中，产品过多或过少造成效率降低，迟早会影响利润，这些状况对收购也不起作用，无论是由英明的首席执行官进行决策还是预测都注定会失败。我们看到，管理团队试图看透终端市场的商业周期和增长，结果导致了数千亿美元的损失。管理层迟早会做出错误的猜测，从而落后于形势。

利用我们收集的一个多世纪的数据，我们确定了持续成功的企业和与其成功相关的指标。我们解释了企业应该做些什么以使它们朝着正确的方向发展，以及它们应该避免的错误趋势；还解释了拥有一个成本可控、员工的注意力集中和引导资金流向盈利增长的业务系统的重要性。我们重申，在适当的情况下，在企业的各个层面进行标杆管理的重要性。

本书的大部分内容都是一些企业的案例研究，这些企业在一段时间内努力维持其市场地位，其中既有失败的案例，也有成功的案例。这些案例研究显示了每个企业的管理者都必须面对的人的因素。

第 1 章和第 2 章讲述的是通用电气公司，是基础章节。故事始于 100 多年前通用电气公司的创立，但我们重点关注其最近 40 年的发展。首席执行官杰克·韦尔奇（Jack Welch）实施了重振企业集团的伟大愿景，但他的傲慢自大最终导致其继任者杰夫·伊梅尔特（Jeff Immelt）走上了一条灾难性的道路。虽然这两章和其他章节提供了关于管理者个人的丰富多彩的细节，但是这些故事强调了纪律的必要性，借助成熟的商业工具，使人们免于陷入时下的狂热之中。

在第 3 章，我们转而关注一家努力恢复盈利能力的企业，最终它断断续续获得了成功，但又挥霍了很多进步的成果。波音公司在 1997 年与空客一起成为双寡头垄断企业，统治着全球客机的市场。然而，波音公司最初只是一家普通的企业，直到该企业最终学会专注于一种更简单、风险更低的商业模式和产品提供方式，而不是其工程师和管理者曾经追求的技术至上主义。然后，我们深入研究了波音公司在波音 737 MAX 机型上犯下的可怕的错误，发现其作为一家大企业在成功似乎势不可挡的情况下，反而因傲慢蔓延选择了走捷径。

737 MAX 机型是波音公司体形最大、最赚钱的客机，它的停飞损害了企业的利益，让波音公司陷入困境。这是一个深刻的教训，一家企业前一年还在世界之巅，而下一年就坠入了谷底。以历史标准来看，这不过是一瞬间，但它将重新定义这个世界上最受人们喜爱的行业之一，从中得到的教训是异乎寻常的。

在第 4 章，丹纳赫公司将精益生产应用于运营和收购，积极地引导资金和债务杠杆来收购高潜力资产。它不断地将自己重新定义为一组可以在其强大的业务系统下进行优化的资产。考虑到当前的挑战，该企业进军医疗行业的时机再恰当不过了。

第 5 章介绍了霍尼韦尔公司，该企业曾经迷失了方向，几乎摇摇欲坠，但最终被一位打破常规的首席执行官所救。他将责任和意义重新赋予该企业，成就斐然。

在第 6 章，我们将丹纳赫公司和霍尼韦尔公司的成功案例与联合技术公司（United Technologies）进行了对比。联合技术公司追求单一的衡量标准，即每股收益增长，而不是追求实用。联合技术公司的想法是正确的，但它的系统无法随着企业的改变而改变。

在第 7 章，卡特彼勒公司（Caterpillar）是另一个有趣的案例。由于其先进的产品和强大的经销商网络，这家企业长期处于世界顶尖行列，主宰建筑设备市场。

然而，它在很长一段时间内遭遇了极端的变化，因为它难以预测和应对需求的大幅波动，而经济迅速全球化又加剧了这种波动。在新的管理模式下，该企业采用了精益生产和其他系统性原则来降低成本，使自己重新回到正确的轨道上。

在第 8 章，我们介绍了两家高度关注增值的企业，它们为投资者带来了超高的回报。我们可以看到儒博工业有限公司是如何通过坚持不懈地将资金转移到更好的领域，从一个工业泵制造商转变为一个商业和基础设施软件供应商的。

在第 9 章，我们讲述了泛图集团的故事，以及它是如何采用并购的概念，利用杠杆和并购来聚集小众航空零部件供应商的。通过严格的定价和成本控制措施，该企业实现了极高的利润增长。这些故事中的每一家企业都为股东创造了非凡的成果，也为员工和其他利益相关者创造了似乎无穷无尽的机会。

在第 10 章和第 11 章，我们讲述了两个具有独特教训的故事。一个是曾在手工工具领域占据主导地位的史丹利百得公司，它在看到利润率下降时，通过精益结合创新起死回生。它的故事展示了企业如何在使用一个业务系统的时间改变行业商业体系的实施。另一个是联合租赁公司（United Rentals），它自己不制造产品，而是从其他企业购买重型设备，并向其建筑和工业客户出租。经过多年的努力，它从一个缺乏纪律且分散的行业中剥离出来，致力于系统地为客户提供价值，包括运营和资本配置。其结果是翻天覆地的，它在标准普尔指数上实现了每年超过 10% 的增长，并保持了 10 年。而这是一个被认为与其他行业毫无差异、技术含量低的行业。

在第 12 章，我们深入探讨了从这些案例研究中获得的常见经验和教训，并包括其他实际应用。

也许这本书最让人兴奋的地方是，这些企业拥有大量的故事，但在很大程度上被忽视了。这些工业巨擘的教训是无价的。因为如果通用电气公司可以倒闭，那么几乎任何企业都可以倒闭。如果波音公司作为美国最大的出口商，能够在不到一年的时间里从一个令人羡慕的盈利企业变成一家寻求政府援助的企业，那么任何企业也都可能遇到这样的困境。同理，如果丹纳赫公司能够通过专注于制造卓越产品创造利润而取胜，那么任何企业也可以。本书对企业如何蓬勃发展与繁荣进行了客观的解释。阅读本书，你将获得见解、策略和战术，以确保你在新经济中成为赢家。

目录

目录

案例研究中的第一家企业在全书中是最有故事的，这是一家带有鲜明美国特色的企业，它的故事既令人称奇又让人叹息。它多次重整旗鼓，之后又元气大伤，给股东和声誉价值造成了史上最大的损害。

通用电气公司在 20 世纪 90 年代攀上了资本主义世界企业的顶峰。1999 年，《财富》将其首席执行官杰克·韦尔奇誉为"世纪经理人"。2000 年，通用电气公司的总市值达到了 6 000 亿美元，成为世界上最有价值的企业，是当时其他大企业如 3M 公司和杜邦公司（DuPont）规模的 20 倍。通用电气公司在 2001 年科技泡沫破裂后回归现实，但仍保持着史上最佳企业之一的荣誉，这一声誉在爆发了金融海啸的 2008 年中起伏不定。2015 年，通用电气公司迎来了短暂的复兴，但接着在 2017—2018 年出现了自由落体式的暴跌，到 2020 年 4 月，它的价值只有大约 500 亿美元。它的股价一度接近 60 美元，在跌到低谷时却只有 6 美元左右，在 18 年里惊人地下跌了 90%。这一衰落带来的结果就是数万个工作岗位和股息的消失，美国证券交易委员会（SEC）也对通用电气展开了涉嫌欺诈的全面调查。

通用电气公司的衰败激起了几乎所有持有其股票的股民的强烈不满。一些人把它视为企业贪婪的典型，另一些人把它看作美国证券交易委员会的监管失败。真相更加复杂，最大的责任在于长期担任首席执行官的杰夫·伊梅尔特和董事会的监管不力。

本章聚焦于通用电气公司波澜壮阔的崛起。在首席执行官杰克·韦尔奇的领导下，它从 20 世纪 80 年代早期一家表现平平的老工业企业，成为 20 世纪 90 年代末美国最令人佩服的企业。如果以今天的美元价值来衡量当时的规模，通用电气公司就是如同微软、苹果、亚马逊和谷歌母公司字母表公司（Alphabet）这样的巨无霸，如图 1-1 所示。第 2 章将按时间顺序讲述通用电气公司从神坛跌落的过程，即杰夫·伊梅尔特 2001 年担任首席执行官至 2017 年被解雇这一期间发生的故事，并介绍它如今面临的持续挑战。

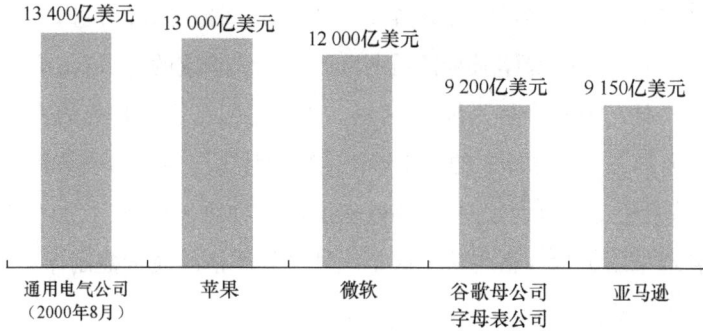

图 1-1　通用电气公司巅峰时期的总市值折算后超过绝大多数如今炙手可热的科技企业

注：根据 2019 年年底标准普尔 500 指数总市值调整后，通用电气公司假设其相对规模与标准普尔 500 指数峰值时的比例相同。换言之，通用电气公司巅峰时期（2000 年 8 月）的价值转换成了 2019 年的美元价值。苹果、微软、谷歌母公司字母表公司和亚马逊的价值是 2019 年 12 月 31 日的数据。

　　资料来源：彭博社

通用电气公司的早期

　　通用电气公司是在 1892 年由两家发电设备行业领先企业——爱迪生通用电气公司（Edison General Electric）和汤姆逊·休斯敦电气公司（Thomson-Houston Electric）——合并而成的。在 20 世纪 20 年代到 20 世纪 40 年代，杰拉德·斯沃普（Gerard Swope）长期担任首席执行官。在他的领导下，通用电气公司在管理体制上采取新的战略性措施，主导设备的制造和安装。这些设备在当时属于高科技产品。电力对世界来说还是新事物，其增长是非常迅猛的。通用电气公司这家年轻的企业开拓了许多新领域，特别是照明和家用电器，同时也强势进军矿业和铁路市场。通用电气公司成为强大的工业集团，在尝试的大部分领域都取得了成功，这持续了将近 50 年。

　　通用电气公司在 20 世纪六七十年代面临着新的挑战，国内和海外市场的竞争都变得更加激烈。那时，通用电气行动迟缓且笨拙，小心谨慎地确保万无一失，但是对市场变化却反应迟钝。

　　韦尔奇在 1981 年成为首席执行官后，目标是裁撤臃肿的机构，让通用电气找回敏捷。那时，新闻媒体通常把通用电气称为"笨重的巨人"，这不是韦尔奇想要维持的声誉。韦尔奇是一位 40 多岁、年富力强且雄心勃勃的管理者，他看到了企业更大的潜力。在任职的前 5 年，他减少管理层级，将决策贯彻到整个企业。他大规模投资工厂自动化，把提高效率推到了车间一线。到了 20 世纪 90 年代，他雄心勃勃地采用了六西格玛法（这是一种极其严格的质量控制体系），使这一改革浪潮到达巅峰，如图 1-2 所示。

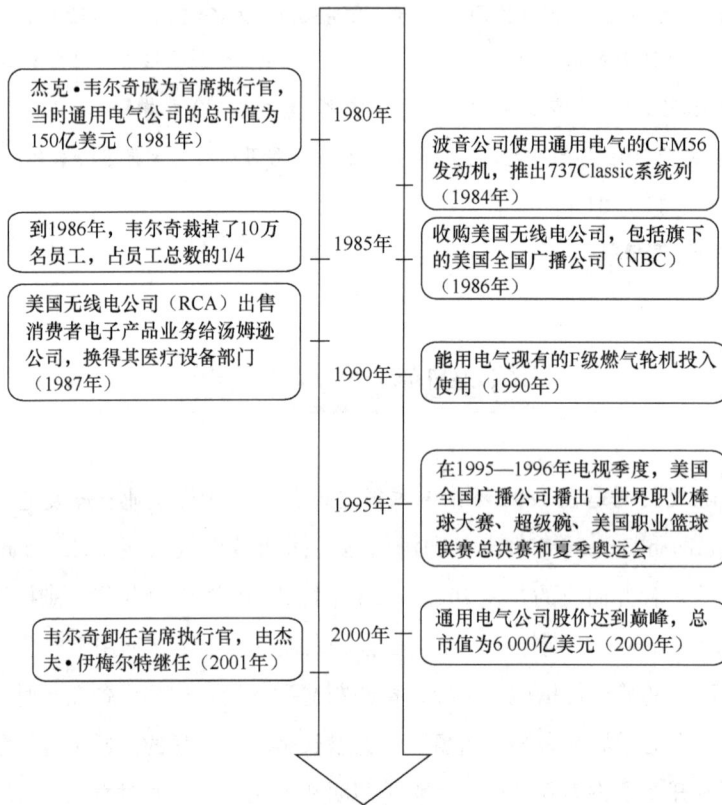

杰克·韦尔奇成为首席执行官，当时通用电气公司的总市值为 150 亿美元（1981 年）

1980 年

波音公司使用通用电气的 CFM56 发动机，推出 737Classic 系统列（1984 年）

到 1986 年，韦尔奇裁掉了 10 万名员工，占员工总数的 1/4

1985 年

收购美国无线电公司，包括旗下的美国全国广播公司（NBC）（1986 年）

美国无线电公司（RCA）出售消费者电子产品业务给汤姆逊公司，换得其医疗设备部门（1987 年）

1990 年

能用电气现有的 F 级燃气轮机投入使用（1990 年）

1995 年

在 1995—1996 年电视季度，美国全国广播公司播出了世界职业棒球大赛、超级碗、美国职业篮球联赛总决赛和夏季奥运会

韦尔奇卸任首席执行官，由杰夫·伊梅尔特继任（2001 年）

2000 年

通用电气公司股价达到巅峰，总市值为 6 000 亿美元（2000 年）

图 1-2　杰克·韦尔奇时代（1981—2001 年）

资料来源：通用电气公司文件、新闻报道，彭博社

　　同时，韦尔奇要求高层管理者增加市场份额，寻找新的增长领域。各个部门都必须在行业内做到"数一数二"才能保留下来。韦尔奇砍掉了增长缓慢、竞争激烈的业务，比如矿业，取而代之的是快速增长的行业，通常是高科技领域，比

如特种塑料。他想要的是有潜力获得优势市场份额的业务，否则就要被砍掉——整顿、关闭或出售，这也成了他的座右铭。

为了争取全公司对其战略改革的支持，韦尔奇加大奖励力度，优先使用股票作为激励措施，并且鼓励冒险。没有实现预期目标的员工进入察看期，如果再一次没有达到目标，就会被解雇。那些实现或者超过目标的员工，就会得到可观的回报，并且平步青云。对于公司剩下的员工，他引入强制排位制度，裁掉每年排名在后 10% 的员工。到 1986 年，通用电气公司裁掉了超过 10 万名员工，相当于全体员工的 1/4。尽管批评家发出了警告，但是企业的收入事实上经过裁员的动荡后得到了提高。在此之前，美国历史上还没有如此大规模的结构调整，这被认为是不可能的事，如图 1-3 和图 1-4 所示。

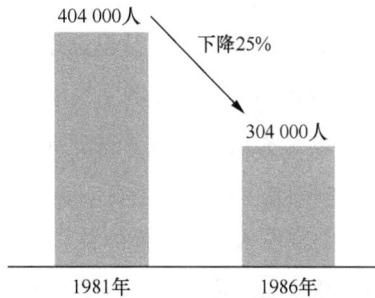

404 000人　↘　下降25%

304 000人

1981年　　　　1986年

图 1-3　杰克·韦尔奇在任职前 5 年裁掉了 25% 的员工

注：图中数据是为了节省成本，且排除了收购美国无线电公司的影响。

资料来源：通用电气公司文件

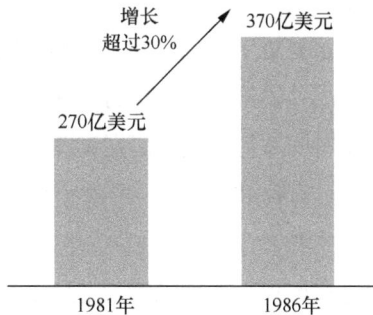

增长
超过30%　↗　370亿美元

270亿美元

1981年　　　　1986年

图 1-4　通用电气收入增长超过 30%

资料来源：通用电气公司文件

　　毫不奇怪的是，通用电气成为一家"残酷无情、近乎疯狂"的企业。管理层奉行"拼命干，尽情玩"的文化，员工接到的项目越来越难，受到的期待值越来越高。如果你成功了，那么每两到三年，你就会被调到不同的工作岗位，通常是一个完全不同的领域。生活并不容易，家庭为此付出了代价；高管的离婚率很高。但是财务成果是显著的，而且通用电气杰出的管理名声还在变大。通用电气的股价在这个5年几乎翻倍（上涨了180%），远超标准普尔500指数的增长速度（80%）。

　　从任职初期到中期，韦尔奇在很多人眼中是"中子弹杰克"的形象。这一形象来源于他冷酷无情的管理风格，并且传到了通用电气有名的、位于纽约克劳顿的培训中心那边。然而，和长期成功一样重要的是他富有创造力且大胆的交易决策。韦尔奇实施的精益管理战略和建构的盈利经营结构赚来了大量的资金，他用这些资金进行再投资，产生了丰厚的收益。在他的手下，资本回报率（ROIC）超过20%并不罕见，而这是平常收益率的两倍。他的业绩记录几乎是不可思议的。

　　韦尔奇最重要的交易是1986年收购了美国无线电公司，收购价为63亿美元，在当时这是史上非石油交易的最大成交数额。这让通用电气的收入增加了80亿美元，达到280亿美元。讽刺的是，华尔街不喜欢这一行动。分析师把韦尔奇视为只知道削减成本的人，而削减成本不属于他的核心技能。美国无线电公司保留了一切，从大型计算机和半导体到消费者电子产品和大型的通信部门。投资者认为，这一交易是往一个品种过多的投资组合里又加入了更多的东西。

　　韦尔奇看到美国无线电公司拥有的宝贵资产，事实上他可以更容易地将其转化成资金。他的计划是将美国无线电公司打散，保留他真正想要的部分，特别是美国全国广播公司电视网络系统。最终，他将非核心资产以超过买入价的总价卖出，实质上不花分毫便留下了皇冠上的珍宝——美国全国广播公司。这是一记妙招，也是当时一种闻所未闻的并购策略。到这时，华尔街才将韦尔奇视为真正的领导者，这一信任花了7年时间才得以建立。在调整大型经营结构、卖出增长缓慢的资产、进行改变局势的收购后，韦尔奇的形象才发生了转变。

　　历史书遗漏了通用电气在那段时期取得成功的一个重要因素。到20世纪80年代中后期，通用电气成为产生现金流的机器。韦尔奇教导管理者专注于每个细节。从工厂的生产率到每个合同条目，都强调现金流。而现金流又使得企业可以做出5个未来发展的豪赌：（1）航空旅行；（2）燃气发电；（3）医疗保健领域的增长；

（4）电视广告；（5）金融服务。关注这些领域让通用电气又取得了 15 年前所未有的发展和成功，韦尔奇远见卓识的声誉得到了巩固，让通用电气的股票收益在他的任职内猛涨 3 100%，这一成果是令人瞠目结舌的，如图 1-5 所示。

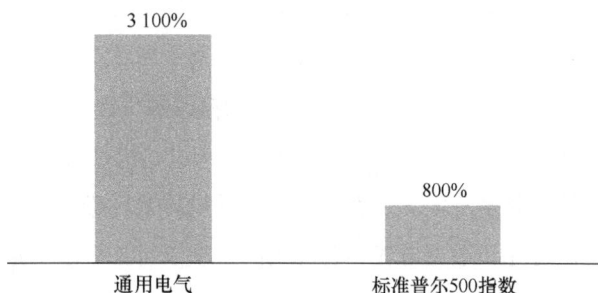

图 1-5　在韦尔奇的 20 年任期内，通用电气的股票表现是标准普尔 500 指数的 4 倍

资料来源：彭博社

豪赌 **1**：航空旅行
通用电气的大型飞机发动机特许经营权

韦尔奇认为，未来航空旅行领域的发展会由两个重要趋势所驱动。第一个趋势是直接的点对点旅行。这种如今发达国家最常见的旅行方式，让商务人士和消费者可以乘坐成本低廉的窄体飞机（如单过道的飞机），从一个城市飞往另一个城市，而不用经过大型交通枢纽城市中转。早期的最佳例子是美国西南航空公司使用独家的窄体波音 737 飞机。第二个趋势是全球化。在韦尔奇看来，世界越来越需要紧密联系。他在自己的业务中看到了这种趋势，因为他的员工越来越需要飞往世界各地面见客户。

波音公司发现了同样的机遇，也为未来投资，特别是对 737 机型进行实质性的升级，这种中型飞机正适合用于点对点旅行，这是通用电气和波音都预计会在未来占主导地位的旅行方式。当时，737 使用的是普惠公司（Pratt&Whitney）制造的喷气式发动机，它是拆分后依然强大的美国联合技术公司旗下的公司。然而，波音公司对其发动机供应商有着更高的要求，特别是要求提高燃油效率、减少噪声。通用电气拥有可以用来投资的现金流，并且愿意冒这个风险。在波音公司的推动下，韦尔奇欣然抓住这个机会，说服了与通用电气合作建立窄体飞机喷气式发动机合资企业的赛峰集团（Safran），两家各出一半资金，进行大量投资，以显著提高现有的发动机（CFM56）性能。这需要的预算比其主要的竞争对手可使用的所有资金还要多。

波音对其成果印象深刻，同时普惠公司对必要投资缺乏兴致，因此波音公司把CFM56当作737项目唯一使用的发动机。空客是另一家大型客机的制造商，它把CFM56当作与波音公司竞争的A320窄体机发动机的两种选择之一。如今，737和A320占据了世界商用飞机数的60%，而通用电气的发动机是占主导地位的。

韦尔奇的赌注是非常冒险的，因为改进发动机需要巨额预付费用，并且有着两种不确定因素。首先，通用电气和赛峰集团必须以可控成本满足提高燃油效率和降低噪声的要求。其次，喷气式发动机销售额要能显著增长，来把成本分摊到许多元件上。事实上，它们需要在10年内卖出几千部发动机，才能基本实现收支平衡。在航空业，卖出产品的利润率一般是很低的（事实上，经常做亏本买卖），但是发动机寿命长，制造商在此期间提供服务和备件可以赚很多钱。如果窄体飞机737和A320没有实现大量的增长，那么通用电气就会损失惨重，这当然也是非常有可能的，因此大部分航空航天专家都对升级737产生了质疑。那些对航空旅行持乐观态度的人预计增长的主要是宽体飞机，而不是单过道的飞机，如737。其他人预计航空旅行仍将是属于有钱人的新奇事物。韦尔奇的想法被认为是异乎寻常的，甚至是疯狂的。

最终，配备CFM56发动机的737成为美国历史上推出的或许最为成功的产品，超过3.2万部发动机交付到全世界的航空公司手中。直至今日，该发动机还是通用电气最盈利的业务中最盈利的产品。

豪赌 *2*：燃气发电
通用电气的 F 级燃气轮机

韦尔奇还通过F级燃气轮机取得了巨大的成功，它也是在20世纪80年代开发的。韦尔奇打赌天然气将会非常充足，发电厂将会告别造成严重污染的煤电，和波音公司对发动机的需求类似，它们同样需要一种更有效率的产品来实现这一转变。天然气相比煤炭而言是一种更加环保的选择。在1979年三里岛核事故后，核电就不再被看作一种选项。在夏季炎热的时候，用电的需求激增，特别是在白天使用空调。发电厂需要尽可能减少发电带来的污染，同时也需要满足显著变化的用电需求，这是一项主要的技术挑战。

通过刻苦的技术攻关，通用电气最终研发出了 F 级燃气轮机，它既灵活又高效，在两种模式下都很可靠。发电厂可以在炎炎夏日打开它，立马作为峰化器使用，也可以采取节约的"联合循环"方式，将它当作基荷发电机全天候发电，产生的余热可以驱动蒸汽轮机。这种燃气轮机有多种用途，同时天然气越来越便宜，也使其与煤炭在成本上有了一较高下之力，而且天然气对环境的影响远远小于煤电。F 级成为 20 年里燃气轮机的黄金标准。如今，通用电气的燃气轮机生产占全世界总电力的 1/3。

为了取得这些进步，通用电气必须提前进行大量投资。和喷气式发动机一样，电力涡轮机起初利润很低，但是它们使用年限久，更换部件和提供服务的利润很高。

在 2001 年韦尔奇卸任时，燃气轮机的需求相当大，投资 F 级燃气轮机的回报达到了想象不到的高度。那时，全世界提前进行大量投资，投资于所谓的技术／互联网驱动的电力热潮。这种需求将会制造泡沫，而且是在公共事业领域前所未见的一个巨大泡沫。韦尔奇的继任者杰夫·伊梅尔特在任职初期正是于此遭遇了失利。

豪赌 3：医疗保健领域的增长
医疗诊断设备

医疗设备在 20 世纪 80 年代中期对通用电气来说是一个全新的产业。1986 年的美国无线电公司收购案突然让韦尔奇拥有了大型消费者电子产品业务（特别是电视机），这在大多数时间里都被视为是非常吸引人的。然而，韦尔奇天生是个叛逆者，这正是他不想经营的业务——产品的差异有限，还要与全球强大的对手竞争。而医疗保健则恰恰相反，它是一个呈上升趋势的行业，没有占主导地位的企业，却需要大量投资和专业知识。韦尔奇发现，如果他可以卖掉招摇的消费者电子产品业务，将所得以更低的代价投资于医疗保健，那么这将会是一次理想的投资组合互换。

在进行美国无线电公司收购案的那一年里，韦尔奇将通用电气和美国无线电公司的消费者电子产品业务捆绑销售给了汤姆逊公司，换来它的医疗诊断业务和8亿美元现金。接着，韦尔奇将多余的资金投资于内部研究和补强收购，特别注重诊断领域，这成为通用电气医疗保健业务的支柱。这个部门的收入从1987年的10亿美元增长到2001年的超过80亿美元，每年增长率达到惊人的17%。同时，汤姆逊公司因为激烈的全球竞争，在消费者电子产品领域挣扎多年，最终退出了它从通用电气手中购入的大部分业务，并且损失惨重。这是通用电气的一次精彩交易。

如同喷气式发动机和轮机一般，诊断设备需要大量研发资金，项目风险大，销售环节长。核磁共振成像（MRI）、X光和电子计算机断层扫描（CT）机在最初销售时利润非常低，但底片和服务都是消耗品，可以源源不断地带来收入，因此总体利润丰厚。这就是那种令韦尔奇痴迷、投资者喜爱的尖端业务。

豪赌 **4**：电视广告
通用电气拥有的美国全国广播公司网络

韦尔奇对销售真正的电视机不感兴趣，却喜爱从美国无线电公司收购案中得到的美国全国广播公司资产的潜力。在那时，有3家占支配地位的电视网络：美国哥伦比亚广播公司（CBS）、美国广播公司（ABC）和美国全国广播公司。其中，美国全国广播公司被大多数人视为三者中最弱的。韦尔奇进入的时机不能更好了。

在20世纪80年代中后期，电视机体形变大了，画面变清晰了，音质和色彩更好了。消费者产品企业，如宝洁、可口可乐和通用汽车，都增加了广告预算。更多的广告投入从广播和新闻报纸转向电视。

韦尔奇大量投资于项目开发，致力于重拾美国全国广播公司的影响力。早间新闻逐渐发展，《今日秀》（Today Show）起用崛起的新星增加收视率；下午的肥皂剧吸引了一代观众，有奖竞赛节目广受欢迎；晚间电视剧大热，如《希尔街的布鲁斯》（Hill Street Blues）、《干杯酒吧》（Cheers）、《宋飞正传》（Seinfeld）和《老友记》（Friends）。韦尔奇还帮助播出更多的体育节目。在1995—1996年电视季度，美国全国广播公司播出了世界职业棒球大赛、超级碗、美国职业篮球联赛总决赛和夏季奥运会，这是历史上唯一一次一家电视网络取得了如此程度的统治地位。那时，美国全国广播公司在行业内的声誉大幅提升。

有线电视成为新的增长机会之后，韦尔奇将美国全国广播公司扩展到核心业务以外。1991 年收购鲜为人知的金融新闻网（Financial News Network），为当时只成立了两年的美国消费者新闻与商业频道打下了坚实的基础。西班牙语电视网德莱门多（Telemundo）从 2001 年起将美国全国广播公司的内容用西班牙语播出。

美国全国广播公司在多个领域都取得了成功。电视行业本身增长迅猛，远远高于国内生产总值的增长速度。每分钟的广告费用每年都在上涨，有线频道收取订购费用。成功的电视节目同时出售给多家电视台播放，获得了不错的利润。这是一项惊人的业务，而且是韦尔奇从美国无线电公司收购案中几乎免费取得的。

豪赌 5：金融服务
通用电气金融服务公司（GE Capital）

通用电气的借贷业务最早可以追溯到 1932 年，起初是为消费者产品部门筹措资金，特别是冰箱、炉灶和洗衣机等产品部门。如今很多人想到的通用电气金融服务公司是由长期担任主管的加里·温特（Gary Wendt）为了实现韦尔奇的设想在 1984 年创立的。韦尔奇的设想是，除了服务于原本核心的工业部门，通用电气还可以进行更多的金融业务。这一设想有两个要素。

第一个要素只与韦尔奇在通用电气融资成本中看到的成本优势有关。通用电气的工业部门产生了大量资金，当时他的并购计划关注于小型补强交易，因此不需要借债。然而，消费者想要借钱给像通用电气这样的企业，其 AAA 的信用评级就相当于美国政府债券，但是收益更高。因此，韦尔奇可以以非常低的成本借款，并且轻松地与银行竞争。而银行的成本不仅包括支付给储户的费用，也包括维持分支网络的高昂开销。银行还受到严格的监管，进一步增加了成本，减少了一系列机会，限制了其发展。而通用电气很少受到监管。因此，对于韦尔奇来说，20 世纪 80 年代晚期到 20 世纪 90 年代，通用电气金融服务公司成为强有力的增长引擎，而这一切都是在相当合理的杠杆范围内进行的。

第二个要素在于，通用电气金融服务公司作为一个不受监管的实体，可以借贷，并提供管理知识，在整个过程中非常具有创造力。它可以借钱给当时银行一般不愿意借出的领域，比如品牌店信用卡、工程和设备融资、飞机租赁、轨道车租赁、医疗设备租赁和私募基金融资。任何小众但有利可图的或独特的业务都符合这一要素。保险产品随后也加入这一组合中。

当然，这不是完美无缺的。事实上，由于 1986 年收购基德尔·皮博迪公司（Kidder Peabody）的糟糕决定，通用电气金融服务公司在早期跌跌撞撞。这笔失败的交易教会了韦尔奇有些企业是不适用于六西格玛法的。投资银行的世界离通用电气太遥远了。事后看来，进军保险业的行为无疑是错误的，在韦尔奇卸任后对通用电气的发展造成了阻碍。同样的，通用电气金融服务公司可能并不是在韦尔奇监管下最合乎道德规范的资产。季度环比的盈利情况最终揭示了一种滥用的模式，尤其表现为一次性的利润榨干了收益。但是投资通用电气金融服务公司总体上确实产生了巨大的收益。在韦尔奇卸任时，通用电气大约 40% 的收益来自于金融服务，当时通用电气金融服务公司也是美国最大的金融机构之一。

对杰克·韦尔奇时代的反思

回顾韦尔奇时代，最令人印象深刻的是在他执掌通用电气的每个时期，发展水平都如此之高。如果他没有首先进行结构性改革，减少通用电气的成本基数，那么董事会就可能不会批准他的美国无线电公司收购案。这桩收购案的成功提供了多种便利，可以承担已经取得进展的新飞机发动机研制自带的战略和金融风险，可以为轮机项目注入动力，当然还支持了雄心勃勃进军医疗诊断业和投资美国全国广播公司的行为。他非常有先见之明，退出富有吸引力的业务，如电视行业，去拓展鲜为人知的医疗设备业务。这些都推动了通用电气金融服务公司的扩张，是他任期内最受争议的部分。我们可以讨论谁是最终需要为通用电气 2008 年失败负责的那个人，但重要的是要记住，这一溃败是在韦尔奇卸任整整 7 年后才发生的。韦尔奇将通用电气金融服务公司拓展到极限，那么它之后的发展应该降低杠杆和风险。当然这只是事后诸葛亮了。

同样非常清楚的是，韦尔奇拥有大胆的剧本。他对工人能力的设想促进了利润和资金的增长，甚至在进行大量投资的时候也是如此。他期待经理努力工作、表现出色，把勤奋当作义务。他的剧本也着重强调全球扩张，在任职的后期，他非常注重互联网作为生产力工具的作用。他的计划都是强制执行的，但是他会努力让大家明白它的好处，从不把一切当作理所当然。

在任期的早期，他大幅裁员 10 万人，因此他一直非常不受欢迎。但是，他清楚地知道如果不整顿臃肿的企业结构，自己将别无选择。他投资自动化，采用六西格玛法，使员工保持了 10 余年的专注力，通用电气也由此成为世界级的制造商。通用电气的声誉稳步提高，更广泛的利益相关者群体所得到的回报在总体上非常突出。

这些交易本身就把通用电气带到了一个不同的高度，但是同样重要的是严格的经营和管理。尽管人们有时会忘记，但是韦尔奇确实是努力经营的实干家。他的经营眼光是敏锐的。他注重细节和精度，不会忍耐那些掉队的人。他经营的业务有强大的实力，这给了他资金、信心和董事会的支持，让他可以对未来进行豪赌。

在 20 世纪 90 年代，所有的这些赌注都有所回报，因此通用电气盈利颇丰。在互联网新经济中，其他工业企业都竭力保持自己的地位，而通用电气却找到了成为焦点的途径。对首席执行官的崇拜逐渐兴起，韦尔奇成为典型的名人领袖。他和他的高管团队都变得相当富有。所有的成功都导致傲慢达到了一种危险水平，这在 20 世纪 90 年代晚期开始显现出来。

可能这就是通用电气的故事开始出现裂缝的地方。在产生了 20 年优异回报之后，通用电气的文化开始不再关注当初成就它如今地位的因素。它开始转向最初的官僚主义，忽视工厂，越发追逐规模更大、风险更高的交易，这些都伴随着更高的债务杠杆和不透明的账目。

讽刺的是，成功的韦尔奇时代却以一次明显的挫折而告终：2000 年收购霍尼韦尔公司失败。通用电气自信满满，但是欧盟拒绝了这个 450 亿美元的收购案。通用电气雄心勃勃地发表公开评论，员工提前搬到霍尼韦尔公司总部，但这些都于事无补。马里奥·蒙特（Mario Monte）是当时的欧盟竞争委员会主席，他禁止这次并购，可能更多是出于政治因素而不是实质性原因。他的决策之后被推翻了，但已经太晚了，通用电气放弃了交易。这一交易的结果对通用电气来说是好是坏，我们不得而知。但是在首席执行官任职的最后时期进行的大型交易似乎很少成功。自我和傲慢似乎在这样的结果中占据了很大的原因。

韦尔奇任期最后的几年远远不如其最佳时期，甚至可能完全是破坏性的，但是长期以来创造的价值已经巩固了他所带来的遗产，这可能掩盖了企业开始走向衰落的现实。名人开始模仿韦尔奇，这分散了首席执行官和企业的注意力，否则他们就会继续专注于 20 年里更好的部分。韦尔奇最后的行动是挑选了他的继任者，这注定会是一个被历史学家全面质疑韦尔奇遗产的决定。尽管韦尔奇在通用电气最终衰落的大部分时间里都保持沉默，但是他后来也承认自己受到了"欺骗"。对那些遭受了美国历史上股东价值最大损失的人来说，这一评论并没有给他们带来什么安慰。遗憾的是，杰克·韦尔奇在 2020 年 3 月去世，并没有机会对本书的文稿做出评论。

从杰克·韦尔奇时代得到的经验和教训
● 降低成本应该成为任何变革的第一步。
● 企业可以同时进行积极的内部和外部投资。
● 在竞争中现金流是最好的武器。
● 让投资组合增长通常意味着现有的热门业务接近成熟或者竞争加剧。
● 领导者应根据企业战略奖励员工。
● 韦尔奇每年都会开除表现最差的 10% 的员工。这对企业文化来说是非常难做到的，但是某种程度的员工流动率是有用的。
● 韦尔奇最糟糕的年代是任期的最后两到三年，这也影响到了他的一些遗产。这对首席执行官来说是很常见的。董事会应该更果断地实行退出机制。

CHAPTER
2
第2章

通用电气公司（下）

骄傲自满导致最大的溃败

作者：斯科特·戴维斯

通用电气首席执行官的竞选向来异常激烈，历时数年，商界领袖公开论辩，展开竞争。韦尔奇在霍尼韦尔并购案审查期间延迟了退休计划，所以挑选其继任者的这场竞争尤其激烈而漫长。事后看来，在后韦尔奇时代，通用电气的管理层似乎表现出某种程度的疲惫和倦怠，可能正是由此导致的。

无论如何，在"9·11"事件发生的前几天，韦尔奇终于强制退休，将大权移交给他选定的继任者杰夫·伊梅尔特。伊梅尔特之后告诉我，他的离别忠告是"打破这一切"。我们猜测韦尔奇以这种方式，允许伊梅尔特开辟全新的、截然不同的道路。事实上，这也正是韦尔奇在1981年接管企业后所做的。到了2001年，通用电气确实需要重新启航。

一方面，市场的预期出了问题。在20世纪90年代后期，由于通用电气金融集团服务公司投资盈利、牛市带来丰厚的退休金投资收益、燃气发电行业产生泡沫，利润像吹气球一样快速膨胀。2000年，通用电气的市盈率（P/E ratio，股价与每股收益的比值）达到了惊人的40倍，是当时市场平均市盈率的两倍多（2000年年初，市场平均市盈率为17倍）。如果排除不可持续的盈利（如退休金和一次性收益），那么通用电气的市盈率很可能接近60倍，这对一家成熟的企业来说，高得离谱。韦尔奇创造的通用电气是不可持续的，随着股价一泻到底，伊梅尔特需要首当其冲地承受这一打击，如图2-1所示。

更确切地说，通用电气金融服务公司需要收缩规模，至少需要减小债务杠杆率以降低风险。不同于具有技术和规模优势的工业部门，通用电气金融服务公司除了低成本借贷外，没有其他的持续优势。超常的高利润吸引了强大的竞争对手，监管机构越来越放松对银行的限制，准许它们扩展到这些细分的市场。

同时，韦尔奇在20世纪90年代中期大量投资的工厂资产，到伊梅尔特上任时开始落后了，需要进行新一轮投资。在发动机和轮机取得最初的成功后，韦尔奇没有推出更多的新一代技术，研发也没有跟上。这可能是因为他对经理们施加重压，要求他们实现季度目标。即使按照科技泡沫时期制定的疯狂标准来看，晚年的韦尔奇对盈利超预期、市盈率的不断上升以及股价的迷恋也显得异乎寻常。结果，通用电气走了捷径，核心部门却开始腐坏。

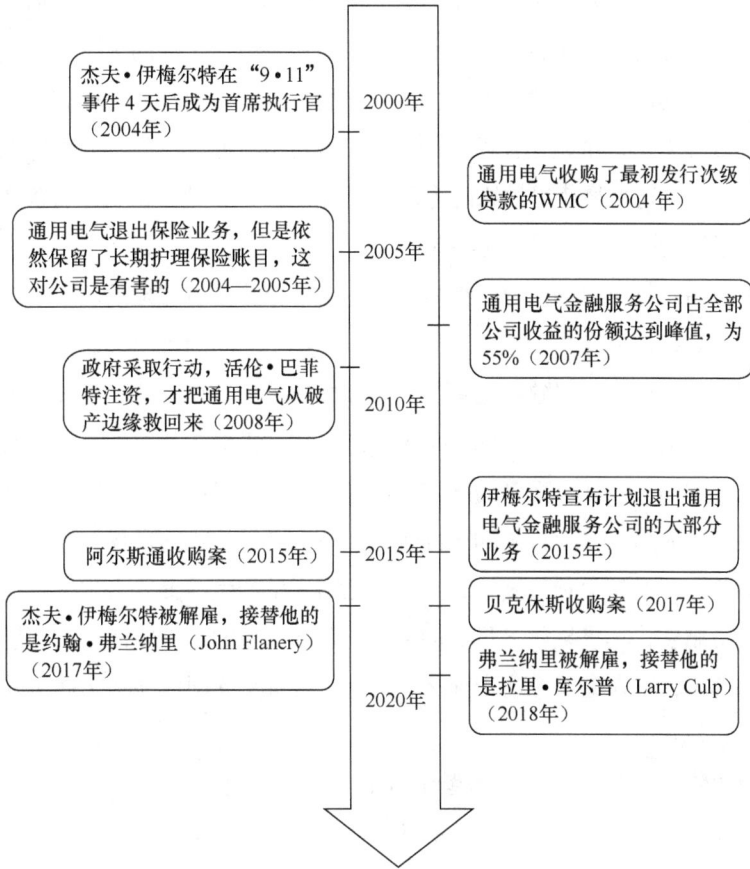

杰夫·伊梅尔特在"9·11"事件 4 天后成为首席执行官（2004 年）

2000年

通用电气收购了最初发行次级贷款的 WMC（2004 年）

通用电气退出保险业务，但是依然保留了长期护理保险账目，这对公司是有害的（2004—2005年）

2005年

通用电气金融服务公司占全部公司收益的份额达到峰值，为55%（2007年）

政府采取行动，活伦·巴菲特注资，才把通用电气从破产边缘救回来（2008年）

2010年

伊梅尔特宣布计划退出通用电气金融服务公司的大部分业务（2015年）

阿尔斯通收购案（2015年）

2015年

贝克休斯收购案（2017年）

杰夫·伊梅尔特被解雇，接替他的是约翰·弗兰纳里（John Flanery）（2017年）

弗兰纳里被解雇，接替他的是拉里·库尔普（Larry Culp）（2018年）

2020年

图 2-1 杰夫·伊梅尔特及其之后的时代（2001—2019 年）

资料来源：通用电气公司文件、新闻报道

事后看来，伊梅尔特本应该立刻降低预期。他甚至有个现成的借口——在他上任的第一周就发生了"9·11"恐怖袭击，这激起了人们对经济衰退的恐慌，航空旅行减少。通用电气为撞上世界贸易中心的飞机提供了发动机和租赁服务，为撞上的建筑上了保险。没有了华尔街的压力后，他本可以缩减通用电气金融服务公司的规模，努力开辟一条新的道路，但是他并没有这么做。

通用电气金融服务公司确实在之前卖出了一部分资产，但是它买入的资产更多。它的扩张开始近乎鲁莽，但是却很少有人注意到。当时，投资者正沉迷于 21 世纪初由房价引起的经济繁荣之中。

另一方面，伊梅尔特是一位精明务实的高管，因此才得以擢升至通用电气这家讲求实绩企业的首席执行官。企业的旧日荣光束缚住了他的手脚，这正显示了对任何一家成功的企业来说，在新的市场环境下实现转向是非常困难的。如果我们公正地赞美韦尔奇带领还在盈利的企业实现转型，那么我们不能同样期待伊梅尔特把通用电气这家最值得敬佩的企业"推倒重建"。最终，伊梅尔特确实对通用电气做出了巨大的改变，尽管这些改变通常已经太迟了。

比起伊梅尔特保留的部分，他做出的变革部分才是更有趣的。韦尔奇接受过工程方面的训练，他专注于经营上的细节，沉迷于车间的难题。而伊梅尔特之前从事销售，对工厂缺乏兴致。他更加友善和积极乐观，在处理人际关系上花费了比在运营环节上更多的时间。他对系统不感兴趣。伊梅尔特经常说，从某种程度上他知道通用电气 600 位高管的细节。但是他很少去工厂，业务审查力度也不及韦尔奇年代。通用电气变得柔和了许多。在一个同样软化的世界，某些柔和的部分是有必要的。但是柔和过度了，企业文化则开始产生冲突。韦尔奇年代的经理学会了追责制度，其成果就是最好的证明。而新一代的经理专注于大创意。大部分人深陷其中，不知道要专注于什么。伊梅尔特看起来同样夹在了两个互相冲突的世界之间。

伊梅尔特认为通用电气的规模和影响力比一般企业更大——他看到了政治力量对政策和贸易的影响力，以及他的话语能对通用电气以外的世界产生影响。在 2002 年，他的影响力可能比当今美国商界的影响力还要大。这种影响力招致了各种各样的问题，一方面产生了傲慢，另一方面需要投入大量的时间。人在这样的情况下很容易失去专注力。这是一家错综复杂的企业的首席执行官所不能承受的。

巨大的影响力在当时并不那么疯狂。大企业的首席执行官都是名人，他们的名声因其广泛的媒体吸引力而家喻户晓。通用电气就是其中的代表。通用电气几乎在美国每个主要的国会选区都设有工厂和销售办公室。它是美国最大的出口商之一，是重要的军火供应商，是加入工会的最大的企业之一。它的产品给每家每户供电，为飞机提供动力，通过美国全国广播公司播报新闻，在美国的大多数医院里进行诊断测试。通用电气的贷款部门的触角伸展到所有拥有商店品牌信用卡的人，而这在当时意味着覆盖大多数家庭。现在全世界仰慕谷歌、苹果和亚马逊，但通用电气在当时相当于这三者的合体。2001 年，我在摩根士丹利工作，老板问我是否愿意接管通用电气的分析，我几乎不能控制自己的激动之情。这是一次很大的晋升，它改变了我的职业生涯。

伊梅尔特任职早期确实充满希望，他接受过韦尔奇的培训，努力保持前任的严格的问责制，同时推进自己的"大创意"计划。然而，伊梅尔特棱角柔和，逐渐铸就了企业文化。再也没有强制裁掉最后的 10% 的员工，再也没有"整顿、关闭或出售"。伊梅尔特放弃大胆的、违反常规的、预先进行的赌注，以长远的眼光考虑常规的想法。韦尔奇推动研发，开发核心部门产品，并且在 5 年内将产品推向市场。而伊梅尔特目光更加长远，喜爱有远见的科学家，尽管那些技术离商业化还需 20 多年。韦尔奇想要简单务实的员工，而伊梅尔特寻找的是积极乐观的梦想家。事实上，伊梅尔特留下的全部遗产可以总结为一个词：乐观。讽刺的是，这将会成为他失败的原因。

通用电气虚虚实实掩藏过失

伊梅尔特充满对未来的渴望，不想被短期问题和批评所困扰，所以他更加专注于韦尔奇留下的不幸遗产——盈余管理。在 20 世纪 80 年代晚期，通用电气金融服务公司开始扩张，韦尔奇发现金融服务让报告损益有了一定的浮动空间。当通用电气的核心业务增长缓慢时，其可以与通用电气金融服务公司丰厚的收益相抵，反之亦然。韦尔奇的盈余管理变得出名，收获了大量的赞美，尽管这种操作手法必然会造成明显的道德过失。伊梅尔特如法炮制，甚至扩大了这一做法。他的任期留给人们最深刻的印象是连年的危机，而其盈余管理的做法则是严重违背道德的，这一点毫无疑义。

为了赢下这一场盈利游戏，通用电气减少细节披露，而细节是分析师用来研判这家越来越复杂的企业发展方向的依据。在摩根士丹利，我们努力找到持续一致的方式来模拟通用电气的盈利，或者比较它与其他企业的风险预测。报告的数字一直在变化，需要用几天甚至几周的时间来弥合差异，可能还不能完全做到。

正当你觉得自己在看确凿的财务数据对比时，通用电气又会更改披露的信息，因此不得不从头来过。

资金看起来在通用电气的各项业务间进进出出，来回流动，没有明确的理由就设立了一些特殊项目，先行借贷，然后再进行银团贷款，结果只是增加固定资产，同时产生某些账面利润。通用电气会使用复杂的金融衍生品。长期债务与短期债务互换，固定利率债务与浮动利率债务互换。货币买入又卖出，全都以"对冲"的名义进行，但是这种"对冲"似乎没有一致性。有时会进行特殊租赁安排，就算是把一个单位的货物运送过街，也算销售和纸面收入。在需要抹平结果时会使用税务损益科目。通用电气需要节约在信息检索系统上花费的每一分钱。大部分的财政季度会产生某种"税务收益"，而这种收益在年度报表中被掩藏了起来，归入"其他"科目。

这一系列的操作无比复杂。它将金融工程做到了极致，可谓是空前绝后。在公司总部的围墙之外，没有人有能力跟踪所有的细节。我们这些靠分析通用电气谋生的人，只能开着自己的玩笑，说我们能理解所有的金融信息。

我们模拟通用电气的困难并不是因为缺少人才或者资源。我们拥有一些世界上优秀的金融专家，他们经常只是为了好玩就可以将年度报表拆解。然而，我们不能够使针对通用电气的模型成功运行。这种情况也不单单发生在我们身上。债务评级专家似乎特别受挫。美国证券交易委员会本该注意到这些，但是似乎没有人愿意与通用电气及其强大的院外说客较量。

在当今世界，分析师的抱怨引起了审计部门与监管机构的注意。我们在 2019 年年底众创空间首次公开募股失败后发现了这一点。监管系统运行，保护投资者免受错误的金融信息误导。然而，当初没有人有权命令通用电气行动。监管系统的权力当时握在大企业手中，它们可以先制定法规，再滥用法规，任何口头抱怨通常都会被严肃处理。

雪上加霜的是，伊梅尔特强化了韦尔奇创造的"不要质疑我们"这一心态。我们赞扬韦尔奇取得了很多成就，但更加隐蔽的一个事实是，韦尔奇把通用电气建设成了一座堡垒，鄙视外面的人。韦尔奇成为公众名人后，傲慢和褊狭也随之增长。恐吓的因素很大。尽管韦尔奇对外界批评的强硬态度在伊梅尔特时代得到了软化，但是在下属故态复萌时，伊梅尔特大多数时候都装作不知道。在通用电气，保护伊梅尔特的形象和企业本身比遵守道德规范更为重要。

　　作为研究通用电气的分析师，我知道通用电气的影响力让我时刻冒着风险工作。如果它将我列入黑名单，我可能永远也找不到工作了。通用电气的投资者关系（IR）团队人才云集，不懈工作，不让分析师对其公开披露的信息提出异议。他们惊人的手段触及方方面面。

　　2003 年，出于礼貌，我把自己撰写的一份报告草稿请该公司过目，其中批评了通用电气金融服务公司的部分业务，并将其风险状况与银行 [尤其是花旗集团（Citigroup）] 进行了比较。呈送草稿是当时加快事实核查的一种常见做法。在那之后不久的一个夏日的周日下午，我的手机接到了一个电话，是来自通用电气投资者关系部的。那个电话主要是要求我完全放弃这份报告。如果我不放弃的话，他们就会使用一切手段粉碎我的信誉，包括通过美国消费者新闻与商业频道报道攻击我所发现的结果（通用电气拥有包括美国消费者新闻与商业频道在内的美国全国广播公司业务）。打电话的人同时也提到，通用电气管理层对我很不满，可能会把这件事报告给摩根士丹利的高管。在那个电话里，我被警告说，伊梅尔特认识所有的银行首席执行官，有给他们中大多数人快速拨号的权利。

　　值得赞扬的是，摩根士丹利允许出版这份报告，但是是在我花费了几天时间与内部律师和经理来回交涉，他们对报告发现的内容进行了美化之后。通用电气对分析师可靠度进行质疑的一种温和的方式是，质疑发现的相关度和报告的质量。如果你在华尔街管理一个股权研究部门，那么当一家企业宣称报告质量差、报道不实的时候，你很难知道该采取什么行动进行应对。揭露"真相"往往需要大量时间，而相关度是高度主观的东西。通常将报告美化并且让它过去，是一种更加安全的做法，这也正是通用电气想要的，而且几乎总能实现。

　　通用电气的威胁总是提到它与投资银行家之间的关系。毕竟，对于投资银行家来说，通用电气的规模、债务发行和交易使其成为实际上的自动取款机。而分析师只会阻碍它源源不断地产生收入。事实上，在我分析通用电气第一年的大部分时间里，一位投资银行家几乎每天都给我打电话，提醒我通用电气有能力将我摧毁，如果是否要摧毁我取决于他，那么他一定会支持。在那个年代，这种程度的骚扰是被允许的，对通用电气进行研究的权限相当有限。

　　我努力摆脱这一切，但是通用电气的手段确实影响到了我的工作。面对如此频繁而猛烈的打击，你很难不动摇立场。在某个时间点，我开始屈服。2004 年，我将通用电气的股票评级升级为买入，显示其利润将会上涨。这确实有助于减轻对我的骚扰。我甚至从伊梅尔特那里得到了一张节日贺卡，上面写着："我的营业利润率是 19%，这是纹在我的屁股上的。"事实上，这一利润率从来都不是真的，买入股票的评级更是大错特错。

一些主要金融刊物的记者和我分享过这些年里类似的被通用电气施压的故事。对于《华尔街日报》来说尤为如此，因为它总是将最有能力的人派去报道通用电气，通常是那种通用电气不想面对的会提许多问题的记者。慢慢地，我与其中的一些同行站到了同一阵营，主要是因为通用电气对我们所写的一切不是溢美之词的部分都反应强烈。富有传奇色彩的《财富》杂志记者杰夫·科尔文（Geoff Colvin）告诉我，通用电气对他所写的关于伊梅尔特的批判性报道反应剧烈，他感到很震惊。在他漫长的记者职业生涯里，通用电气的反应是他所经历过的最可怕的一次。

这些都与韦尔奇传给继任者的名人身份有关。我们可以从韦尔奇 2002 年的离职程序中得知，尽管卸任了，他还是能享受惊人的待遇，比如可以继续乘坐通用电气的超大型飞机。伊梅尔特则以同样的热情接受了这些高规格待遇。2017 年，《华尔街日报》报道了伊梅尔特一次坐飞机出行的大阵仗：当伊梅尔特坐飞机出差时，一架备用飞机会跟在后面，以防主飞机出现故障，这只是出格待遇的冰山一角。再比如，在 2009 年出售美国全国广播公司的时候，伊梅尔特将整个高尔夫球场关闭，只为了他和康卡斯特公司（Comcast）的布莱恩·罗伯茨（Brian Roberts）可以边打球边进行私下协商。罗伯茨认为这是非常没有必要的。即使是在拥有强大力量的大型企业中，这种程度的行为也是违反常规的。

伊梅尔特讨厌在分析师和股东身上花时间，他认为这些人缺乏理解自己伟大创意的想象力。他甚至开玩笑说，这部分工作是最不愉快的，努力做这些是"让敌人靠近"。事实上，在一个特殊的场合，他邀请我作为大学足球名人堂年度颁奖典礼的嘉宾，当时他担任主席。在晚宴之前，他在向全国大学体育协会（NCAA）的主席马克·艾默特（Mark Emmert）介绍我时，说我是"华尔街最危险的男人"。这可能只是一个玩笑，但他的语气中不无恶意。我笑了起来，他只是对我怒目而视，然后走开了。很清楚的是，他害怕任何会使自己愿景脱轨的人，尽管在当时分析师的影响力很小，而通用电气仍是一家强大的巨型组织。是他如此多疑、没有安全感，还是害怕利益相关者开始明白通用电气跌跌撞撞，而他失去了掌控力？

在任职早期，他对华尔街友好得多。2003 年，我与他在达拉斯共度过一段时光。我主持了一个会议，而他受邀给 200 位摩根士丹利的个人投资者演讲。演讲过后，他和当地机构的十几位投资者私下坐在一起。尽管我举办了会议，通用电气告诉我，我不能和他私下坐在一起。通用电气不愿承担伊梅尔特非正式谈话见报的风险。

会议前，我们在走廊进行了一场简短的谈话，我询问他担任首席执行官的日子如何："你会在酒店办理入住时排队吗？"

"不会，工作人员会提前处理好，在我走进酒店时给我递上钥匙。"

"你会使用酒店的健身房吗？"

"不会，工作人员会把我的健身器材提前空运过去，在我的房间里摆好。"

我采访过其他大企业的领导者，没有一位首席执行官会如此注重安全细节、拥有先遣队伍或者有工作人员为他们在酒店套房里提前摆好健身器材。如今我是一名经验更加丰富的分析师了，如果再听到这样的消息，我的心里就会响起各种警报。但当时我还是一名新人分析师，我只是觉得以通用电气的规模，这一切都是合理的，为让首席执行官舒服可以不计一切代价。

韦尔奇的成功让伊梅尔特冲昏头脑是很容易理解的，但是他自己还没有为通用电气创造出丝毫价值。股价已经停滞很长时间了，企业的声誉开始下滑。

诚然，科技泡沫带来的狂欢和通用电气极高的声誉对任何管理者来说都是严峻的挑战，但伊梅尔特未能很好地应对这一局面。韦尔奇耐心地关注成本和生产力，带来了强大的现金流，为其大胆而有见地的赌注提供了资金。而伊梅尔特着迷于追逐最流行的趋势，这主要是由借债支撑起来的。在"9·11"事件后的日子里，他调查了机场安保，但是并没有提出任何策略加强竞争优势。他以高昂的价格收购了许多彼此之间没有真正关联的中型安保公司，但后来又以很大的折扣卖给了美国联合技术公司，造成了很大的损失。接着他又收购了净水公司，但是这些收购的大量资产并不能相互匹配，最终也同样以很大的折扣卖掉了。这样的模式反复上演，持续了大约 15 年。高价买入符合"大创意"概念的热门房地产，几年后因为跌价不得不卖掉。通用电气的超大规模让这些损失看上去很小，而且可以用别处的收益掩盖过去，所以他们根本没有把这些亏损放在心上。

他对时机的把握几乎到了差得出奇的地步。2007 年，在历史上最大的房地产牛市过后，他大举进军商业地产。他还在房价接近最高点的时候买了次级抵押贷款最初的借款发行机构，尽管通用电气在几年前退出了类似的业务，尽管在整个行业内出现了道德挑战的明显迹象。

通用电气吹嘘自己的管理技术会促进收购的业务发展，但是事实远非如此，它通常让资产变得更加糟糕。每次收购都付出高价，几乎没有资金可以再投入这些业务中去。韦尔奇卸任后，很多当初让通用电气变成顶尖企业的工厂人才也相继离开了。六西格玛法早就被遗忘了，精益制造只是一项粗略的试验。标杆分析法中的传统指标被抛弃，取而代之的是一种名为"净推荐值"的新概念，这是一种关于今日推荐的流行新指标。与此同时，通用电气的制造质量一直在下滑。

通用电气金融服务公司持续扩张，并快速迈过了 50% 的利润门槛，这是大多数投资者从风险角度来看绝对的最大利润率。交易规模变得更大、更复杂，但是伊梅尔特通过不停地改变投资组合，来让投资者满意。投资者为 2004 年通用电气退出保险业而鼓掌，但是他们几乎不知道通用电气在几次交易后又产生了大量的尾部风险。长期的护理保险产生了最大的影响。尽管通用电气做了最大的努力去掩盖那些保单的损失，但随着这些损失的累积，通用电气最终在 2018 年提取了 150 亿美元的巨额储备金，这是很少有人能想象得到的规模。特别是由于 2004 年通用电气拆分出来的 Genworth 保险公司首次公开募股，2005 年通用电气将保险资产卖给了瑞士再保险公司（Swiss Re），很多投资者被引导相信它已经完全退出了保险业务，如图 2-2 所示。

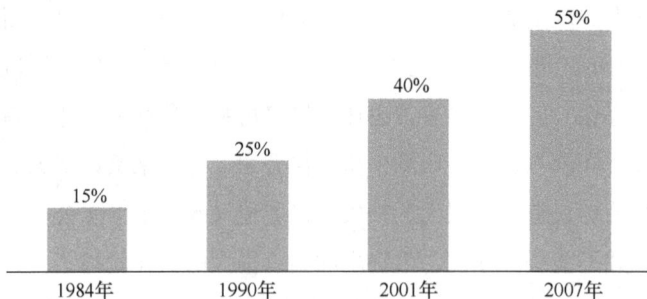

图 2-2　通用电气金融服务公司在韦尔奇时代就开始扩张，但是伊梅尔特将风险提高到了危险水平，最高时超过了通用电气收益的一半

资料来源：通用电气公司文件

<u>文化崩溃</u>

当伊梅尔特采取这些代价高昂的措施时，企业的其他人，特别是董事会在哪儿呢？通用电气的董事会看起来被伊梅尔特迷住了。董事会成员从他手中获得奥古斯塔国家高尔夫球俱乐部的会员资格和通用电气的飞机使用资格，还可以在重大的娱乐活动时选择座位，同样还有吸引人的一系列薪酬方案。奥运会为董事及其配偶提供了"监督"美国全国广播公司的机会。顶级的股东同样受到邀请，并且可以免费乘坐通用电气公司的飞机前往现场观赛。

伊梅尔特似乎青睐对通用电气公司核心业务经验很少的董事。大多数董事会成员都大名鼎鼎，但很少有人真正深入了解业务或者成功进行过这种复杂程度的管理。他还使通用电气董事会人数比普通企业更多，一般正常的规模是 12 名成员或者更少，而通用电气则是 18 名成员，这稀释了董事会成员的话语权。作为参考，苹果有 8 名董事会成员，而亚马逊和谷歌母公司字母表公司都各有 10 名董事会成员。世界上几乎每位企业管理专家都认为拥有 18 名成员的董事会会功能失调。

董事会几乎不鼓励也没有能力提出反对意见。然而，在股价停滞时，董事会用不同的方式证明高层管理薪酬的合理性。伊梅尔特每年的工资经常超过2 000 万美元，而他投资时机错误，且没有专注于经营，导致股东持续亏损。据报道，伊梅尔特在 17 年的任期里得到了 2.75 亿美元的天价报酬，而在任职期间他两次差点让企业破产。

伊梅尔特的高管团队享受到了类似的名人待遇。据报道，一名高管曾与一位发型设计师共坐私人飞机。另一名高管则乘坐通用电气的飞机往返于公司与其位于意大利的家族庄园。大多数高管在世界上的主要城市有多个办公室，并且有权居住当地的公寓。其他高管的薪酬也远高于在其他公司担任类似职位的人，而且他们还拥有一系列津贴待遇。一名高管借钱给巴西的一位客户，客户最终坐牢了，通用电气在此过程中损失了数亿美元。另一位经理涉嫌收入账目问题，最终被美国证券交易委员会罚款。金融主管因混淆视听而得到越来越多的奖励。内部审计师的报酬由委托他们监督的企业支付。诚实报告被看作不可思议。

这些越轨行为在伊梅尔特任职早期就确立了。2003 年，伊梅尔特进入生物技术领域，他必须要说服安玛西亚公司（Amersham）的首席执行官威廉·卡斯特尔爵士（Sir William Castell）把公司卖给他。作为回报，卡斯特尔不止得到了通用电气整个医疗部门的主管岗位和一大笔薪水，还成为董事会的一员，享受非同寻常的待遇（例如，通用电气会为他支付劳斯莱斯的租金）。安玛西亚公司是伊梅尔特收购的公司中最终获得回报的为数不多的公司之一，但是卡斯特尔是一位糟糕的领导，该公司的医疗业务挣扎了很多年，直到他被开除情况才发生改变。

2017年，伊梅尔特卸任，约翰·弗兰纳里继任首席执行官。当时弗兰纳里告诉了我一个他进行通用电气并购案的故事。有一天，伊梅尔特走进他的办公室，问他是否在进行令人兴奋的交易。弗兰纳里答道："现在的估值很高，应该考虑卖出一些资产，之后再买回来。"弗兰纳里接任伊梅尔特之时，对自己的前任并没有多少尊重。他甚至在早先的一次聚会上问我："你在什么时候意识到伊梅尔特是个骗子？"当时还有投资者关系团队的员工在场。那个问题使我大吃一惊，通用电气的员工在那时大部分是维护伊梅尔特的。弗兰纳里在首席执行官的位子上并没待多久，当时通用电气已经走得太远了。这不是他的问题，他唯一的错误是接受了这个进退两难的位置。

现在的通用电气高管谨慎对待批评，合理关注未来。他们中不止一人告诉过我，直到伊梅尔特卸任后，内部审计人员也没有提出问题，这是令他们惊讶的。我们可能永远也不会知道这个体系是从哪里、在何时、怎么崩溃的。我们不知道这些信息，所以不得不将通用电气衰落的责任归结到董事会和首席执行官兼董事会主席身上。

事实上，面对模糊数据所带来的好处，甚至面对以长期利益的代价换取短期利润增长的诱惑，是每家企业都难以抵御的。健康的企业有问责体系，可以让大多数员工遵守规范。要摧毁文化，最快的方式是高管的挥霍浪费和名人做派。我们所知道的每个企业的失败案例都是由此引发的。当员工看到这些行为时，他们就开始效仿。最终客户和供应商也看到了，那么品牌就会受损。

到了2004年，通用电气的利润开始比不上同行，伊梅尔特努力工作，保持一种积极的姿态。除了积极地并购和扩张通用电气金融服务公司外，企业发布的收益报告充满了一次性收益，将重组的费用掩藏起来。损失通常进入"线下科目"，如终止经营一科。资产的真实情况相对于呈现方式而言是次要的。2005

年，我问伊梅尔特，NBC 环球（NBCU）的估值有整整 500 亿美元，面临着评级下调的压力，为什么他不卖掉 NBC 环球呢？伊梅尔特说，如果 NBC 环球在 3 年内价值不超过 700 亿美元的话，那么他应该被解雇。事实上，他在 2009 年，也就是 4 年后，将 NBC 环球以 300 亿美元的价格全部卖给了康卡斯特公司。接着，康卡斯特在 3 年里成功让它的收入翻了一番。尽管面临着各种竞争，NBC 环球换了主人后价值上涨到 1 000 亿美元。整个事件是令人震惊的。在出售 NBC 环球之前，它的收益几乎每年都占通用电气收益的不到 20%，而它现在的价值相当于通用电气几乎所有留下的业务的价值总和。通用电气绝对是在低点卖出了 NBC 环球，痛失数十亿美元。之后，在一次业界的年度会议上，我在一小群股东面前对伊梅尔特提到了这个话题，他反问我："你什么时候变得这么混蛋了？"

通用电气第一次与死亡擦肩而过
2008—2009 年的经济大萧条

　　2008—2009 年的经济大萧条让通用电气元气大伤。通用电气受到的打击比大多数企业都大，因为它的金融服务占比特别高，债务水平达到了史上最高，深度的经济衰退伤害到了它最强势的业务。然而，就在危机升级之前，通用电气已经显现出衰败的迹象。2008 年 3 月，在一次面向散户投资者的网络直播上，伊梅尔特事实上已经承诺了当年会有个良好的开端。结果一个月后，收益离预期相去甚远，伊梅尔特只主持了一个财报的电话会议。接着，2009 年，他成为通用电气历史上第一个削减分红的首席执行官。这是一次毁灭性的打击，他将其称为人生中最糟糕的一天。他曾经觉得与个人散户投资者的联系很紧密，特别是与企业的退休员工，他的父亲也是其中一员。股价从 40 美元跌至近 6 美元。如果不是美国政府发挥作用，担保了它的短期债务（如商业票据），在当时拯救了通用电气和其他金融机构，那么通用电气按理来说会倒闭。通用电气不该和银行风险一样高。2008 年年底到 2009 年年初，通用电气和大多数银行一样，不得不提高股东权益来平衡资产负债表，在这方面要多亏沃伦·巴菲特及时进行投资。

通用电气以一贯的姿态，竭力反对任何有关其已失去优势的指控。事实上，在 2008 年 4 月的电话会议上，通用电气表示自"9·11"事件以来第一次离预期收益差得很远。在会议上，我对通用电气的挣扎提出质疑，甚至引用了美国职棒大联盟的芝加哥小熊队的故事作类比。芝加哥小熊队长期挣扎求胜，他们的支持者经常乐观地开玩笑说："我们队明年会回来的。"我的发言确实带着一点情绪，部分原因是通用电气的投资者关系团队整个季度一直在安抚投资者，告诉他们经济大环境没有对业务产生任何负面影响。这是一个彻头彻尾的谎言，我发现它比通用电气通常讲述的故事更令人不快。特别是考虑到几个月前，我们出于宏观因素的考虑，把工业部门的评级降到了"卖出"等级，结果通用电气特意告诉我们的顾客，我们降低评级的决定将会被证明是愚蠢的。

让我对通用电气的力量感到最恐惧的是，它那天努力想要把我开除，因为伊梅尔特觉得我的发言是"粗鲁的、冒犯的、非专业的"。接着我发现，不是伊梅尔特本人，而是长期担任首席财务官的凯斯·谢林（Keith Sherin）打电话来抱怨我的言论。谢林是像钢铁一般坚强的副手，他处理了很多通用电气财务上的棘手问题。这一章我们一直在指出伊梅尔特的错误，但是谢林要为通用电气的风险预测增长负主要责任。接着，我被告知如果我亲自向他道歉，谢林同意"允许"保留我的工作。我们安排了几周后在洛克菲勒中心的通用电气纽约总部进行一顿私人午餐。午餐在高管楼层的会议室进行，由戴着白手套的管家上菜。我相信那天那层楼只有我们两个人。

需要说清楚的是，我并没有道歉。当时，我们的头脑都冷静了许多，但我在摩根士丹利的职业生涯还是受到了影响。在那次周五早上的电话会议之后，我周末一直在努力保全自己的工作。我担任分析师超过 10 年，进行了不可想象的辛勤工作和牺牲，但是这一次动摇了根基，我差点失去这一切。最后，我的薪水大幅下降，这最终促使我下定决心离开摩根士丹利，开始新的职业生涯。这一切全都是因为在通用电气史上离预期收益差得最远的那天，我竟然有胆量质疑伊梅尔特采取的战略。当时离通用电气在 2008—2009 年金融危机中濒临破产只有几个月的时间。

危机过后，通用电气重新崛起

2009 年年初，在减少分红和声誉受损后，伊梅尔特最终开始缩小通用电气金融服务公司的规模，简化整体投资组合。在联邦储备委员会将它列为"系统重要性金融机构"后，这些行动就更加紧迫了。联邦储备委员会的这一步让通用电气受到伊梅尔特所憎恨的政府监管。

然而，在减少企业的金融服务比例之后，他需要别的部分来弥补减少的损失。他采取了两个重要措施：数字化转型和收购法国大型的电力基础设施公司阿尔斯通（Alstom）。通过数字化，伊梅尔特看到了工业互联网和增材制造（即 3D 打印）的巨大潜力，他想要提供软件和硬件。他将企业的信息支持小队发展成独立的通用电气数字化部门。其具有成为世界级的软件供应商的雄心与预算。

数字化尝试让企业成功成为新闻的焦点，但是要取得实质性的收益，还需要多年的大量投资，而即使是在当时，找到新的收入来源也是非常困难的。和韦尔奇集中的赌注不同的是，伊梅尔特的数字化战略没有一款特定的数字化产品，至少没有一款顾客目前想要的产品。它更多的只是一个概念。"通用电气将会成为整个工业互联网的支柱"，这听起来很诱人，但它是否是必要的，甚至是否都是有用的，都是不确定的。尽管这一计划有数十亿美元支持，但注定只是一个开始。在伊梅尔特任职末期，通用电气成为合法合规的软件供应商的这一希望破灭了。

事后看来，很多科技投资者提到伊梅尔特缺乏对科技世界的了解，因为他从硬件供应商思科雇用了一名高管，来发展和管理通用电气的软件业务。他为通用数字选择了加利福尼亚州的圣拉蒙市，这并不是一个高端软件的程序员生活或者想要工作的地方。通用电气只能吸引二级团队的程序员，而且需要支付更高的工资。对于通用电气这样一个东海岸的古板企业而言，科技的世界太陌生了，因此它的失利也是明显的。在参观圣拉蒙时，我们经常会惊讶于通用电气高管看上去如此格格不入。他们在旧金山下飞机时穿着更加正式的经典通用电气制服，然后换上牛仔裤和运动鞋，变身！他们成了技术人员。我想说的是这产生了文化困惑。无论如何，第一条措施彻底失败了。

伊梅尔特的第二条措施是收购阿尔斯通，这是法国一家大型的发电、电力传输设备和电力公司。阿尔斯通是一个经营不善的竞争对手，它的利润只有不到通用电气的一半。通用电气发现，并购了阿尔斯通后，自己的高超管理能力可以让它的利润翻倍，也可以产生强大的成本协同作用。在燃气轮机这个只有几个竞争者的行业，阿尔斯通的市场份额排行第四，而通用电气排行第一，市场地位已经稳固，并购可以进一步促进通用电气发展。西门子（Siemens）和三菱（Mitsubishi）是行业内的另外两家巨头。从表面上看，这次交易是合理的。

然而投资者们不知道的是，只要进行足够的调查，就会知道阿尔斯通情况糟糕，比通用电气内部所有人之前想的都要糟糕，通用电气本该放弃的。但是并购案的主管弗兰纳里之后说，他知道如果反对这项交易的话，就等于葬送自己的职业生涯。雪上加霜的是，欧盟（EU）延迟审批超过一年，在此期间，阿尔斯通的工程和销售人才都流失了。新签订的合同条款不利，财务状况继续滑向深渊。为了让交易圆满达成，欧盟要求通用电气将关键技术卖给竞争者安萨尔多公司（Ansaldo）。通用电气吞并了一个主要的竞争对手，又被迫创造了一个新的对手，这摧毁了并购带来的所有好处。然而通用电气继续跟进，甚至把报价提高到了170亿美元（其中110亿美元是用现金支付的），来击败西门子和三菱的联合竞标。通用电气也必须承诺保护法国的现有岗位，并创造新的岗位。为了保护这些工作岗位，交易模型的关键成本削减部分化为泡影。

通用电气的内部人员说，发电部门的主管警告伊梅尔特，这场交易注定会失败，但他还是一意孤行。他可能觉得自己别无选择。在卖掉通用电气金融服务公司的大部分资产后，他渴望围绕"新通用电气"重新定位，从账面上看来，这一策略奏效了。投资者关系团队宣布了收益目标，每股收益在2015年达到1.30美元，在2018年超过2.00美元。一年后通用电气对美国贝克休斯公司（Baker Hughes）的收购，看来是另一场胜利，假设对石油和天然气、飞机引擎、医疗，当然还有燃气轮机的需求都保持强劲的话。大多数分析师和投资者（包括我），都认为这一判断是合理的，因此股价在2016年回升了25%。

通用电气的股价从经济危机时大约6美元的低点，上涨到了接近32美元的最高点，伊梅尔特也重获信任。他看上去已经退出了通用电气金融服务公司的大部分业务，取而代之的是电力、石油和天然气等核心业务的收益增长，这是一条质量更高的渠道。事实上，他愿意做出超过2美元的收益预测让大家对这一观点更加充满信心，显示股价已经稳步上涨到 30 多美元甚至更高。这些帮助伊梅尔特在退休时获得了一个带领通用电气度过"9·11"事件和 2008—2009 年金融危机的历史定位，投资者也最终等到了股价上涨的回报。只是我们不知道，但很多通用电气内部人士知道的是：阿尔斯通快要破产了。

这些假设何其错误

通用电气若想实现每股收益（EPS）超过 2 美元的预测，关键是阿尔斯通并购案必须大获全胜。通用电气很快发现阿尔斯通的问题堆积如山，但是没有对外披露，觉得自己可以在损失扩大之前将其修复。然而，通用电气没有稳定阿尔斯通的运营，反而加快了它的失败。从那时起，通用电气的收益和现金流指标不只是到了不负责任的地步，甚至可能突破了一些法律界限。同时，随着世界经济增长放缓，对于燃气轮机和石油勘探设备的需求下降，新能源开始迅速取代传统的天然气和煤炭发电。在 20 世纪 80 年代，伊梅尔特拓展了韦尔奇的大放异彩的业务部门，但是现在时机不对。这次，通用电气在每个赌注上都站错了边。

截至 2019 年，通用电气不止损失了整个阿尔斯通的 170 亿美元价值（账面价值为零），如今业务也还在资金外流，损失持续累积。事实上，每股收益没有超过 2 美元，而是接近 0.65 美元（这是用有限的现金流进行高度调整后的数字）。股价从超过 30 美元一路下跌到金融危机时不到 7 美元的低点，中间两次减少了分红，这次分红基本为零。阿尔斯通收购案成为史上最糟糕的收购行为之一，这促使伊梅尔特最终在 2017 年 8 月被开除。加快崩溃的是通用电气金融服务公司剩余部分中隐藏的定时炸弹：遗留下来的长期护理保险业务造成了损失。

2020 年年初，阿尔斯通的溃败和通用电气债务高昂的成本，意味着通用电气还将继续几乎不产生现金流，这严重损害了企业，迫使现在的管理进入危机模式。伊梅尔特采取了他所能做到的所有施压手段。他借钱以虚高的价格回购股票，并以更高的价格抛出负债，希望这些负债会就此消失。他将企业置于如此危险的窘境，卖掉"王冠上的珍珠"（比如快速增长的生物技术业务），只是为了将企业维持下去，如图 2-3 所示。

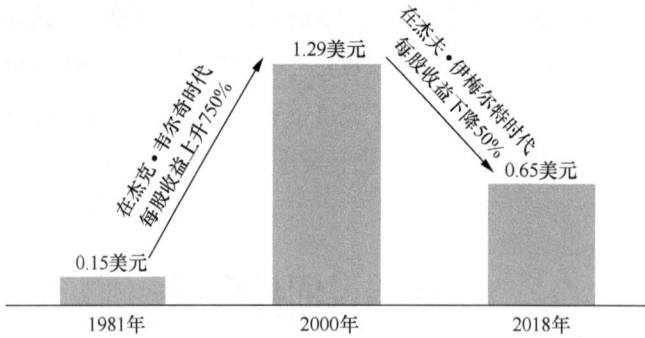

图 2-3 伊梅尔特大幅损害了通用电气在韦尔奇时代取得的惊人收益

注：图中为根据股票份额调整后的数据。

资料来源：通用电气公司文件

模糊数字

在沉船时埋怨船长是很容易的，但是伊梅尔特不是唯一一位让通用电气走向破产的高管，而且其在 10 年内濒临破产不止一次，而是两次。老一辈人在谈到通用电气时，说它一直以一种保守的"四舍五入"的文化经营着。预测会为气候和宏观经济干扰留下缓冲的余地。市场份额不只是其中的一个目标，销售人员会避免高风险客户。他们要负责的不只是产生交易，还包括执行交易。

这在伊梅尔特任职之前就开始发生了变化。在 1999—2001 年的科技泡沫时期，那些签合同的人经常与执行合同的人不是同一批人。那些产生交易的人预测情况乐观，以完美的执行来制定交易价格，接着去寻找下一个机会。然后，单独的执行团队接手，处理计划的实际情况。比如，要安装一台巨大的发电机，从供应商到外部的工程合作伙伴再到地缘政治，都充满了风险。再比如，要在保修期内维修一台轮机，如果轮机还在通用电气手中，那么需要花费几十万美元；如果轮机已经安装到了客户的场地上，那么需要花费数百万美元。计划延迟经常会导致通用电气受到严重处罚，尽管有时完全是出于它掌控不了的原因。这些风险经常被进行交易谈判的人所无视。

同时，通用电气金融服务公司的会计让企业进一步脱离现实。韦尔奇甚至谈论过每个季度来回移动资金的艺术，产生部门利润变动。伊梅尔特只是进一步加深了这些行为，并提高了风险承受能力。

销售人员要增加销量和自己的奖金，就会提供更多的折扣，与风险高的顾客做生意。他们会提供更多定金少的长期融资。

这些问题在整个企业都存在，但是技术部门是违反规定最严重的，特别是在2015 年需求下降之后。轮机准备好之前，经理就记录了其售出。有着重大瑕疵的产品安装上马，与预期规格不符。为了提高服务合同带来的收入，经理使用折扣来将尽可能多的升级产品塞满整个渠道。

结果，真正的现金流减少，然而这在文件中并没有披露出来，直到事后才暴露。通用电气的公共关系和投资者关系团队坚称，一切运行良好，企业会照常实现收入预期。他们说，资金可以通过借贷给更多的顾客来促进其增长，也可以开发新产品。想要深入探究的分析师都会从伊梅尔特或者首席财务官杰弗里·伯恩斯坦（Jeffrey Bornstein）那里得到拒绝或是更坏的结果。伯恩斯坦在 2013 年接替谢林成为首席财务官。2017 年年底，我们发表评论，通用电气应该被调查是否欺骗投资者、进行财务欺诈。通用电气报以严厉的反驳，并且迅速通过许多新闻渠道加以报道宣传。

伊梅尔特及其下属是否彻底构成欺诈要由美国证券交易委员会决定。我们远没有足够的信息可以做出判断。反之，我们怀疑他们是否会以任何实质性的方式被追究责任。更有可能的是，通用电气会因监管不力被处以现金罚款。

然而伊梅尔特找到了一份新工作，而且没有悔意。股东明白在任何投资中都天然存在风险，但是通用电气宣传自己是"安全的"。员工被告知他们的工作是稳固的。退休员工被告知他们可以指望分红，在 401k 计划（一种养老保险制度）中更青睐通用电气的股票。这些人是真正的受害者，他们有权获得真相，他们要求有人负责。

结局

到了 2017 年年初，有迹象表明两年前提出的每股收益超过 2 美元的伟大承诺落空了。即使是强大的投资者关系和公共关系团队也开始防范结果，抱怨石油价格低、经济环境和介入阿尔斯通收购案的法国政府，抱怨能抱怨的一切人和事。

到了 2017 年 5 月，伊梅尔特看上去苍老而疲惫，受到了打击。他开始发福，在电气产品集团会议上发布中期分析报告时磕磕绊绊。这是约 150 名有影响力的投资者和约 25 名顶尖工业企业的首席执行官出席的年度聚会。我坐在前排，在大约 10 米远的距离看到伊梅尔特很明显地在摇晃、出汗。我从来没见过他这副模样。他曾经流露出来的自信彻底消失了。在会议桌一侧，通常保持镇定的首席财务官伯恩斯坦低头坐着，不愿意进行眼神交流。整个经历都是离奇的。通常通用电气的高管都是自如而忘我地进行幻灯片展示，但在那天，伊梅尔特在换幻灯片时几乎都不流畅。短短几分钟，我的手机就多次亮起，收到了收听网络直播的人们发来的短信，询问"发生了什么"。新闻媒体不知道该怎么说，如何报道发生了什么。在伊梅尔特的带领下，通用电气在我们的眼前崩溃。

到了 2017 年 7 月，伊梅尔特显然再也不能完成工作了，我起草了一份报告，要求他辞职。通用电气和我通了一次确认事实的电话，它明白了我们的职责，要求我们将报告延迟一天，以便和伊梅尔特进行一次私下会面。我明白等待一天没有什么坏处，并且通用电气还是有着强大的力量，投资银行还收集着通用电气的许多大额支票。我的新雇主——巴克莱银行在某种程度上支持我独立行动。我写的任何对通用电气的指责必须百分百准确。要求伊梅尔特辞职的报告会成为当天的头版头条，因此一切需要做到完美无缺。之后，我去听了伊梅尔特的反驳。

我拜访了通用电气波士顿总部，坐在伊梅尔特的私人会议室里。我为那天的对话感到震惊。这更像一次忏悔，没有曾经熟悉的咄咄逼人和自信。伊梅尔特明显在颤抖，为企业曾经"折磨我"而道歉，不止是因为给我们的分析提供了错误的数据，还因为他的团队经常打击我们。在这场战役中有伤亡者，我显然是其中之一。他颤抖着承认 2015 年提出的超过 2 美元的每股收益计划只是权宜之计，他需要以此来稳定投资者，给他们希望，以抵消退出通用电气金融服务公司产生的痛苦。他说了很久，中间没有停顿，一直低头看我们中间的桌子。他坚称自己和企业其他员工事先不知道阿尔斯通的电力部门情况如此糟糕。他坚称，在他任职期间产生的所有问题都只是运气不好，韦尔奇交给他的是"一个烂摊子"，他以自身为代价保护了韦尔奇的遗产。他还坚称，他带领通用电气度过了 2008—

2009 年的金融危机，这是史上最艰难的时期。他的态度介于要道歉又没有道歉之间。本该举行半小时的会议最终持续了一个多小时。不清楚他要努力达成什么目的，但是他看起来像是一个怀藏着巨大谎言的男人，需要马上将其吐露出来。

我和首席财务官伯恩斯坦单独坐在一起，这个氛围是熟悉的。伯恩斯坦一直蔑视分析师，经常对我们怒目而视，教训我们。他的嗓音通常低沉有力。然而，这次伯恩斯坦将通用电气的失败归咎于不愿削减成本的企业文化和膨胀的地位。世界上到处都是强大到无法打破的封地，而各封地之间的竞争又太激烈了。他抱怨竞争让伊梅尔特成功防止坏消息被披露，成功让成本指令没有被否决。他看上去心不在焉、很虚弱。显然，他和上司伊梅尔特的职业生涯已经结束了。

我十分震惊地走出会议室。我同意不报道"任何在会议上讨论的新鲜事"，这在很大程度上让我的报告显得过时。会议上发生的每件事都是新鲜的。将股票评级下调和建议客户卖出股票的想法都不见了。现在我掌握了实质性的非公开信息，我有法律责任要对其保密，直到它被公开。伊梅尔特和伯恩斯坦承认了一切，唯独没有承认通用电气处于危险的窘境，几乎没有可能实现预期的收益数字，伊梅尔特时代显然已经结束了。在那时，任何要求伊梅尔特辞职的报告都无关紧要了。他实际上已经离职了，只是离职的细节还需要和董事会一起敲定。如同我们所期待的一般，他在几周后"离职"了，被最终迫于重压做出反应的董事会成员开除了。

伊梅尔特很可能在我们见面之前就知道会发生这种事。我相信他见我是为了努力将他遗留下来的故事所造成的损失最小化。尽管伊梅尔特总是声称自己脸皮厚，但是负面的新闻报道对他影响很大。他想要如自己所愿般地离开，但是股价暴跌，积极分子推动变革，他的命运已成定局。

2017 年 8 月，约翰·弗兰纳里接替伊梅尔特担任首席执行官，立刻对企业的经营和会计账目进行彻底检查。在就职的第一天，他给我打了电话，我们谈了几分钟。最后，他说："我想要一切都非常清楚。我会取得明显的变化。我关心股东，想要与他们坦诚相待。"几个月后，我和他单独见面，他谈及股东的口吻同样很友好。然而，那天他问我的问题，也就是我之前在本章中提到的问题，还萦绕于我的脑海中："你在什么时候意识到伊梅尔特是个骗子？"我毫不犹豫地说，是 2003 年在达拉斯的那天，当他发言时，似乎自己已经是全世界最成功的首席执行官。他是一位知名的企业领导，其时间过于宝贵，因此不使用酒店的健身房, 或者不在四季酒店通常很短的队伍中排队办理入住。他如此沉浸于成为名人首席执行官, 而忘记了他是在为股东和更广泛的利益相关者工作。

然而, 事实是, 我自己也已经忘记了这些年里最早出现的预警信号。我任由通用电气的管理者和投资者关系团队解释各种问题。我努力保持坚强, 揭露滥用职权的行为, 但在遭受了几年的威胁后, 我受不了了。在这个过程中, 我丢失了很多客户。我只是不想去相信这么伟大的企业竟然能容忍这么多的欺骗行为。这些人都是我曾经非常敬仰的人。这一教训是沉痛的、真实的和令人感到耻辱的。我仍然感觉不真实, 我好像还没从这个噩梦中醒来。

对杰夫·伊梅尔特时代的反思

从根本上来看, 通用电气让利益相关者失望, 因为它将丰厚的利润进行了不明智的投资, 并且把过去的成功当作理所当然。它放松了在此之前令人印象深刻的对经营和销售的严格管理。接着, 它为了弥补前一年的短板, 每年都会提高风险, 突破底线。它还没有实行问责制, 问责制对任何商业体系进行有效经营都非常关键。

一个导致这种结果的因素是, 伊梅尔特及其团队允许企业规模过大、结构过于复杂, 并且不能进行有效监管, 如图 2-4 所示。大集团一般在最佳时期增加风险, 扩大全球规模, 进行强大的中央集权管理, 但是它们的规模经常令其过度自信, 利用自己结构复杂的特点掩藏问题。一些大集团确实成功了, 但是它们采取了比大多数企业所能进行的更加严格的管理。

20 世纪 90 年代, 通用电气将分散投资做得很好, 但是随后就变得一团糟。后来, 通用电气有了创造利润的压力, 把几乎所有的空闲资本都投入了两个领域。大部分资本投入蓬勃发展的航空部门, 促使了全球航空旅行持续繁荣, 这部分投资是非常合理的。然而, 剩下的资本大部分投入修复通用电气的电力业务, 特别是收购的阿尔斯通业务。这让医疗部门非常缺乏投资。通用电气在 21 世纪初没有进行任何医疗行业的实质性收购, 而这是该行业产生重大创新的 10 年。

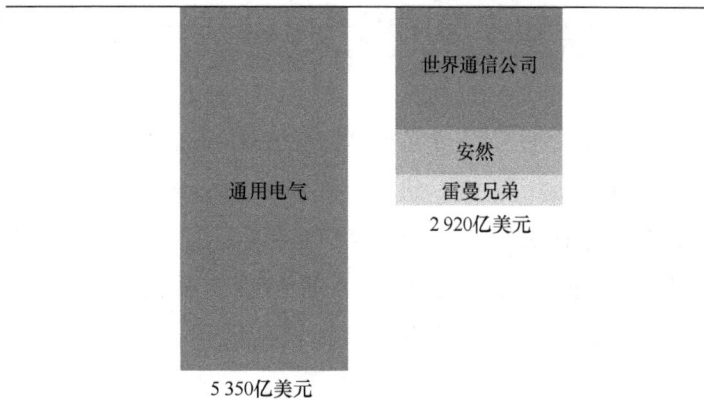

图 2-4　通用电气的价值（总市值）下降量是世界通信公司（WorldCom）、安然和雷曼兄弟加起来的两倍

资料来源：彭博社

　　通用电气的情况非常复杂，这甚至令严格的管理者很难让员工负责。毕马威会计事务所（KPMG）每年收取通用电气 1.43 亿美元审计费，审计包括 21 名合作伙伴和数百名会计。通用电气的税务文件有几千页。牵涉面如此之广，就如同我们在安达信和安然事件中看到的那样，我们很难相信一切调查结果。有很多灰色领域和边界是可以操纵的。弗兰纳里花了几个季度才弄明白通用电气真正发生了什么，但为时太晚了，通用电气快速衰落，而他反应太迟钝了。2018 年 10 月，董事会因不作为将他开除。或许对任何内部人员来说，将伊梅尔特留下的烂摊子收拾干净都是不可能的。

　　2019 年年初，新一任首席执行官拉里·库尔普致力于将企业规模缩减到核心的航空、医疗诊断和电力业务。他将几乎所有剩余的董事会成员开除，替换了企业高管。他还承诺偿还债务，让通用电气重获财务信任。库尔普是一名非常正直的领导，他采取的这些行动可能对解决企业的麻烦有很大的帮助，但还不够。通用电气就算在接下来的几年里卖掉或者剥离一部分业务，品牌损失也可能无法修复。通用电气在一百多年的历史中多次彻底度过严重衰退期，而此次遭受的财务损失，让它是否能做到这一点，变得不那么确定了。故事的这部分还要留待观察。

如果通用电气可以……

　　将通用电气的故事讲述成一个道德寓言是很简单的。非凡的成就冲昏了每个人的头脑，通用电气失去了优势，追逐无利可图的短期解决方案让情况变得更加糟糕。然而，在伊梅尔特接管时，通用电气就有着超过百年的历史，大部分领导都是随着企业一起成长的。通用电气比大多数企业在开发管理人员上都投入得多，总部积极监管各分部。企业以对业务进行系统管理闻名，并且确实成功地适应了过去的挑战。

　　至于伊梅尔特，他完全是"美国最令人尊敬的企业"的产物。作为医疗部门的主管，他是成功的。韦尔奇在严格的接班程序考核后选择了他。伊梅尔特努力为企业设想了一条新道路，花大力气将业务数字化。他拥有很多智囊，能看到每个人都能看出的问题。如果这样的企业都能遭遇滑铁卢，那么每家企业都容易受到伤害。

　　如今大获成功的科技企业主导了公众关注和投资，对它们来说尤其如此。在它们的行为中，我们能看到相似的令人不安的因素，特别是信息披露和问责制，就像我们在通用电气身上看到的那样。这是人类的本性——每家企业都认为自己是特别的，一般的规则不适用于它们，并且最终都会停止做最初给它们带来成功的那些杰出业务。成功和名誉分散了专注力，这是无法抗拒的。

　　通用电气的挣扎显示了要几十年如一日地保持专注是多么困难，特别是在更换了首席执行官之后。通用电气因不负责和傲慢而困扰，需要用严格的管理约束，但是如何做到并保持严格的管理呢？怎样的领导方式、体系和激励方式能使人们专注于持续盈利，而不是只专注于有利于短期利益的精心伪装的假象呢？这就是我们在本书接下来的部分里会深入探索的，我们希望为此提供见解。与通用电气这样不幸的失败案例一样，成功的案例同样值得学习。成功与失败的经验和教训组合在一起是非同一般的。

从杰夫·伊梅尔特时代得到的经验和教训

- 从历史上看，取得成功后往往随之而来的是傲慢的文化。要保持警惕。
- 标杆分析法和问责制是注入谦逊的必要条件。
- 更换首席执行官对企业文化来说至关重要。所有人都盯着相关的行动和发言。
- 董事会的规模和组成很重要，规模小一些更好。
- 管理复杂的企业需要另一种层次的技巧，随着时间的推移，这种技巧可能会产生不可持续性。
- 分配资本需要平衡风险与收益，"改变游戏"经常等于"游戏结束"。
- 缺少资金投入的工厂和缺乏固定的步骤往往会导致灾难。
- 进行越来越大的赌注来"实现预期收益数字"是一项很少会成功的战略。

CHAPTER

3

第3章

波音公司

在风险管理中力求收支平衡

作者：卡特·科普兰

所有以工程为中心的组织都以风险管控为指导原则。整体理解和适当平衡与新项目相关的风险对项目的成功至关重要。风险有许多种不同的形式：技术风险、合同风险、成本风险、进度风险、安全风险等。每一种风险都不可小觑。对于波音公司来说尤其如此。波音是全世界最大的航空公司，它在新产品上进行了巨额金融投资，其技术障碍很难突破，如果失败就会带来灾难。

在过去的几十年里，波音进行了转型。波音原来的文化以工程和产品为中心，甘冒财务和经营风险，以推动技术的不断突破为要务，现在转为更加关注获得竞争的优势和更高的利润。转型始于20世纪90年代，但是直到21世纪初才取得成功。在当时，金融危机令新的管理者不得不进行有效的改变，就像波音曾经经营飞机业务那样。计划延误，成本大幅超支，产生的财务损失加起来超过了企业的整体市场价值，波音的长期健康经营和生存遭到了威胁。财务状况出现问题，从劳资关系到新产品开发等各个环节都需要进行调整。

通过致力于降低技术和财务风险，波音公司开辟了一条新道路。每年，财务目标和对未来的财务绩效的期望都越来越高，股价也随之上涨。波音公司在过去的几十年里被华尔街视作"不值得投资"的企业，而如今却成为世界上最有价值的工业企业之一。它在21世纪10年代进行的转型是无可争辩的。波音过去不能持续发展，资金不断外流，而如今产生利润的速度连最乐观的观察员也没有想到。企业得以转型，其背后进行了多种改变，比如更加深入地认识到全球的新兴竞争对手，放弃开展风险过高的新项目，这些改变是非常简单直接的。其他的决策更加困难，需要重要的利益相关群体做出巨大牺牲。减少工作岗位、关闭工厂、迫使供应商做出让步、放弃为消费者推出全新的产品设计，这些都不可避免地会造成多重的影响。所有在财务上取得的成功都需要付出代价。

付出的代价包括就业岗位流失，与供应商关系紧张等。在努力降低财务风险、增加利润的过程中，波音在技术、安全和公关上都犯了错误。在试图弥补这些错误时，波音仍保持着咄咄逼人的姿态，使债务和财务风险上升。这次波音的运气相当差，新冠肺炎疫情带来了沉重的打击，它几乎需要依靠政府支持才能存活下去。

各种利益相关者之间有一种微妙的相互作用，如果不能恰当地平衡好不同群体之间的竞争需求，就必然会导致失败。这对于波音等飞机制造商来说尤为如此。波音首先要对乘客的安全负责，接着要对数十万名员工负责，还要对华尔街的投资者和股东负责。波音需要保证安全、技术娴熟、财务稳健。这种平衡是微妙的，但是企业的长期可持续发展需要理解并在深思熟虑后关注每个群体的特殊需求。

了解飞机业务

航空公司及其政府赞助人一直推动突破工程和探索的限制，实现伟大的技术成就。他们突破了声障的制约，将宇航员送上了月球，帮数十亿乘客缩短世界各地之间的距离。波音虽然是全球航空业的翘楚，但在过去的几十年里很难做到持续盈利。

制造一架飞机，并且在接下来的 30 年里持续为其提供服务，需要花费数十亿美元。创造巨额的财富是有风险的，而且几乎没有容错空间。在波音历史上的大多数时间里，技术成就意味着在财务上表现平庸。成本、日程安排和经营风险通常是第二位或第三位考虑的因素。波音公司经常没有仔细考虑到或者充分了解到之后会在飞机生产过程中出现的问题，就推动材料、设计和制造过程进行创新。企业文化滋生出一些恶习，内外部政治因素成为影响企业决策的首要动力。

平心而论，经营飞机制造业务不容易。制造商投资数十亿美元进行研发，仅仅研制了一种新机型，取得了适航证。如果这一步成功了，那么企业接着会制造最初的 100 ~ 200 架飞机，在此过程中，简化复杂的制造流程和扩大产量会花费数十亿美元。在进行了这些大量的先期投资后，如果生产过程成熟、定价合适、产量很高的话，接下来几年里就可能赚到几十亿美元。

　　研究表明，在一个世纪以来的飞机开发项目中，在新型飞机上进行的赌注只有在一半的时间里是盈利的。在另一半时间里，销售困难、产量低、技术问题和技术落后，会造成巨大的损失。结果，到了 2010 年，该行业已经不能持续产生可以接受的利润了。我们估计，1970—2010 年，波音的飞机业务产生的平均利润率微不足道，仅仅略高于 5%。

　　从历史上看，回报不高主要是因为构思不完善的飞机项目拉低了优秀项目的回报水平。每个飞机项目都是工程和制造上的双重巨大挑战。工程师制造出了重达 50 万磅（1 磅 =453.592 37 克）的设备，要以每小时 500 英里（1 英里 =1 609.344 米）的速度飞行，流水线的工人每天要组装一架这样的新飞机。拥有数十万名员工的企业花费数百万小时、数十亿美元才能让一架新飞机上市。在任何规定的时间里，一家飞机制造商能组织的资源是有限的，只能同时启动几条不同的产品线，生产合理数量的产品。这使得盈利产品与亏本产品的组合对企业整体盈利水平的影响至关重要。在波音经营商业飞机业务的几乎所有历史时期，波音都同时进行过优秀的和糟糕的项目，因为其文化更专注于工程而不是盈利。

20 世纪的波音——工程优先

　　在美国的商业历史上，波音的工程文化是最著名的文化之一。我们在机场里，可以经常见到飞行员背包上有一张贴纸，上面写着："如果不是波音，我就不飞。"这一宣传词反映了波音渴望制造出全世界最先进、质量最好的飞机。

　　波音 707 和 747 在 20 世纪 50 年代、60 年代和 70 年代革新了航空旅行，那些制造了它们的人引以为傲。骨干员工和经理同样将自己的工程水平看作波音取得成功的独一无二的支柱。波音惊人地在 20 世纪 60 年代发布了 3 款完美无瑕的飞机（727、737 和 747），这是在工程发展史上其他飞机制造商没有取得过的壮举。在工程上取得这样的胜利让波音巩固了行业领头羊的地位。然而，有时进行工程上的变革似乎是波音的唯一目标，而不管取得这些成就不可避免的财务风险有多高。1997 年，波音并购了麦克唐纳·道格拉斯公司（McDonnell Douglas），这一切开始发生改变。

在麦道并购案后，波音成为商用飞机市场无可置疑的领导者，占据了全球客运飞机大约 70% 的市场份额。尽管在市场中拥有统治地位，波音还是很难盈利。事实上，在并购麦道公司那年，737 广受欢迎，新成立的波音民用飞机集团（Boeing Commercial Airplanes，BCA）正努力向市场推出其改进机型——737NG，但完全没有盈利。新产品的发布与增长势头因延迟而受阻，最终不得不中止生产。

并购完成后，麦道的首席执行官哈里·斯通塞弗（Harry Stonecipher）加入波音，担任董事会主席和首席运营官，这对于 61 岁的斯通塞弗来说是退休前的一个安置岗位。这位田纳西煤矿工人的儿子、精明务实的工程师最终带领波音渡过737NG 项目的难关。斯通塞弗面对难题时十分坚强，但他随即与波音以工程和产品为中心经营业务的理念产生了冲突。

在第一次参观波音的埃弗雷特工厂时，斯通塞弗观看了为印度航空公司制造747 飞机的过程，他问道："这架飞机可以给我们赚多少钱？"有人答道，以单架飞机来计算能赚多少是难以回答的。然而，他等了几个月，想要得到一个更好的答案，却一无所获。后来，他宣布："只有一个人，那就是首席财务官 [博伊德·吉万（Boyd Givan）]，知道建造一架客机花费了多少，但是他不会说出来。"747 是波音相当重要的一种产品，产生的利润在当时占企业利润将近一半。在波音的最高层，经理们居然不知道这一项目单位产品的直接收入与成本，而这通常是一家成熟的制造企业的高层管理者普遍知道的信息。不知道每架客机为企业盈利或损失多少，显示波音缺乏严格的财务管理，这是斯通塞弗完全不能接受的。制造飞机非常复杂，规模巨大，容错空间很小，一个项目的成败不能全凭运气。斯通塞弗促使波音的首席执行官菲利普·康迪特（Phil Condit）解雇了吉万和波音民用飞机集团的首席执行官罗恩·伍达德（Ron Woodard），以在全公司内根据风险更好地实现调整关注点和管理。波音民用飞机集团在一年后努力做到了重新盈利，但是潜在的问题远远没有解决。

斯通塞弗在波音经历的这一风波很具典型性，代表了许多外界人士这些年里对波音的看法——对于波音来说，飞机就是一切。负责设计飞机的工程师和负责建造飞机的车间工人有效地经营了企业。斯通塞弗认为波音应该更加关注利润。企业要想持续成功，就要在工程和财务管理之间实现更加健康的平衡。在产品上进行豪赌一直是经营飞机业务的核心，但是斯通塞弗努力衡量这些赌注及其相关的风险。这需要对工程和制造决策所产生的财务影响有更加细致的了解和追踪。斯通塞弗开始了这一过程，但是重大的变革并非如此简单快速。

在任期内，斯通塞弗努力从企业内部的工程组手中获得了一部分控制权，但随之造成了劳资关系紧张，导致了一次严重的罢工。有趣的是，罢工不是由波音的飞机装配工组成的蓝领联盟国际机械师协会（IAM）进行的，而是由工程师联盟航空航天专业工程师雇员协会（SPEEA）进行的。这是非常特别的，因为与航空航天专业工程师雇员协会的劳资关系向来是和谐的。然而，20世纪90年代对工程师来说是艰难的年代。努力进行737NG计划需要更加关注日常的制造活动，而不是新飞机设计，因此研发经费相应降低了，这与工程师的需求不那么匹配。很多工程师同时感觉到，随着技术行业的快速崛起，自己在西雅图经济中技术精英的地位降低了。在很多工程师眼中，斯通塞弗就是管理团队中那种典型的不理解、不欣赏波音做的事情的管理者。

在斯通塞弗卸任的几年后，波音民用飞机集团部门的一位领导向我抱怨，他觉得波音的很多员工认为"他们天生拥有制造飞机的权力"，而在这些年里却仿佛不是这样。波音在20世纪的大部分时间里享有无可置疑的行业领头羊地位，但这并不是一成不变的。很多波音员工在世纪之交没有完全意识到的是，波音在之前的40年里享有的压倒性市场份额会受到挑战，挑战主要来自于欧洲的竞争对手空客（Airbus）。波音的很多员工回首斯通塞弗年代，还把它看作文化痛苦时期；而另一些人开始意识到，斯通塞弗是最先看到企业的需求发生变化的人之一，而这种需求变化是由竞争引起的。不管喜欢与否，空客正在成为波音的主要全球竞争对手，并且迫使坚守旧道的波音在行为上发生重大改变，如图3-1所示。

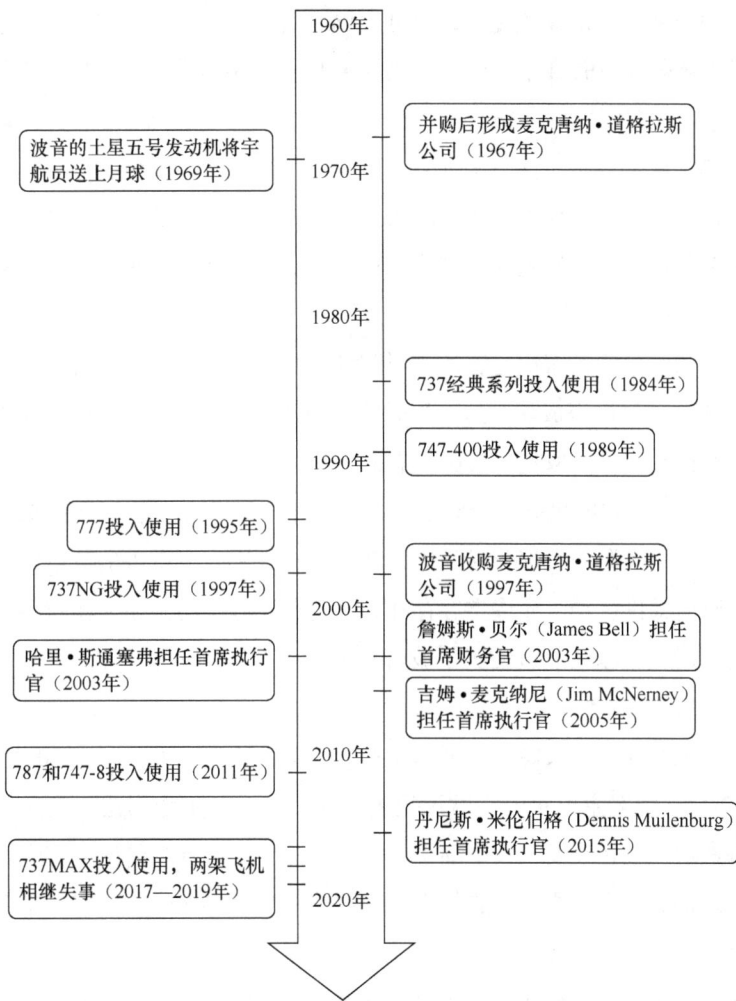

图 3-1　波音的历史（1967—2019 年）

资料来源：波音公司文件

空客崛起，成为波音第一个真正的挑战者

空客成立于 20 世纪 70 年代早期，是欧洲各国的航空公司通过大型的全球整合企业（GIE，法国法律下的一种独特的合伙制形式）形成的联合公司。这种结

构可以集中经济和制造业的优势，符合法国、德国和英国的中型飞机制造商在全球市场寻求竞争优势的目标。在 20 世纪 60 年代和 70 年代，美国的飞机制造商扩大规模，而欧洲各国需要一起合作。出于共同的利益，在达成一致后，空客诞生了。

空客非常顺利地成立了，并推出了最初的产品，但是直到 1985 年才在飞机行业真正起势。让·皮埃尔松（Jean Pierson）是一位有趣的法国老烟枪，他曾经参与过著名的英法联合研制的协和式飞机项目，空客在他的领导下勇敢地向波音的市场统治地位发起了挑战。

在皮埃尔松担任首席执行官的 13 年时间里，空客飞机的订单数增长了 5 倍，A320 和 A330 项目取得成功，这是当时寻求与波音产品竞争的飞机。在皮埃尔松手中，空客得到成长，取代了美国仅有的另一家重要飞机制造商麦道公司，迫使麦道与波音兼并。并购巩固了全球市场上双雄并立的局面，至今仍是如此。

在皮埃尔松任职的大部分时间里，波音要么无视空客带来的竞争威胁，要么抱怨欧洲政府提供援助，允许空客存在。这是非常好笑的，因为在商用飞机市场还处于萌芽时，美国政府就购买了波音首架军用改造的客机 707，波音才得以确立商用飞机的领导地位。

波音认识到这一切太晚了，低估了空客，铸成大错。诚然，在 20 世纪 80 年代和 90 年代，空客主要负责在欧洲提供区域性产品和工作岗位，确立了重要的市场防御地位。空客开发了一系列多样化的产品，比波音之前的所有全球竞争者提供的产品都更丰富。当航空旅行需求转向非西方世界之时，空客把主要销售对象瞄准美国以外的航空公司，闯出了一片广阔的天空。

新千年伊始，空客作为欧洲航空防务航天公司（EADS）的一部分首次公开募股，走向公开市场。空客的野心从长期来看是成为与波音比肩的竞争对手，这是可以实现的，而"9·11"事件间接推动了这一切。波音的业务以美国为中心，因此对世界贸易中心的袭击给波音带来的打击比空客的更大。在接下来的几年里，波音每年交付客用飞机的市场份额都在减少，而空客则在增多。在并购麦道短短 6 年后，波音从占据市场份额的 3/4，减少到只比空客市场份额稍微多一点，如图 3-2 所示。波音再也没能维持之前的统治地位，飞机市场形成了全球竞争的双寡头垄断格局。波音一度以为自己是无可匹敌的，它一直低估所有对手挑战自己市场地位的潜力，包括空客。它给了竞争对手崛起的机会。在接下来的几年里，空客和波音开发新产品，促进增长，巩固了其相对竞争地位。

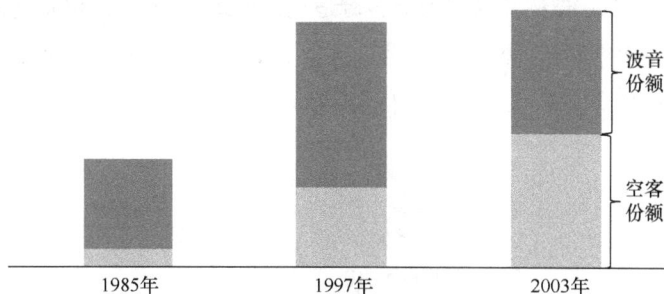

图 3-2　波音的市场份额逐渐减少

资料来源：波音公司和空客公司文件

新千年，新竞争

我们可以把相互竞争的系列飞机比作不同尺码的短袖衫——有 XS、S、M、L 和 XL 码，如图 3-3 所示。在市场的一端是小型飞机，负责班次多、短距离的飞行，这种飞机通常只有一个过道，每次飞行时间为 3 ～ 5 小时。中型和大型的飞机有两个过道，可以长距离飞行 10 ～ 15 小时甚至更久。在市场的这一端，飞机的等级是由总座位数划分的。

在 20 世纪 70 年代、80 年代和 90 年代，波音在 XL 码市场具有垄断地位。波音的 XL 码产品是 747，这种双层飞机被誉为"空中女王"。它可以容纳 400 多名乘客，飞行 16 小时，经常往返于世界大型城市之间。

1970 年，双层的 747 开始投入使用，历经多次升级，其中最重要的是 1989 年衍生出来的 747-400。747-400 是非常受欢迎的机型，它没有直接的竞争对手，并且凝聚了几十年的制造经验，降低了成本。它为成功发布 L 码的 777 积累了资金，解放了挣扎中的 S 码的 737-NG。空客研究了波音的系列产品，决定在 XL 码市场上与之进行竞争。

2000 年，空客推出了 A380，这是它生产的最大的客机。A380 两层客舱都与飞机整体长度一样，计划承载 500 多名乘客，往返于世界各国的繁华大都市之间。

49

超大的机型可以容纳各种新设施，比如豪华的机上酒吧、头等舱乘客专用的平稳的淋浴设施。A380 被称赞为"为乘客舒适迈出的最终一步"，但是它的座位布局紧凑，可以一次容纳超过 800 名乘客。空客发布了 A380，向波音利润最丰厚的飞机平台发起挑战，波音再也不能漫不经心地袖手旁观了。

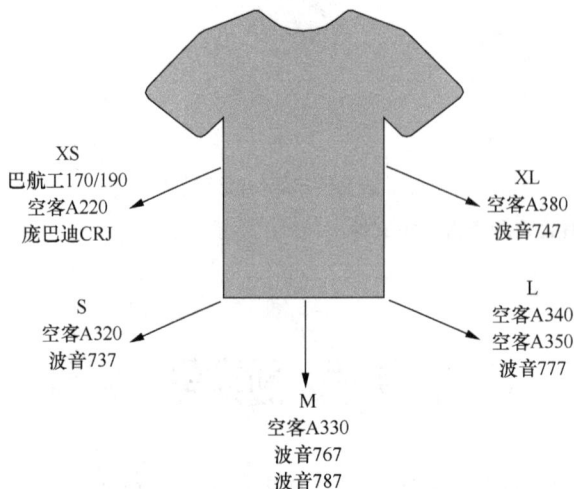

	20世纪50年代	20世纪60年代	20世纪70年代	20世纪80年代	20世纪90年代	21世纪00年代	21世纪10年代
XS					CRJ、ERJ	E175/195	A220、E2
S	B707	B727、B737		A320	B737NG		A320neo、B737MAX
M			A300	B767、A310	A330		B787
L					B777、A340		A350
XL			B747			A380	

图 3-3　飞机型号分类类似于短袖 T 恤型号
资料来源：波音公司文件、梅利乌斯研究公司

20 世纪 90 年代，空客同时开发了 M 码和 L 码的产品，它推出的 A330/A340 系列飞机取得了成功，其中 A330 给了波音 767 近乎致命的一击。波音已经拥有了升级的 S 码（737NG）和 L 码（777）产品，它选择专注于 M 码产品的发展，从 A330 手中夺回领导地位。工程团队成员放大了这种竞争关系，因为他们想要重新做回自己最擅长的事情，在新飞机的开发中突破技术的界限。

每 10 年，航空世界就会发生重大的技术转型。在 21 世纪初，几个技术的变量值得探究。油价居高不下，新兴的廉价航空公司（LCCs）加剧了竞争态势，让波音的顾客强烈要求提高燃油效率。这些担忧让一种新型材料变得尤为重要。这种材料主要用于生产军用飞机和航空器，那就是碳纤维增强复合材料（CFRP）或者称之为复合材料。复合材料的强度重量比显著高于铝之类的传统材料，这意味着重量大幅减轻，从而可以节省燃料。波音决定要完全用复合材料制造一种飞机，比金属制造的飞机更薄、更坚固，还能减轻多达 25% 的重量。

波音最初把这种新型飞机叫作 7E7，其中 "E" 代表效率（efficiency）。创新不止是在飞机结构上，波音还决定要让 7E7 成为全世界第一架子系统使用全电动式的飞机，而不是使用液压或气压式的系统。这进一步减轻了重量，提高了发动机的供能效率，又能节约燃料。7E7 之后更名为 787 梦想客机，正是技术上那种类似于登月行为的突破，反映了波音过去以工程为中心的文化。在宣传中，它可以以超级高的效率点对点连接航线，纳入波音能够想象到的所有前沿技术。

除了全新的 787 的超大规模和装备的创新技术，制造计划还包括许多地理细分。波音将生产外包到全球各地，通常是那些从来没有建造过任何飞机部件的未开发地。为了让生产体系运转起来，波音在 747 货机的基础上修改建造了一架小型货机（名为"梦想运输机"），用来将大型的飞机部件运输到西雅图进行最终装配。波音的工程师不仅改进了建造的飞机，还改进了建造飞机的方式。和 787 上的其他设想一样，理论上这是一个好主意，但实际情况却正好相反。

787 研发遭遇挫折

北京奥运会计划于 2008 年夏天举行，波音想用 787 从地球最远的角落运送乘客去现场观赛。如果这不算是这项重大计划中最无聊的目标的话，那么就要数市场营销部门决定将首次推出第一架"完全的"飞机的完美日期定为 2007 年 7 月 8 日（即 7/8/7）。波音围绕这些事件确定了项目日程和时间表，却不管这是否现实，是否可以达成。

787 确实于 2007 年 7 月 8 日在华盛顿的埃弗雷特首次亮相于众多参观者面前，

但是它远没有完工。部分机身没有与整体适配，部分机翼是由涂上涂料的木头制作而成的，而且飞机还缺少运行的电力系统。几年后，一家 787 主要供应商的首席执行官告诉我："当我看到机身上的漏洞闪着光，我就知道以后会发生彻底的灾难。"然而，计划是计划，波音不承认存在任何问题或延迟。第一架 787 飞机建造完之后，又拆开重新建造了 3 次。到了"完工"的时候，已经花费了超过 12 亿美元，是预定销售价格的 10 倍。

787 预定在 2007 年 8 月进行首飞（就在 7/8/7 首次亮相不久之后），但是直到 2009 年 12 月才真正进行首飞，此时北京奥运会已经过去一年多了。波音 8 次宣布项目计划推迟，到了 2011 年才首次把飞机交付给客户，这比计划晚了 3 年。787 需要进行多次修补，直到 7 年后的 2018 年才全部交付。因此，企业内部把重复返工的 787 称为"叛逆的青少年"，它们就像顽固的孩子，花了很长时间才离家，如图 3-4 所示。

波音最终在 787 的研发上花费了 200 亿美元，但是这些费用还只是整个项目善后费用的冰山一角。除了项目的研发费用，企业直到 2016 年第一架盈利的飞机下线前，还额外花了 280 亿美元制造 787，其总费用接近 500 亿美元。787 的投资赌注是 2003 年项目发布时波音市场总值的两倍。787 推动了重要的技术进步，销售势头强劲，最终受到客户的欢迎，但是它是波音财务历史上迄今为止最大的败笔。一路上，许多高管的职业生涯因此而终结，企业的财务背着沉重的负担。

雪上加霜的是，在开发 787 的过程中，747 系列开始过时，波音决定要发布改进版的 747-8 与 A380 竞争。747-8 的机身更长，采用 787 使用的通用电气 GEnx 发动机来提高燃油效率。事后看来，这个计划完全是出于虚荣，想要从 A380 手中夺回一部分市场份额，但却以惨败告终。747-8 项目本身在制造上延迟了，这是一个相当尴尬的结果，因为 747-8 只是对企业已经制造了 30 多年的飞机进行相当简单的升级。在 787 已经花费了大量资金的情况下，747-8 项目也没有有效地利用波音的工程、制造和财务资源。波音飞机的利润率从 2005—2006 年的约 10%，在短短 3 年内下降到了约 3%，企业的总现金流减少了超过一半，而且还没有改善的迹象。因此，波音必须努力改变这一情况，提升财务绩效，确保企业继续蓬勃发展。

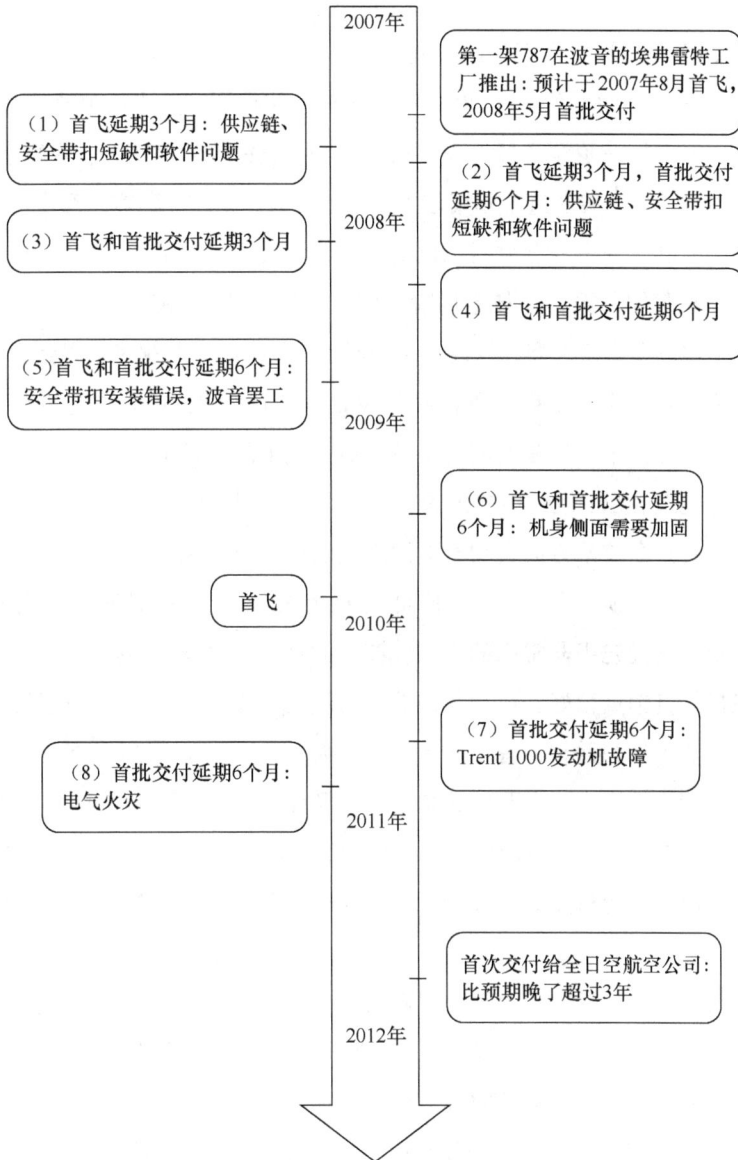

2007年

第一架787在波音的埃弗雷特工厂推出：预计于2007年8月首飞，2008年5月首批交付

（1）首飞延期3个月：供应链、安全带扣短缺和软件问题

（2）首飞延期3个月，首批交付延期6个月：供应链、安全带扣短缺和软件问题

2008年

（3）首飞和首批交付延期3个月

（4）首飞和首批交付延期6个月

（5）首飞和首批交付延期6个月：安全带扣安装错误，波音罢工

2009年

（6）首飞和首批交付延期6个月：机身侧面需要加固

首飞

2010年

（7）首批交付延期6个月：Trent 1000发动机故障

（8）首批交付延期6个月：电气火灾

2011年

首次交付给全日空航空公司：比预期晚了超过3年

2012年

图 3-4　波音 787 交付延期 8 次

资料来源：波音公司文件、新闻报道

53

对错误进行诊断

在 2010 年危机时，我有一次和波音时任首席执行官吉姆·麦克纳尼共进早餐。他进入波音董事会两年后，于 2005 年担任首席执行官。麦克纳尼是一位高水平的思想家，能剖析清楚波音最近失败的原因。我直白地问他认为波音哪里出了大问题。他坦率地说，波音过于频繁地推动技术发展，超出了顾客愿意支付的限度。以 787 为例，制造一架复合材料飞机所需的花费大大超过了波音的想象，超过了波音民用飞机集团甘愿冒的技术风险范围——用来最大化燃油效率的技术风险。如果这还不够，那么将大型部件外包生产对于项目的财务状况来说是致命一击。

在麦克纳尼看来，如果新飞机提升性能可以节约油耗或者飞行更长的旅程，顾客会愿意为之买单，但是他们肯定不会负担超出的研发费用。事实上，顾客们的想法恰好与此相反：他们想要因为交货延期而得到赔偿，不管是因为没有好好进行开发或者是在技术方面贪功冒进而无法取得突破。麦克纳尼根据一份全新的战略整合了波音，他之后称之为"降低这 10 年的风险"。在那时，降低风险和保持金融稳定不是优先级非常高的事项。波音的企业文化是，如果你设计出了一架优秀的飞机并且销量很好，那么其他的一切问题都会迎刃而解。这种根深蒂固的心态导致企业内外利益相关者之间产生了巨大差异，让波音围绕一切产生矛盾的事情进行决策，不管是产品开发还是员工和经理的工资。罢工和劳资纠纷是常见的事，财务绩效很差，且财政支出经常产生。没有人明确知道波音的盈利水平如何，波音没有实行重要的标杆分析法。因此，麦克纳尼试图在许多方面扭转这些趋势。

降低风险的行动最初集中于处理赔钱的合同，而不是进行任何新的冒险。接着，波音处理了广泛的"应计成本"，仔细衡量了支出结构的功能要素，第一次以外部数据来衡量这些要素。波音对企业激励同样进行了全面改革，以专注于制造、财务执行，并且与全体股东的收益相匹配。这些努力包括降低成本、限制风险、合理制定基准和使用激励，同时一直检查结果、改进战略，围绕一系列指导原则将波音重新进行定位。

波音专注于降低风险、改善经营，其时机看上去是正确的，因为空客在新任首席执行官汤姆·恩德斯（Tom Enders）的领导下也在采取类似的行动。空客曾经因为 A380 有过接近破产的经历，又因为 21 世纪初货币市场激烈动荡，其同样需要寻找竞争优势和持续盈利的途径。波音和空客都决定只是更换各自最盈利的机型的发动机，而不是设计全新的飞机，这很好地证明了两家企业同时都在调整管理风险。

2010 年，空客和波音都在飞机业务中有两个主要的盈利点，那就是单过道飞机（A320 和 B737）和双过道飞机（A330 和 B777）。在实现这一点的多年努力中，空客回应 787 带来的挑战，推出了一种全新的机型 A350XWB，这让工程团队一直处于忙碌中。波音在开发了 787 之后，又想出了新点子，将未来的资金用于研发一种新的单过道飞机来代替 737，那就是下一代小型客机（New Small Airplane，NSA）。

恩德斯和空客的团队意识到，他们需要更多地发挥企业工程资源的作用，而不是小心谨慎，这样才能对波音发布的下一代小型客机做出完全回应。他们还发现，在 A320 上装备更新、燃油效率更高的发动机，就可以显著地提高效率，这也是下一代小型客机承诺的可以减少研发费用的部分。同时，要预留足够的工程资源，降低开发 A350 的风险。A320neo（neo 意为使用新发动机）由此诞生。

空客 A320neo 的销售速度让航空世界感到惊讶，它在短短的 6 个月里卖出了超过 1 000 架。波音需要对 A320neo 的成功做出回应，但它最初并没有理会，直到波音的老顾客美国航空（American Airlines）快要签署 500 架 A320neo 订购单了，它才做出回应。在一夜之间，波音抛弃了下一代小型客机概念，同意推出 737 更换发动机后的机型，这才从空客手中抢回美国航空一半的订单。

在接下来的几年里，空客和波音都进一步将各自盈利的宽体飞机（A330 和 B777）更换了发动机。往常开发完美无瑕的飞机走的途径是"失去数十亿美元，可能再赚回数十亿美元"，而这次有所不同。由于 787、747-8 和 A380 的失败，资金成了一种稀缺品，而仅仅更换发动机则可以节约数十亿美元的前期开发费用。这让空客和波音在更长的一段时间内可以继续以更高的价格卖出更多成熟的产品。

更换发动机的决策代表着行业内降低风险、提高利润的新思路。这是对过去行为的一种大转变。不过，在 20 世纪最初 10 年财务绩效不佳的情况下，这种战略转向是不可避免的、顺理成章的。

降低风险，提高利润

21 世纪初，我开始研究航空部门。当时波音的首席财务官詹姆斯·贝尔将 10% 的营业利润率作为企业雄心勃勃的目标。贝尔的想法是，在过去 10% 是最好的利润率，那么它一定也是未来的利润率上限。然而，在 21 世纪初麦克纳尼专注于降低风险之后，波音得出结论，波音也可以实现其他一流工业企业达到的 14%～19% 的利润率。波音采取了新方式，以进一步提高可持续的利润率。

在麦克纳尼的观察下，波音发布了几条措施，专注于提高成本竞争力。波音意识到，外部的供应商决定了企业的成本结构，供应商的利润率通常会高出 50%，因此它启动了合作共赢计划（Partnering for Success，PFS）。在该计划中，波音雄心勃勃地推动供应商为了未来的平台而降低价格或风险。供应链合作伙伴私下把这一计划称为"供应商盘剥计划"，但是他们还是不情不愿地按计划进行了。毕竟，波音掌握了知识产权，承担了最大的开发和生产风险，如图 3-5 所示。

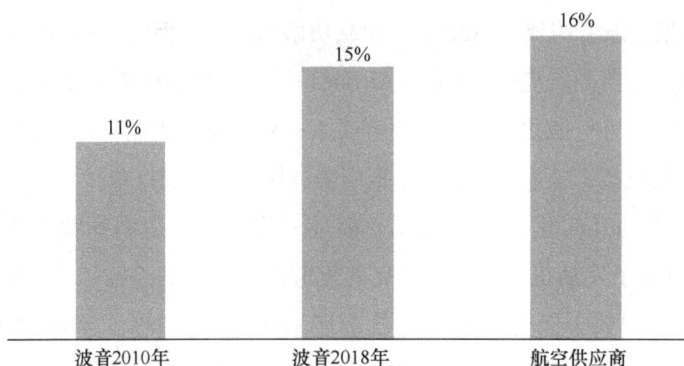

图 3-5　波音的利润率达到了一个新水平，接近供应商利润水平

资料来源：波音公司文件

在工厂内部，波音采用"优胜时间"对制造部门进行交叉比较，来快速提高生产率。波音比较了在不同场所进行的一般制造工作，计算工人完成工作的最短

时间。接着，波音又研究了产生最佳结果的特定行为，并将最好的做法推广到全公司。此外，波音积极地投资了机器人和自动化技术，减少了某些领域制造过程中的员工。

在这种新途径形成之后，财务就是下一个改革的对象。787 损失了数十亿美元，这些资金用最初的五六百架飞机都不能完全赚回来。在此之后，787 终于从严重亏损变成收支平衡。同时，利润率很高的 737 销售量增加了 1/3，平摊了更多固定成本，生产率提高也进一步促进了利润率增长。随着全球中产阶级的快速增长，对单过道飞机的需求激增，强劲的需求导致飞机价格上涨。波音将供应链成本压到最低，努力限制固定成本增加。波音预计到 21 世纪初收益可以增至两倍甚至三倍。

然而，在通往财务成功的某处起，波音开始忽视缓慢上升的风险。这些风险将会对关键的非财务利益相关者产生实质性的负面影响。

"员工仍会一直退缩"

波音一贯强制首席执行官在 65 岁时退休，这一规则是为了确保领导权会按一定时间间隔规律地实行交替。然而，波音的首席执行官吉姆·麦克纳尼在 21 世纪 10 年代中期接近 65 岁时，还不准备退休。企业仍在转型早期，2016 年是波音成立 100 周年，这是他想要达到的里程碑。

当时，作为该企业新确立的成本控制政策的一部分，麦克纳尼及其团队不仅希望从供应商获得交易和让步，也希望从员工工会那里获得交易和让步。这些交易最初是为了提高波音的长期成本竞争力。谈判充满争论、不受欢迎，但这是让企业更加稳固所必需的。波音的一大主要风险是几十年前制订的退休金计划造成了成本失控。波音的退休金计划在当时是全美国第二大的，但资金缺口大约有200 亿美元。每年欠工人的退休金快速增长。阻止退休金成本的增长对于控制长期成本结构是非常重要的。

解决退休金问题的机会最终自己出现了。在成功发布 737MAX 并完成早期销售之后，波音再次在 777 项目中采取了更换发动机的战略，正式推出了

777X。这一改进版本的特色是，机翼采用新型复合材料，发动机更大，燃油效率更高。这种飞机的设计很快就确定了，但是要在哪里组装还是一个悬而未决的问题。

现有的 777 装配线就在西雅图外，看上去是组装 777X 的合适选择。然而，波音最近在南卡罗来纳州收购了一家工厂，它没有工会组织，是一个非常有吸引力的替代选项。波音会在与工人的谈判中将这个替代的生产工厂当作讨价还价的筹码。

与波音最大的工会国际机械师协会（IAM）进行合同谈判时，波音希望员工放弃未来的退休金，以把 777X 的组装工作留在西雅图所在的华盛顿州。这一战略奏效了，帮助解决了波音最大的成本问题。然而，它让管理层与工会的关系变得更加紧张。

尽管麦克纳尼从来不直说，但我从和他的对话中得知，劳资关系紧张是有原因的。毕竟，2008 年经济衰退是自经济大萧条（1929—1933 年）以来最严重的一次，国际机械师和航空航天工作人员协会（IAM）在当时罢工了。工会罢工的行为很鲁莽，时间选择也不对，因为当时 787 的生产越来越困难，加剧了波音经济下滑。这一定是麦克纳尼永远不会忘记的事情。

在劳资问题解决后不久，波音的董事会就批准了麦克纳尼 65 岁时延迟退休的申请。当他在下一个电话财报会议上确认了自己任期延长的消息后，他提到自己将会待得更久，"心脏还会一直跳动，员工仍会一直退缩"。他之后为此道歉了，但是这个信息是响亮而清楚的。

麦克纳尼的声明标志着，帮助企业从 787 失败中恢复造成了具有争议的劳资关系。做出艰难的决策通常需要牺牲，精明务实地处理对不同利益相关群体产生的遗留影响需要深思熟虑。在其他重要的利益相关群体的需求和愿望似乎完全被忘记或者无视时，我最先想起的重要例子是劳资关系破裂。

这个例子可能只发生过一次，但是它确实成为管理层妥善处理的明显证据。企业的领导权从麦克纳尼移交给丹尼斯·米伦伯格后，出现了和其他利益相关群体关系紧张的萌芽迹象。在波音快要 100 周年的时候，麦克纳尼成为董事会主席，同时企业的财务状况也在持续改善。米伦伯格必须要想办法进一步改善财务状况。

新老板上任，追求新高度

丹尼斯·米伦伯格之前主管波音的防务业务，他在 2013 年圣诞节前被提拔为首席运营官。他职业生涯的前 15 年在波音民用飞机集团工作，担任工程师和项目经理，因此他对波音的所有事情都了如指掌。在升职后，他显然成了麦克纳尼的继任者。

米伦伯格最近的一次成就是他监管了拥有 6 万名员工的波音防务大幅削减成本，这种削减成本的方法名为"基于市场的可承受性"。波音的防务业务在外界的关注度不如商用飞机部门，但是在企业内部，米伦伯格快速降低成本的成就引起了大家的注意。尽管他被一些高管看作局外人，他的成绩也被认为与企业的总体需求不完全相符，但是他是一颗冉冉升起的新星，这点无可置疑。麦克纳尼夸奖了米伦伯格"敢作敢为"的精神，将他视为可以带领企业再创财务绩效新高的高管。

商用飞机部门的一些主管认为，如果米伦伯格也在他们所在的部门同样雄心勃勃地追求裁员，可能会产生更多的问题。对于商用飞机部门的经理和员工来说，飞机生产计划要完整且可行，这是最重要的，特别是他们刚刚受到了前几年 787 的教训。日程安排和客户满意度是首要目标。日后将会证明把这两点作为优先考虑的目标是至关重要的。

在米伦伯格成为首席执行官两年后，提高利润率和增加现金流成为企业主要的财务目标，这一趋势日益明显。波音决定彻底放弃新的飞机设计，转而专注于修正亏损的计划，这意味着接下来几年里都会有效地大幅提高盈利水平。

米伦伯格宣布，要致力于将营业利润率从 9% 提高到 14% ~ 16%，在较长时间内每年实现现金流增长。华尔街对此信息反应积极，在米伦伯格担任首席执行官的前两年，股价上涨了大约 40%。这种成功大部分是因为对业务的结构进行了改进，同时也与裁员有关。员工总共减少了 13%，其中商用飞机部门的员工减少了 15%。然而，有所不同的是，前几年防务部门销量减少时，米伦伯格进行了裁员，而这次商用飞机部门裁员时，销量却是上升的，如图 3-6 所示。

在米伦伯格的第 3 年任期时，财务绩效好到令人难以置信。在 2017 年的季度财报中，波音表明预期将超过全年的计划现金流 20 亿美元，并且重申之前提过的每年增加现金流的承诺。2017 年及之后每年的基准都提高了 20 亿美元，在接下来的一年里股价上涨了大约 80%。波音股票是每位投资者都必须持有的。米伦伯格被《航空周刊》（*Aviation Week*）评为年度人物，并且以"向上，再向上"为标题登上了《彭博市场》（*Bloomberg Markets*）封面。

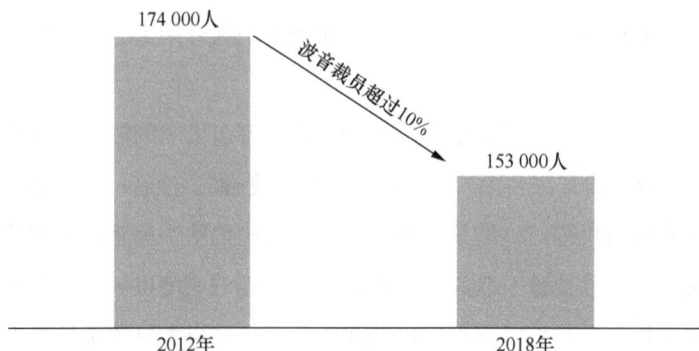

图 3-6　波音销量增加的同时，裁掉了 2 万多名员工

资料来源：波音公司文件

能擅其一，则能擅其余，对吗？

　　波音在成功提高利润率、增加现金流后，明显想要确定还能更加努力在未来实现什么别的目标。波音提出了合作共赢 2.0 计划（PFS-2），要求供应商降价，并且在新的合同里要求更加宽松的条款。这一行动有效地提高了波音的议价能力，让更多价值从供应商群流入自己的口袋，进一步促进了现金流增长，就像它对投资者承诺的那样。

　　波音及其供应商群之间的矛盾在加剧，但是波音还在坚持不懈地向前推进。作为执行机制的一部分，波音对一系列制造内包的可行性进行探索。波音未来将真正从供应商手中拿回工作，在企业内部完成制造，这一计划对于那些靠为波音生产部件来赚大钱的企业来说是一个严重的威胁。

　　这种用内包来胁迫生产商的战略乍一看是有道理的。波音很好地掌握了自己飞机相关的技术。然而，掌握技术规范和制造出性能优良的产品完全是两回事。波音的很多供应商花了几十年来优化各自的生产体系，提供波音从来没有生产过或者很久没有生产过的部件。

2017 年，我参观了一个进行 737MAX 内包工作的工厂，而之前 737 系列的其他机型是由外部供应商生产的。在参观的最后，我看到了一张图表，它详细说明了波音每个部件的成本至少比供应商甲、乙、丙、丁提供的价格低 30%。其中的一家供应商就是之前的制造商。这看上去很奇怪，因为供应商有着几十年生产部件的经验，这是其优势，而波音只是在最近才开始制造部件的。这张图表的结论违背了常识，违背了制造业学习曲线中蕴含的广为人知的、经过时间检验的法则。

后来，我与波音的一名退休高管进行了一场讨论，我询问内包案例中的计算方法是如何成立的。他答道，其中的算法并不能成立，波音只是在欺骗自己，很可能是用这种方式改变成本计算，说服自己相信内包一定会更好。供应商群必须在诚实、公平合理的基础上降价。然而，如果波音说服了自己，其最主要的目的就实现了。尽管这么做并没有丝毫意义，但波音还是决定进行内包。这导致波音公司与供应商之间的关系变得更加紧张。

波音的进攻姿态不止针对工会和供应商，在 2017 年还拓展至政治领域。当时波音推动美国政府对加拿大竞争对手庞巴迪公司（Bombardier）的 C 系列区域新飞机征收大额关税。这种行为被广泛看作试图在项目形成商业上升势头前就将其扼杀。最终，这种行为适得其反——波音施加的压力把 C 系列项目推向坐收渔翁之利的空客怀中，空客在 2018 年收购了这种新飞机的股权。该项目归空客所有后，带来的竞争威胁只增不减。

波音公司上下与许多利益相关群体的关系越来越紧张，这带来了意想不到的结果。财务绩效仍然比预期改善得更快，飞机部门的利润率在 2018 年第四季度超过了 15%，自从米伦伯格接管企业后，现金流每年增长大约 2/3。然而，有证据显示，波音开始忽视整体风险管理，而整体风险管理曾经将波音从 21 世纪初的泥潭中拯救了出来。

裂缝乍现

2015 年年底，波音 737MAX 的主要竞争对手 A320neo 获得商用批准，比波音 737MAX 获批早了一年多。波音感受到了压力，要尽快加大 737MAX 的生产，赶上其主要竞争对手。737MAX 生产计划预计将是波音历史上提速最快的计划。

2017 年 3 月，737MAX 获批，但是与前几年平稳生产不同的是，波音努力提高 737MAX 的产量。一些人认为，波音雄心勃勃地裁员来提高收益率，但做得过头了，恰好在错误的时间给了自己的体系不必要的压力。

在开始提高产量之前，波音从通用电气处雇用了凯文·麦卡利斯特（Kevin McAllister）担任商用飞机部门的首席执行官。他是一位"客人"，雇他是为了帮助波音实现长期的商业雄心。他不是波音真正需要的那种车间领袖，而波音越来越难以实现 737MAX 生产的日程要求。

在麦卡利斯特的监管下，数十架飞机在工厂外面排队等着发动机和其他部件。波音工厂内部和供应商的生产纪律都涣散了。然而，鉴于波音及其供应商群之间的矛盾加剧，修复纪律涣散情况的方法更多是指责而不是合作。在此期间，麦卡利斯特本该专注于工厂，但是他却提倡一个收益不确定的新飞机项目。

麦卡利斯特促使波音推出一种全新的飞机，它叫作新中型客机（NMA）。这种飞机是为了填补目前小型和中型机不能完全覆盖的市场。然而，这种产品的市场论证不足。首先要充满信心地确定它的盈利方式就是一个挑战，更不要说产生波音现有的系列产品类似的利润率。至少，它的发布一定会给波音整个体系带来更多的风险，而这个体系已经开始出现疲惫的迹象。

新出现的问题不仅限于飞机业务，波音的防务业务也开始变得艰难。从 21 世纪初开始遗留下来的有问题的合同，要求波音为美国空军提供空中加油机，其问题越来越大。波音艰难地完成了第一轮飞机生产。在 3 年的 12 个季度里，其中有 9 个季度在财务上没有收入。在全美国的防务行业里，没有别的项目财务赤字持续如此之久。

对于波音来说很幸运的是，当时其业务的其他项目发展势头强劲，投资者把空中加油机的支出和其他问题看作可以忽略的一次性事件。787 项目转危为安，开始产生利润，因此现金流持续快速增长，股价甚至还在上涨。在投资者眼中，波音是不会犯错的，如图 3-7 所示。

　　2018 年年底，波音雄心勃勃的姿态在开拓新业务后到达了顶峰。为了成为军用飞机的主要承包商，波音采取了前所未有的行动，最终亏本赢下了两场竞标，但它坚称自己可以在未来"用产量来弥补"。在我的职业生涯中，我从来没有见过一家企业在一个项目还没开始前就产生了财务费用。

　　在当时，波音认为商用飞机特许经营的成功让它可以以独特而宝贵的战略补贴防务业务的竞标，这是非常明显的。但是对我来说，它似乎风险很高，而且没有必要。然而，这些失去严格的风险管理的隐约迹象在更大的紧急情况发生时退出了视线焦点。

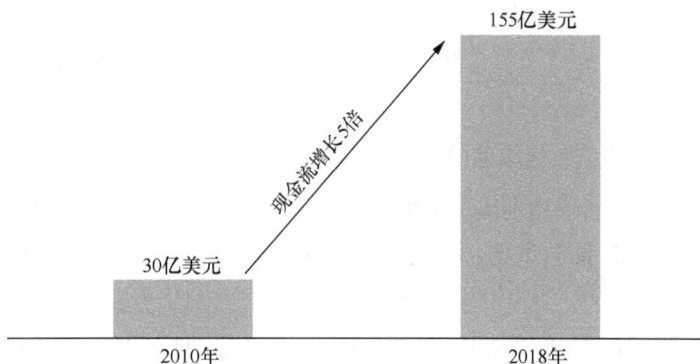

图 3-7　波音现金流从 30 亿美元增长到 155 亿美元

资料来源：波音公司文件

最大的危机突然改变了一切

　　2019 年，两架 737MAX 坠毁，调查显示两起事故的共同点是新的自动飞行控制系统出现了问题，波音陷入全面危机。这种系统名为机动特性增强系统（MCAS），是 737MAX 上新安装的，它基于唯一一个内置的外部传感器来运行。这种设计是非常愚蠢的，在航空工程世界非常罕见，它过度重视安全的好处。在使用时，系统会让机头保持向下，以防止飞机迎角太大。然而，在低高度飞行时使用这一系统被证明是非常危险的。此外，这个系统在 737MAX 飞行员操作手册中没有详细的用法说明其如何运作。在两起事故中，飞行员无法阻止机动特性增强系统发出的强制机头向下的指令，导致了两架飞机坠毁，夺走了346名乘客和机组人员的生命。

在第一起空难事故即印尼狮航610航班失事后，波音公开宣布没有任何重大问题。然而，在幕后，波音准备对机动特性增强系统进行软件上的修改。狮航对关键传感器维修不当，可能还篡改了服务记录，这使得找出波音飞行控制软件中引起飞机失事的根本原因变得非常困难。然而，在4个月后的第二起空难中，埃塞俄比亚航空302航班坠毁，为737MAX技术人员、全球监管机构和广大乘客敲响了警钟。至少，波音最初在面对批评和呼吁737MAX停飞时保持着藐视的态度。

世界各地除了美国都停飞了737MAX。波音努力让美国联邦航空管理局（FAA）允许飞机继续使用，直到卫星数据提供足够的证据显示两起失事之间有共同的联系。波音坚称飞机是完全安全的，无视广大乘客的担忧，这是非常不正确的。

最后，波音退让了，全球范围内近400架737MAX停飞。在接下来的几个月里，司法部调查显示，企业内部给员工施加了不合理的压力，要求他们尽快以最便宜的成本将737MAX推向市场，以此与A320neo竞争。此外，机动特性增强系统的构想是不负责任的，它没有融入737MAX的飞行员培训方案里。波音坚称通过iPad进行培训就足够了，不需要进入飞行模拟器模拟，批评家严厉指责了这一点。然而，米伦伯格依然故我，对于批评的声音不屑一顾，竭力与广大民众进行沟通，让他们相信自己的悔恨。

新机型坠机在过去也曾发生过，但是在社交媒体年代这还是第一次。互联网的快速成长创造了一个新世界，飞机乘客有无限的权限可以知道事故的所有细节，在社交媒体的各个角落已经有各种充分了解或不了解事实情况的发言。从前，波音只在企业对企业的渠道上与航空公司的客户沟通，但737MAX危机迫使波音快速进行改变，通过新的沟通渠道与乘客直接对话。这对波音来说是一种全新的挑战，而它的高管把事情搞砸了。往好了说，他们是措手不及；往坏了说，他们没能意识到这种新风险对于企业的严重性。乘客是关键的利益相关群体，波音的高管没有正确地关心他们的安全和信任。

在停飞伊始，米伦伯格预计在很短的时间内就能重飞——在狮航空难之后完成了原本考虑的软件升级就能重飞。在企业年度股东会议上，米伦伯格坚称使用单一传感器的决定"与（企业的设计）流程相符"。然而，美国联邦航空管理局和其他全球监管机构不只审查了机动特性增强系统再次发证和使用单一传感器的决定，还从更广的层面审查了飞机，737MAX 能够重新使用的时间变得越来越不确定。波音要求供应商继续生产部件，因此在 737MAX 重新使用变得遥遥无期时，其生产甚至还在继续。数百架价值超过 100 亿美元的完工的飞机停放在波音的停机坪上，等待重新发放许可证后交付给顾客。

令人惊讶的是，随着 737MAX 重新获得许可证的压力增加，米伦伯格还在花时间进行未来的商业计划，如新中型客机和与保时捷合作开拓都市型航空交通系统市场。这不是一位精通处理危机的首席执行官的所作所为。这次，他与美国联邦航空管理局打的交道不够多，受到了它的谴责，这条传递给波音和广大民众的信息说明 737MAX 重新获得许可证的时间只会由飞行安全原则决定。在这个事情发生后不久，《华尔街日报》报道了这条消息是在米伦伯格和美国联邦航空管理局的会面上传递出来的，而这是双方在停飞期间第一次会见。米伦伯格没有花工夫经营好与监管机构的关系，这是令人震惊的。

波音账目上与 737MAX 停飞相关的财务费用有数十亿美元，包括降低工厂生产率的成本和对航空公司不能使用波音飞机的赔偿。就像 10 年前的 787 一样，737MAX 最终给波音带来了教训，这会影响到企业的未来。

米伦伯格激起了美国联邦航空管理局的怒火，他在许多方面的危机管理无效，波音的董事会对其很失望，因此将他解雇了，但是按理说董事会早该这么做。董事会主席大卫·卡尔霍恩（David Calhoun）被任命为波音的新一任首席执行官。起初，在卡尔霍恩的领导下，波音在许多方面表现出了截然相反的立场。波音很快不再表现出任何强制美国联邦航空管理局重新颁发许可证的行为，而是对 737MAX 的重飞制订了更加保守的时间表。此外，波音推荐所有的 180 个国家为全体 737MAX 飞行员提供飞行模拟器培训，确保他们对机动特性增强系统的熟悉程度。波音在更广泛的层面上重新思考了未来产品开发的形势，放弃了新中型客机计划，那些对接供应链的员工也将合作共赢计划抛弃。波音意识到它需要专注于重建利益相关群体（监管机构、员工、供应商和乘客）的信任，在过去的很长时间里他们都不如股东重要。不幸的是，这些行动淹没在全球新冠肺炎疫情的噪声中，这仅仅发生在卡尔霍恩任职两个月后，让波音公司的未来陷入迷雾。

波音为了在停飞期间继续生产 737MAX，借债数十亿美元，企业从净盈利到净亏损，这自 21 世纪初的 787 危机以来还是头一次。波音的资金支持了 737MAX 供应链生产，向顾客支付了交付延迟的赔偿。事实上，波音打赌，在许可证重新批准后，现金流会立刻开始流动，债务可以偿还。

新冠肺炎疫情暴发给全球航空旅行带来了前所未有的压力。航空公司的载客量迅速减少了 80% ~ 90%。没有了乘客，航空公司几乎没有现金流入，应付给波音的现金突然出现了问题。现在看来，波音赌自己会快速恢复是非常不幸运、不明智的，最终让企业需要寻求政府帮助。这是不可想象的，因为仅仅在 737MAX 危机的前一年，波音的股价快速上涨，达到了史上新高。波音在如此短的时间内，从世界上最具价值的工业企业沦为资产流动性和偿债能力存疑的企业，是令人诧异的。

几乎没有人能预见，一场全球性的疫情可以对飞机市场产生如此严重的影响，毫无疑问，这会重新定义每个人对未来的衡量方式。就像过去的危机一样，这次危机也会永远改变波音及其所有利益相关者评估风险的方式。

反思

在过去 30 年的很多时间里，波音努力有效地做到平衡关键的利益相关群体的需求，并且长期强调其中一方或者两方的重要性。波音的文化专注于以内部的工程和产品为中心，取得了令人印象深刻的技术成果和庞大的市场份额，开创了前所未有的航空旅行安全时代。然而，波音缺乏对财务的严格管理，因此效率不高，容易造成巨额经济损失。最终，其市场份额减少，在执行不力和不明智的开发项目的压力下，财务状况恶化。波音不得不转而专注于降低风险、改善财务绩效。

在采取了一系列深思熟虑的行动后，波音提高了工厂的效率，降低了项目风险和开发风险，收回了让给供应商的经济利益。这是一个非常成功的例子。然而，过度专注于实现财务绩效新高最终损害了与供应商和员工的关系。接着，波音仍然野心勃勃地想要重新抓住已经失去的东西，由此造成了全行业历史上最严重的危机。造成这些错误的原因是自满。企业取得成功但没有重新取得平衡，没有确保有效地满足所有利益相关者的需求，就会产生自满。安全、质量和利润不是互斥的，长期持续实现全部 3 种目标需要保持警惕和不断进行校准。要在未来真正取得成功，波音必须成功找到同时满足所有需求的方式。

对科技世界的很多企业来说确实如此。大多数科技企业以工程和产品为中心，当市场成熟、增长缓慢、利润率恢复正常时，它们就必须要面临同样的挑战，那就是确保利润率而不损害安全和顾客利益。此外，当大型科技企业没有直接面临安全风险和生命损失时，顾客隐私和社会影响也具有类似的重要意义，而且重要性只会进一步增加。与使用客户数据划清界限，将客户看作与追求利润和市场份额对立，是类似波音之前的评估。非财务和非员工的利益相关者只会在未来增多，这是不可避免的。航空行业是无法避免超大型危机的。事实上，对大型科技企业的网络安全威胁可以等同于全球疫情对工业企业和旅游业企业的影响。

波音在 21 世纪 20 年代的任务是前所未有的。从新冠肺炎疫情的影响中成功恢复是短期目标中的重中之重。找到稳定的财务定位，储备足够的缓冲现金预防未来的危机不可避免地成为未来几年的主要关注点。然而，这需要首先成功处理安全和质量风险，同时也要避免失去成本、进度和开发方面的严格管理。新产品需要在恰当的时候推出，但是不能以牺牲长期成本的竞争力和财务生存能力为代价。类似的，必须小心处理与供应商的关系和劳资关系，以确保在经营和财务上取得成功，而不是制造混乱。可以确定的是，前方还有更多的危机。问题是，波音一个世纪以来的特许经营是否能在不忘记平衡和维持过去的收益的情况下继续发展，成功应对未来的危机。

从波音公司身上得到的经验和教训

- 大多数企业明白创新和成长的重要性，但是很多企业低估了风险。
- 成功经常会导致傲慢或自满。要有定力。
- 大多数危机的严重性被低估了，最好能事先做好危机管理。
- 创新型企业重视偏好的工程胜于财务可行性，但是过于专注财务很容易忽视其他重要的因素。
- 关键的利益相关群体的数量和重要性都会随着时间的推移而增加。
- 过度强调某一项企业目标会带来低估其他目标的风险。
- 一些高管处理某些风险和管理某些利益相关者的能力胜过他人。如果企业高管不能处理危机，董事会需要果断地采取行动，防止危机进一步升级失控。

CHAPTER
第4章
丹纳赫公司

采用流程化管理促进革新

作者：斯科特·戴维斯

家企业不管采取了哪种方式，一旦取得了最初的成功，就会面临新的挑战。员工会懈怠，坏习惯逐渐滋生。企业内部产生官僚主义，员工失去专注力，人才流失，业绩下滑，企业文化衰落。然而，当管理者和投资人注意到的时候，通常为时已晚。

丹纳赫可能是在这些方面防微杜渐的最佳例子。其联合创始人史蒂芬·雷尔斯（Steve Rales）和米切尔·雷尔斯（Mitch Rales）成为亿万富翁已经很多年了，他们可能会很容易失去专注力，但是他们奋力向前，用非凡的、鼓舞人心的激情来改变企业，使之持续提升，创造价值。因此，丹纳赫可能是美国实施过程驱动管理最成功的企业。

2020年年初，丹纳赫收入接近200亿美元，市场价值为1 150亿美元。丹纳赫在成熟后没有出现机构臃肿的情况，而是创造了一系列盈利的业务，进军医疗和水质检测/净水领域等一些成长得较快的特定市场。尽管其全球特许经营机构的员工数量快速增加，一共雇用了6万名员工，但是华盛顿总部的员工数量与几十年前相比并没有增加很多，仍然只有大约100人。

丹纳赫的故事主题是不断创新。它完全退出了几乎所有最初的工业资产，甚至将自己的牙科业务剥离出去，这证明了领导层决定要将资金投资于高收益的商机，淡出业已成熟的业务。在此期间，它创造了几家价值很高的"迷你丹纳赫"，尤其是拥有丹纳赫最初的工业资产的福迪威公司（Fortive）（市场总值为250亿美元）和拥有牙科资产的恩维斯达公司（Envista）（市场总值为50亿美元）。

丹纳赫不仅乐于通过拆分实现自我精简和业务的重新聚焦。而且，一旦它认为某种资产与其长期目标不符，就会为其找个新东家，即使这种资产仍在成长，创造价值。这与过去传统的大企业形成了鲜明的对比。丹纳赫需要为检测设备的安装基础持续提供消耗品。大多数企业都梦想能像丹纳赫一样，拥有利润率和收益都很高、周期很短的业务组合。其业务组合与丹纳赫业务管理系统（DBS）特别相配。

很多人或许低估了丹纳赫业务管理系统对于改变的重要性。简而言之，丹纳赫业务管理系统是一系列不断更新的最佳举措，是全体员工经常使用的技巧。它提供了日常架构，清楚地定义了什么是重要的以及如何衡量重要性。这些工具让员工保持专注，它们不会设定一个具体的目标，而是要求持续提升，人们每天都用这些指标来衡量什么是重要的以及提高了多少。丹纳赫业务管理系统的核心是精益生产，这一点从工厂延伸至其他所有的关键部门，包括销售/市场营销、采购、工程、办公室和研发实验室。

丹纳赫业务管理系统是丹纳赫的文化之魂。它的优秀在企业现金流和利润率最大化、客户体验最优化等方面表现得最为显著。丹纳赫业务管理系统创造了所需的流程，为最能产生增值的业务腾出更多时间。它还让企业的并购和投资组合决策产生差异化。丹纳赫一旦雇用新员工，就会教他们如何高效、专注、以顾客为中心。丹纳赫业务管理系统让企业走出舒适区，让员工掌握强制性的工具，鼓励员工自主创新。精益生产成为必须遵守的准则。无用的程序被抛弃，期待值不断上升。接受这种严格文化的企业繁荣发展，没有接受的企业则被抛弃。所有的指标都十分清晰明了，无法掩藏。

最终带来的结果是，股价持续上涨，员工充满活力、互相关心，制造的产品能更好地解决医疗方面一些重要的问题，对各种利益相关者的价值接近几乎所有指标的最高值。丹纳赫确实是美国商界令人叹为观止的成功企业，而它们故事的大部分内容都不为人知。毫无疑问，如今的技术巨头可以从丹纳赫这家企业的故事中获益颇丰。

丹纳赫早期——从房地产到制造业

雷尔斯兄弟建立了丹纳赫公司，他们采取的战略和如今的私募基金公司类似——收购并提高现有业务，而不是从头开始创办公司。他们还年轻，对任何真正的业务经验有限，融资能力也有限。现在看来，他们当年一定浑身是胆。许久之后，人们才意识到失利是一种"学习经历"。

他们最初进军房地产，因为在房地产中看到了复利和杠杆所具有的力量。20

世纪 80 年代早中期，房地产投资火热，而由于来自日本的竞争加剧，美国的劳资关系恶化，制造业被认为正在走向灭亡。尽管如此，他们仍在制造业中看到了更大的商机。

某个夏日，他们在蒙大拿州的丹纳赫溪钓鱼时，预见了现代工业企业的模样——提高利润率是非常关键的，要实现企业的目标，就要利用杠杆。现金流增多，可以在支持资产潜在的增长需求之余，偿付所欠的债务。

他们最初拿到的银行贷款有限，只能廉价购买质量参差不齐的制造业资产。1981 年，他们进行的第一桩收购是 MasterShield，这是一家市值不到 1 000 万美元的乙烯基壁板公司。接着，1983 年，他们收购了莫霍克橡胶（Mohawk Rubber），这是一家小型轮胎公司。大约在同时，雷尔斯兄弟购入 DMG，这是一家公开上市的房地产投资信托（REIT）公司，成立于 1969 年，当时已经破产。前面两家企业之后融合成一家上市企业，更名为丹纳赫。

1986 年，收购芝加哥气动工具公司（Chicago Pneumatic）是雷尔斯兄弟以丹纳赫公司的名义完成的第一笔公开交易。这是一家拥有多种资产、规模更大的企业，其中的一个业务部门叫作"雅各布斯发动机制动器"，非常有市场前景。雅各布斯的主要产品是"发动机制动系统"。你在卡车下坡时会听到隆隆声，正是因为使用了发动机和排气系统帮助制动系统让这种中型车辆减速。

对雷尔斯兄弟来说非常幸运的是，发动机制动业务的总经理是一位有远见的工程师，他是完美主义者，以自己的工作为豪。这位经理是乔治·科尼塞克（George Koenigsaecker），他曾参军，后在日本一家美日合资公司工作。当时他开始痴迷于日本制造哲学，尤其是精益生产和持续改善。他最后回到美国，在康涅狄格州的布卢姆菲尔德定居，在雅各布斯公司工作。

发动机制动系统渐渐受到欢迎，科尼塞克晋升为布卢姆菲尔德分部的主管。他对生产效率低下、产品质量不佳和产品延期交付感到不满。他认为，如果企业不实行彻底的变革，就会失败。1988 年，正当他努力解决雅各布斯越来越多的问题时，他得知丰田生产体系的两名设计师在附近的哈特福德作讲座嘉宾。他们的名字是岩田良树（Yoshiki Iwata）和中尾千寻（Chihiro Nakao），是日本著名的工厂专家。科尼塞克参加了讲座，并说服他们共进晚餐。在倒酒的时候，他迫切地寻求他们的意见。两位专家听说工厂一团糟，对此很好奇。尽管他们不太会说英语，需要翻译陪同，但是他们和科尼塞克立刻敲定下来，决定当晚去参观工厂。日本人对糟糕的工作流程和过高的库存水平感到震惊。夜班的杂乱无序让他们更为吃惊。

于是，日本专家通宵都在忙着移动设备，提出改进建议，还不时嘲笑美国工厂的设置，工人们目睹了这一切。两位日本专家回旅馆休息了几小时后，又重新来到工厂，美国人那么快采纳了他们的建议，给他们留下了深刻的印象。科尼塞克本以为工厂的工人会拒绝改变，但是他们却欣然接受了。很多的调整是工人们之前就提出过的建议，但是被传统的生产线经理无视了。在当时，美国的制造业僵化，装配线是由工程蓝图规定的，而不是围绕实际工作流程和实践进行最佳优化。工程师控制着工厂，工人没有权利去改变，尽管他们才是最能看到设计缺陷的人。不管巧合与否，丹纳赫学到了赋权给员工就会产生强大的力量的理念，比其他企业采用这一理念要早几十年。

该工厂立马看到了成本的下降和质量的改善。员工过去觉得自己被禁言、被边缘化，而现在则开始提出进一步改进的建议。改变是令人兴奋的。工人们过去在工作日里眉头紧皱，慢悠悠地干活，而现在一下子转到高速模式，干得不亦乐乎。科尼塞克很高兴，他正式雇用日本专家，每月开展为期一周的咨询。雅各布斯把精益生产和精益求精的原则完全融入企业文化。丹纳赫公司与客户的关系得到了修复，雅各布斯获得了拯救。

雷尔斯兄弟和新任首席财务官帕特·阿兰德（Pat Allender）对生产力和质量提高的印象相当深刻，因此他们快速将这些技巧推广到所有工厂。他们举行了丹纳赫高管的首次全体会议，科尼塞克在会上详述了有关新原则的完整的商业案例。丹纳赫生产体系由此诞生，之后又升级成应用更加广泛的丹纳赫业务管理系统。它的基本原则植根于精益生产和持续改善，直到今天这一点从根本上也没有发生改变。

这些概念很简单，但是需要持续微调和进行试验。企业需要每天推动微小的进步，不是大踏步实现远大目标，而是全体员工团结在一起，致力于实现评估和追踪方面的微小改变。要长期坚持做对的事是非常困难的。看板管理仅仅只是工厂的日程安排体系，用来追踪工作流程，确保日常管理，但是工厂就连它也很难执行。如今，标准举措已经应用到了几乎所有工厂，而在 20 世纪 80 年代，"看板管理"在日本以外少有人用。甚至直到今日，仍有很多工厂常常用不好"看板管理"。它需要企业的各个级别都保持一定的谦逊和高度的专注力。

这就是为什么做到完美比很多人想象中难得多。就连最小的质量控制问题也是如此，比如一家小型供应商提供了一件有缺陷的部件，工厂生产线上的一部设备发生了故障，甚至是工人过于疲劳犯了一个简单的错误，都可能会损失整个班一天、一个月甚至一个季度的许多利润和现金流。要培养一种追求卓越的企业文化，离不开严格的管理和坚定的决心。随着时间的推移，那些微小的进步会汇聚成巨大的改变。

取得现金流

从一开始，雷尔斯兄弟和首席财务官（阿兰德）就都擅长现金管理，管控债务水平以及经营与银行的关系。阿兰德虽然年轻，但他是一颗冉冉升起的新星。事实上，现金流是最吸引雷尔斯兄弟的，促使他们采取精益生产。因为精益生产可以解放受困于库存的现金，将对供应商和顾客的低效安排凸显出来。20 世纪 80 年代，美国企业才刚刚开始关注"新"指标，如资本回报率。生产更高质量的产品可以减少库存、加快周期循环时间、减少重复工作、降低保修费用，工厂可以大幅提高资本回报率。现金流增加与资本回报率上升几乎是完全相辅相成的。

到了 20 世纪 80 年代末，尽管丹纳赫还是一家年轻的企业，但它已经领先美国和欧洲同行 5 年了，与日本竞争对手的差距也在缩小。

由于收购雅各布斯取得了意想不到的成功，雷尔斯兄弟开始计划更大型的、可以采用精益生产的收购项目。然而，银行厌恶风险，华尔街的债务市场还在萌芽中，因此将丹纳赫推到了垃圾债券市场。在与垃圾债券大王迈克尔·米尔肯（Michael Milken）进行了初步的会面后，丹纳赫团队认定垃圾债券将会促进企业下一阶段的发展。

20 世纪 80 年代末，垃圾债券既推动了经济的增长，也导致了过度负债的问题，米尔肯是垃圾债券的守护者。企业现在有了新工具，可以为雄心勃勃的计划筹措资金。投资者会纷纷进行可以得到的最高收益的投资。历史对这段时期的评价是负面的，但是一切事情都是有好有坏的。丹纳赫的内部人士因为企业如今的成功称赞它精明的收购决策和精益生产，其中大部分人还会说垃圾债券在这个关键阶段让企业发展得快得多。当时，工业资产廉价出售，但是银行把收购工业资产视为风险很高的行为。尽管垃圾债券息票债务水平高，交易的收益相应地也高得多。这个新型市场特别适合丹纳赫的早期需求。

早年，丹纳赫并购的目标主要是实力雄厚，但经营不善，需要积极的管理来支撑其发展的企业。成交的价格不高，一部分是因为当时的利率很高，同时还因为联合大企业的时代已经过去，大企业更倾向于出售而不是收购资产。私募基金还处于萌芽阶段，通过收购取得发展的概念还非常新颖。结果，丹纳赫几乎没有竞标对手，这让交易变得非常有利。1984—1990 年，丹纳赫收购了 12 家企业，大多数是企业对企业的实体公司，比如麦特克工具公司（Matco Tools）、夸立特尔公司（Qualitrol）和维德路特公司（Veeder-Root）。这些交易的收益都是格外丰厚的。

同样重要的是，丹纳赫还进行了很多小型收购，没有过度沉迷于借债，尽管它可以偿付债务。在这家年轻的企业增长如此快速时，企业内部人士把功劳归在阿兰德头上，因为他让每个人脚踏实地，把风险控制列为最重要的事。他很快提醒自己的老板，一桩糟糕的交易可以摧毁刚建立不久的全部信誉。严格的风险管理是丹纳赫的特点，一直传承至今，成为企业文化的一部分。

丰富丹纳赫业务管理系统工具箱

尽管丹纳赫早期取得了成功，但是直到 20 世纪 90 年代，如今的丹纳赫才更加清晰地成形。20 世纪 80 年代末，债务水平高，经济冷却下来，股市明显下滑，股东产生了焦虑，这些促使雷尔斯兄弟寻找一位经验更广的经营者担任首席执行官。他们吸引到了百得公司主管工具业务的乔治·谢尔曼（George Sherman）担任丹纳赫的首席执行官，如图 4-1 所示。

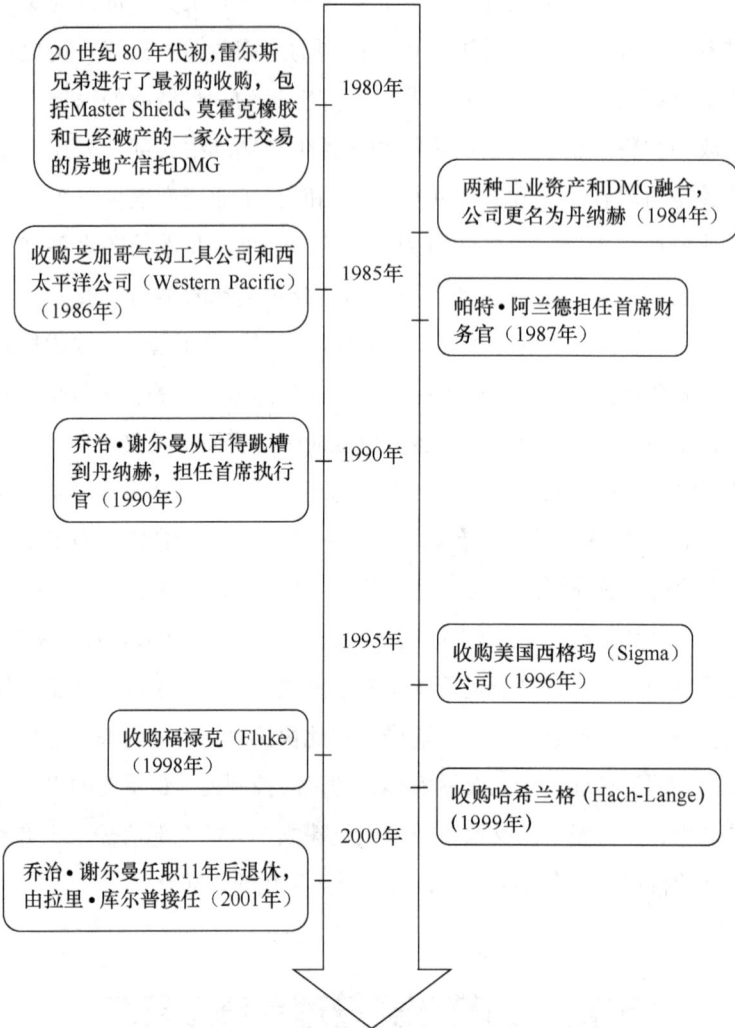

图 4-1　丹纳赫早期和乔治·谢尔曼年代（1981—2001 年）
资料来源：丹纳赫公司文件、新闻报道

　　百得公司以其杰出的销售额和与顾客维持优秀关系的市场团队闻名，而这是丹纳赫仍在成长的方面。谢尔曼来到丹纳赫后，立刻在 20 世纪 80 年代的基础上建造了发展所需的基础设施，将面向供应商和顾客的功能纳入丹纳赫业务管理系统工具箱中。谢尔曼不想招致官僚主义，但是快速发展的企业需要政策控制中心人员来进行战略规划、会计、税务、人力资源、投资者关系和收购工作。

丹纳赫的座右铭是"我们为股东而战",这是谢尔曼和阿兰德的观点,没有强劲的股价和股东支持,整个成长模型就具有风险,特别是在经济衰退期间(如今,丹纳赫仍是世界上最专注于投资者沟通的企业之一)。谢尔曼不认为,只要发布了财务数据,股东就会自己出现。他不想靠运气。他认为,要积极争取并支持股东和分析师。渐渐地,丹纳赫拥有了最忠实的股东基础,让它可以更加雄心勃勃地发展并在需要时使用权益资本(如发行更多股票)。

所有的这些反过来又给了股东回报。2001 年,谢尔曼在丹纳赫结束了 11 年的任期,在此期间股票的年均复合增长率为 26%。当时,标准普尔 500 指数的年均复合增长率为 10%,这已经令人印象深刻了,而丹纳赫是它的两倍多。收入从 8.45 亿美元增长了 350%,达到 38 亿美元,同时更高质量的资产还在增加。员工数从 7 000 人增长到了 23 000 人,创造了长期的工作岗位。关键的收购案有福禄克收购案,这是有关一家电子测试设备制造商转型的故事。丹纳赫还收购了哈希兰格(Hach-Lange)的水质资产,直到今日这仍是一个高质量的品牌。

谢尔曼将雷尔斯家庭的一批企业变成了一家强大的控股公司,他的继任者拉里·库尔普带领丹纳赫进入现代,如图 4-2 所示。库尔普从哈佛商学院毕业后就得到了聘用,内部人士说他从第一天起就是被作为首席执行官培养的。无论在过去还是现在,雷尔斯兄弟都是谦虚、正直和透明的拥护者,库尔普具有所有这些品质。雷尔斯兄弟在雄心勃勃地推动持续改善的同时,也在寻找有能力的人,他们需要看到自己和企业的不足,持续努力取得进步。领导者往往倾向于相信他们已经取得了巨大的成功,因此缺少这种改变的意向。

在库尔普的领导下,丹纳赫的模式面临着前所未有的巨大考验。在他任职期间,发生了不寻常的动荡,包括 2001—2002 年的经济衰退、2003—2007 年经济快速增长的恢复期、2008—2009 年经济严重下滑。宏观环境的极端高点和极端低点让企业意识到周期性业务的陷阱。丹纳赫的成功也吸引了模仿者,其中很多企业雇用了丹纳赫的旧部来实现这一目标。随着私募基金的发展,工业企业与同行的竞争压力加大,丹纳赫在收购中面临着激烈的竞争。阿兰德让首席执行官更替平稳过渡,在最初的关键几年里保持所需的持续性,库尔普因此而称赞他。但是,尽管基础设施已经建设好了,38 岁的库尔普仍然面临着重重困难。

拉里·库尔普担任首席执行官
（2001年）

收购伟迪捷（Videojet）和吉尔
巴克（Gilbarco）（2002年）

2003年

收购雷度米特（Radiometer）
和Gendex（2004年）

帕特·阿兰德退休，丹·科马斯
（Dan Comas）接任（2005年）

2007年

收购泰克（Tektronix）（2007年）

为其剩下的工具业务，丹纳赫
和库柏工业一起研制了Apex JV
（2010年）

收购贝克曼库尔特（Beckman
Coulter）（2011年）

2011年

拉里·库尔普任职14年后退休，
汤姆·乔伊斯（Tom Joyce）
接任（2014年）

2015年

以140亿美元收购颇尔（Pall），
是当时公司历史上最大的收购案
（2015年）

收购赛沛（Cepheid），剥离
业务形成福迪威（2016年）

丹·科马斯退休，迈特·麦格鲁
（Matt McGrew）接任（2018年）

2019年

牙科部门恩维斯达部分首次
公开募股（2019年）

以200亿美元收购通用生物制药
（GE Biopharma）（2020年）

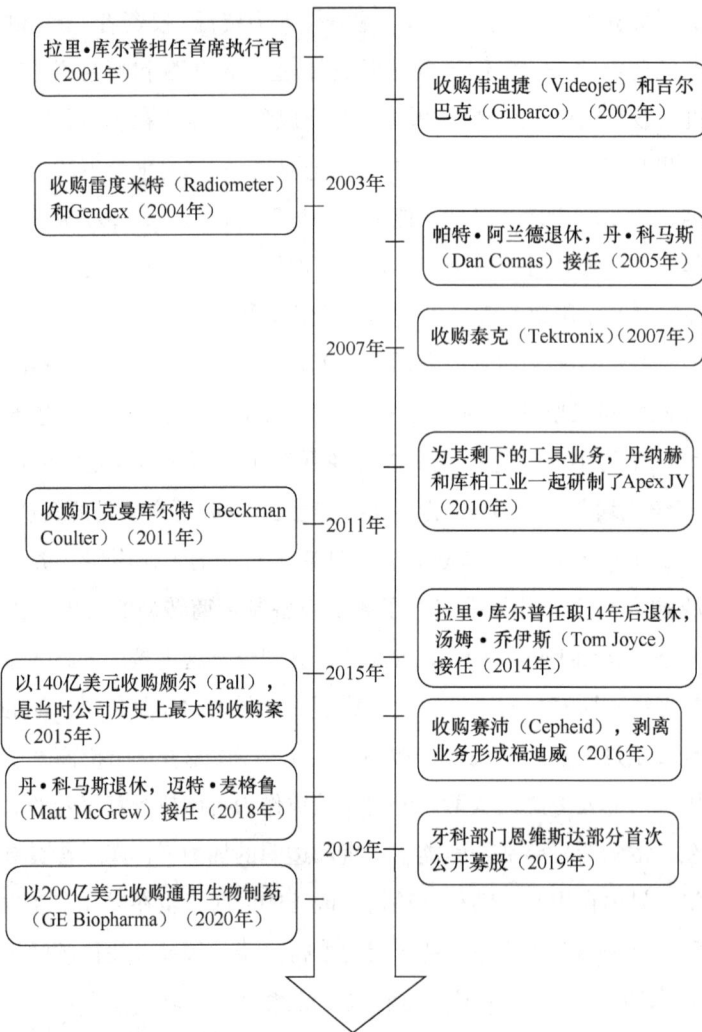

图4-2　拉里·库尔普年代（2001—2014年）和汤姆·乔伊斯年代（2015年至今）
资料来源：丹纳赫公司文件、新闻报道

调整收购战略

　　谢尔曼创造了惊人的价值，现在库尔普必须要让企业在更大的基础上进行发展，而此时美国工业企业面临着全球化带来的威胁。人们有理由发问："丹纳赫只是有远见的企业家制造的一个产品吗？"竞争对手现在已经完全意识到了精益生产的优点，并且使用杠杆进行交易，丹纳赫现在必须要接受"正常"或者更低的收益吗？库尔普面临的是亲力亲为的老板。如今，大多数首席执行官也担任董事会主席，而雷尔斯兄弟是不会放弃这一职位的，因为他们将自己孩子一样的丹纳赫公司和自己的一大笔资产委托给了库尔普。库尔普还面临着股东非常高的期待，他们想要已经很高昂的股价（当时市场的市盈率极高，为22倍，而丹纳赫的市盈率为25倍）继续上涨。库尔普的压力是相当大的。

库尔普很好地应对了这个局面。在他任职期间，股票收益率达到了485%，而标准普尔500指数的收益率为60%，这甚至比他的前任表现更好。考虑到科技世界在全球股市占据了上风，而丹纳赫的资产是一般的工业企业，这样的表现从各方面来说都更令人印象深刻了。

库尔普的成功很多时候可以归因于3种重要的措施：（1）他和董事会一起经营一系列的业务，这些业务可以开发丹纳赫业务管理系统的全部力量；（2）与那些不想雇用对自己产生威胁的员工的领导者不同，他让企业更加关注人才，让周围都是可以跟得上自己快速步伐的员工；（3）他让丹纳赫业务管理系统进一步融入企业。他和同事们发展了更多涉及企业方方面面的工具包。

一种新的收购战略：中速发展的业务

在接管企业后的几年里，库尔普相信需要改进收购战略以改变投资组合。完成最佳交易变得更加困难了，而且股东期待一系列更稳定的收购行动。丹纳赫发现，精益生产和总体生产率在稳定发展的企业里起到了最佳效果，而不是在快速或者缓慢发展的企业里。正如杰克·韦尔奇在通用电气早期从六西格玛中所领会到的，由生产率提高带来的理想单位销量增长速度应该是4%～6%。更快速的增长也可以做到，但是需要投入更多的资金，这样收益通常会下降。

在最好的情况下，精益生产和其他生产率工具让企业在不增加设备、员工和空间的情况下，生产能力提高2%～3%，即开发"闲置"生产能力。一家正在成长的制造商如果进行通常不昂贵的提前强化培训来实行精益生产，那么可以在增加少量成本的情况下，使收入提高 2%～3%。因此，工厂资产的投资回报率得到了提高。投入少量资金更新设备或者用软件投资来提高生产率，成本生产能力会更加合理，可以把 2%～3% 的"闲置"生产能力总体提高到 4%～6%。

如果生产能力在 4%～6% 增长率区间之上，就会失去精益生产的许多好处，因为需要支付加班工资，供应链的合作伙伴很难跟上速度。做出次优决策，只是为了生产出更多的产品。在经济衰退期间，缓慢增长或者负增长甚至会造成更多的问题。如果想要通过裁员来抵消需求低迷的影响，就会解雇在精益生产中培养的、已经融入企业文化的员工，这可能会打击到剩下的员工，他们可能不会再采取当初让企业发展到这一步的最佳措施。

在这样的情况下，如果有两个其他条件相同的企业，那么丹纳赫收购周期性短的企业会比收购更稳定、周期性长的企业产生的价值少。让库尔普感到最挫败的是，他让一家企业完全依赖精益生产，结果经济衰退消解了许多努力，因此他推动改变想要收购的资产种类。

库尔普采取的最佳解决方法是关注那些售后市场服务丰富的企业，它们在卖出并安装好基础设备后，还会持续提供一系列用于保持设备运行的消耗品。对于丹纳赫来说，只要售后市场的消耗品稳定供应，那么事先安装好的硬件可以带来周期性收益。在库尔普任期内的收购包括伟迪捷（需要墨水的工业打印机）、雷度米特（图像设备）、维信系统公司（Vision Systems，医疗设备）、化学处理公司（ChemTreat，水质处理）、爱博才思（AB Sciex，测量仪器）和贝克曼库尔特（检测设备）。

这些资产都比传统的周期性交易贵一些，但是库尔普采取低成本贷款来进行抵销。贷款利率更低，而且评级机构也明白丹纳赫是现金流机器。缩短周期的另一个好处是，市场愿意为稳定性更高的丹纳赫股票支付额外费用。库尔普早早看到了这一趋势，说服雷尔斯兄弟和董事会同意采取花更多的资金买到正确的资产的战略。

收购战略的转变产生了巨大的价值，特别是在精益生产适用于新的资产的情况下。大部分企业在收购时要么关注增长速度更快、产生变革的交易，要么关注可以巩固其市场地位的交易。然而，库尔普追求可靠的资产，通常是不太受到关注的企业，如医疗、牙科、检测设备。这些企业的增长速度不快，通常处于某个非常小众的领域，这意味着它们与采取其他战略的买家不太相符。同时，他也避免买入增长速度很慢的企业，不管它们的价格多么诱人，否则就会在很大限度上浪费丹纳赫业务管理系统的优势。

库尔普意识到，丹纳赫业务管理系统更适用于毛利率高的业务，特别是那些毛利率和营业利润率差额较大的业务。差额越大，丹纳赫就越有机会利用丹纳赫业务管理系统来降低成本。库尔普从经营经历中学到，要提高高利润率企业的毛利率比提高低利润率企业的毛利率更简单。低利润率通常意味着顾客认为其产品价值较低。库尔普的判断和一般的看法相反，管理收购业务的银行家和商业学校通常认为低利润率的企业有利可图，特别是那些擅长降低成本的企业。

重新关注人才

在库尔普的领导下，丹纳赫更多地关注吸引、留住和培养人才。他很早就意识到，要在一个竞争更加激烈的世界里取得成功，不仅需要商业体系，还需要在体系下表现出色的员工，那些致力于持续改善并以此为生活方式的人。

丹纳赫业务管理系统本身可以帮助普通人提高业绩水平。库尔普很早就认识到，他不会让企业拥有无数"明星"员工，而是让一般水平的员工表现比平均水平好一点，这样就会产生多重巨大的影响。而且，库尔普还意识到，很多更重要的岗位确实需要非常高端的人才，特别是那些规模虽小但影响力很大的企业部门，比如首席财务官、并购、人力资源、投资者关系、法务和税务等岗位。企业的规模和复杂性增加，这些岗位的重要性也随之增加。在这个资本越来越容易获得的世界里，私募基金让交易估值进一步上涨，这意味着执行水平需要比以往更高。交易的执行和整合需要非常优秀的员工来完成，因此库尔普寻求建立符合企业需求增长的人才层次。

一切按流程进行

库尔普知道，丹纳赫业务管理系统工具箱本身需要现代化，这在很大程度上意味着需要加入其他企业开发的工具，并将其根据丹纳赫的需求进行修改。这些工具包括销售漏斗管理、价值工程法、客户之声、价值定价法以及采购和物流工具，是丹纳赫大多数部门都采用的。

这些工具的共同点不仅在于关注员工、对标同类中最高的标准，还在于标准化流程，在总体越来越难以预料的世界里增加可预测性。举个例子，销售代表的平均水平是一天拜访 3 位客户，而使用销售工具可以减少浪费，通过数字化销售，一天可以拜访 4 位客户，这对拥有庞大销售人员队伍的企业会产生重大影响。采购经理使用标准化方法考核供应商，很可能会节约时间，提高整个供应链的效率。研发主管围绕明确的顾客需求开始进行新产品开发流程，很可能会在商业化创新的过程中节约时间。

库尔普想要一切都按流程进行。他不想浪费。邮件需要抓住重点，只抄送给必要的人。为了防止官僚主义，他把大多数会议的时间限制在 30 分钟以内，员工经常站着开会。鼓励使用简单的可视化工具，强调日常管理。

精益生产和智能并购不能继续满足丹纳赫。库尔普想要所有部门、所有员工秉持持续改善的文化，他努力实现这一点。他不断巡视，投入每项业务的细节中，帮助解决问题。他不止以结果衡量经理，还以方式和原因来衡量——可持续性、人才管理和透明度。结果，改善的文化深深地根植于全公司。

丹纳赫仍然会犯错。事实上，丹纳赫的优点在于它能很好地认识并接受自己的错误。牙科的特许经营不能满足它的潜力，2007 年在经济将要掉下悬崖之前收购泰克，就是其中一个例子。然而，企业上下严格管理，这些错误只是暂时的问题。这些错误可以让一家不那么完善的企业破产，而对于丹纳赫的经理来说是可以学习的教训。

讽刺的是，丹纳赫在快速发展中取得了巨大的成功，但从中诞生出了一个更大的挑战。随着丹纳赫成长为超大规模的企业，库尔普及其同事努力发展出了特制的"卷起袖子加油干"的方式来解决问题。一家更加全球化的企业需要在许多时区之间进行更多远距离旅行。丹纳赫对标准普尔 500 指数的影响增大，投资者就会为其投入更多的时间。规模扩大意味着需要管理和聘用更多的员工，库尔普的日程排满了采访和员工审核。丹纳赫规模扩大，还意味着需要审查更多的交易，需要合并／融入更复杂的资产，需要做更多的事，等等。库尔普是沉迷于细节的领导者。他知人善任，但是工作量与日俱增。

　　为要求很高的雷尔斯兄弟工作，并努力进行雄心勃勃的收购会慢慢压垮一个人，这是不难想象的。首席执行官和顶尖运动员在巅峰期急流勇退的原因我们不得而知，但他们表现优异，通常是因为具有每天做到 100% 努力的能力，但这本身就是一件苦差事，而且通常难以持续下去。不管怎样，2014 年，还很年轻的库尔普（当时 52 岁）宣布退休，他是唯一一位大多数股东和员工都认识的首席执行官。库尔普对上文中提出的"为什么是现在"这一问题的答案是，他已经取得了超过自己计划的成就，已经用股权赚到了足够多的钱，可以收获满满地退休了，同时汤姆·乔伊斯已经做好了充足的接班准备。库尔普在 15 年内取得的成就让他成为最顶尖的首席执行官之一。在所有利益相关者眼里，他都是非常杰出的，如图 4-3 至图 4-6 所示。

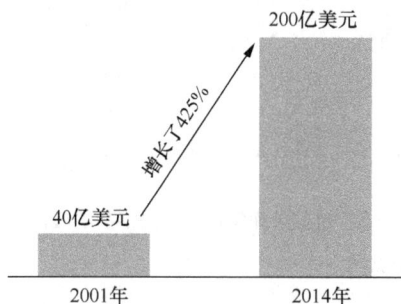

图 4-3　拉里·库尔普年代丹纳赫的收入变化

资料来源：丹纳赫公司文件

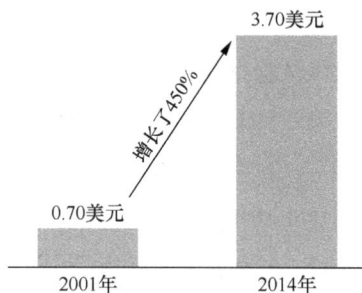

图 4-4　拉里·库尔普年代丹纳赫的每股收益变化

资料来源：丹纳赫公司文件

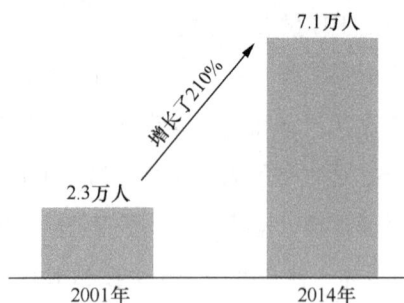

图 4-5　拉里·库尔普年代丹纳赫的员工数变化

资料来源：丹纳赫公司文件

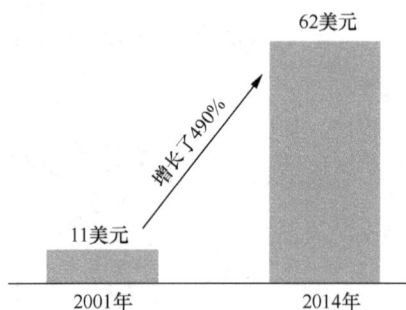

图 4-6　拉里·库尔普年代丹纳赫的股价变化

资料来源：丹纳赫公司文件

库尔普退休后的丹纳赫

库尔普退休时，经济已经从金融危机中完全恢复了，银行开始借贷，资本市场又重新正常运转，这意味着丹纳赫会在收购时面临更加激烈的竞争。丹纳赫同时踏足两个完全不同的领域——过去的工业业务和未来的医疗业务，这看上去越来越明显。市场发展的方向要么是快速发展的技术，要么是稳定和专注的单一业务，丹纳赫的投资组合突然看上去落后于市场了。

要解决投资组合的问题，董事会和新任首席执行官决定将企业一分为二。企业的愿景是，丹纳赫保留具有尖端特点的业务，保留与医疗、水质和产品编号（打印）有关的业务。它将其他更传统的工业资产剥离出去，成立一家新的控股公司，名为福迪威。股东对这一行为感到很惊讶，但很快就适应了，至少适应定义了这两家企业的领导权和文化。

雷尔斯兄弟拥有两位顶尖管理人才汤姆·乔伊斯和吉姆·里科（Jim Lico），他们当时是已经成名的新星。如果有拆分企业的理想时机，那么就是 2015—2016年。当时是牛市，再加上医疗股票估值上升，提供了令人信服的算法。人们普遍的看法是，乔伊斯已经开始着手经营丹纳赫，如果不为里科提供一份更高职位的工作，那么企业就会有他跳槽成为其他企业的首席执行官的风险。里科成功经营过要被剥离出去的其中几项业务，也总体上运行过丹纳赫业务管理系统。他是接管被认为不那么有吸引力的一系列资产的完美人选，可以雄心勃勃地进行并购，迎合投资者的利益。

雷尔斯兄弟对汤姆·乔伊斯接管丹纳赫非常有信心。早在 1989 年，乔伊斯就从安达信会计事务所辞职加入丹纳赫。乔伊斯和库尔普的个性与行为举止相似，他们都很聪明，但是乔伊斯更愿意进行大型收购，在收购后不会那么亲力亲为地经营。正如库尔普从谢尔曼手中接过丹纳赫后，将其带往不同的方向，乔伊斯准备好将它重新建设成为一家医疗公司，并且密切关注内部成长。并购仍会非常重要，但是仅在它能促进企业效益进一步增长的情况下。鉴于其他企业愿意完全改造自己，丹纳赫现在看起来更加偏向传统型增长。这与它的历史情况形成了鲜明的对比。毕竟，丹纳赫最初购买了有价值的资产，接着中速增长，产生了大量现金流。在这样的情况下，乔伊斯想要围绕新产品设立更多的流程和责任，将产品开发和顾客需求相匹配，加强与顾客的联系。

乔伊斯在丹纳赫的任期还在继续，但在他任职的 5 年多时间里，他已经证明了选择自己是正确的。他管理了成功剥离出去的福迪威，接着又管理了剥离出去的牙科资产恩维斯达。除此之外，他雄心勃勃地扩大了投资组合。他进行的第一桩大型交易是购买了颇尔公司，它为生物技术公司制造过滤器。丹纳赫以 140 亿美元收购了颇尔，这在当时是它进行的最大交易。乔伊斯接下来又花了 40 亿美元收购了前途光明的赛沛公司，这是一家制造分子诊断设备的企业。2020 年年初，他收购了通用电气的生物制药业务。讽刺的是，他是从前任老板库尔普手中收购的，库尔普后来去领导通用电气了。收购价是巨额的 200 亿美元，这让丹纳赫深度融入快速成长的生物技术领域。

关于乔伊斯最终成就的讨论还没有结论。但是，迄今为止，增长率和交易执行似乎支持他为收购付出更高的价格，这些都是由整体更低的利率促成的。在丹纳赫发行垃圾债券的日子里，它通常要支付 10% 的利息来为一桩收购融资，而它期望的收购最低收益率是 15%。如今，融资成本通常不到 3%，所以要取得同样的投资效果，收益率只要略高于 8% 就可以了。在通用生物制药收购案中，丹纳赫的借贷成本不到 1%，这是前所未有的融资成本水平。简单的算法支持了乔伊斯更加雄心勃勃的发展战略。这些收购与 20 年前的净收益差不多，但周期性风险更小。目前看来，其与通用电气的交易收益甚至比历史平均水平还要高。在乔伊斯年代，这些更高质量的资产平台取得增长是非常重要的。丹纳赫将会调整丹纳赫业务管理系统及其指标，最终来支持这些新目标。

两位明星首席财务官对企业的价值做出了巨大贡献

我们很早就注意到帕特·阿兰德的重要性。这位首席财务官在丹纳赫早期到中速发展阶段发挥了重要作用。内部人士经常称赞他控制住了企业的风险水平，关注产生最高收益的机会，同时发展了丹纳赫业务管理系统。这些贡献不能被低估。然而，今天最广为人知的丹纳赫，是在阿兰德离职后，才受到了更加深远的影响。

丹·科马斯在 1991 年来到丹纳赫的并购部门，在 2005 年成为首席财务官。他是科班出身，毕业于乔治敦大学和斯坦福大学，以智慧和理性思考闻名。在丹纳赫的职业生涯里，他一共完成了超过 250 起交易，总价值超过 450 亿美元，这是惊人的水平。单单是对并购的贡献就可以被认为是他最大的成就。但同样显著的成就是，他和库尔普一起将丹纳赫业务管理系统从工厂车间推广到办公室。在他接任首席财务官时，丹纳赫的标杆分析法和绩效评估已经烦琐到令人窒息了。在简化企业的标杆分析法和绩效评估中，他起到了特别重要的作用。

1991 年，丹纳赫追踪了几乎所有能找到的记录，包括至少 50 项用来进行绩效评估和计算报酬的财务指标。科马斯认为这过于累赘无用。在进行并重复了许多改善事项后，他将关注点缩小到 8 项核心指标。其中 4 项是财务指标：内生收入增长、营业利润率、现金流和资本回报率。其他两项指标与客户体验有关：质量和准时交货。最后的两项指标与员工有关：内部职位雇佣率和员工保留。丹纳赫至今仍在使用这 8 项简单的指标来衡量经理绩效，给企业上下制定标准。在某些特定领域，我们会将这些指标看作总体的最佳举措，如图 4-7 所示。

财务	顾客	人才
内生收入增长 营业利润率 现金流 资本回报率	质量（每百万件外部部件）* 准时交货	内部职位雇佣率 员工保留

图 4-7　丹纳赫的 8 项指标

注：* 指产品次品率。

资料来源：丹纳赫

内部人士还把微调丹纳赫并购的举措和整合流程归功于科马斯。在丹纳赫收购一家企业之后，它通常会换掉首席财务官，并立刻追踪指标，将其与丹纳赫其他业务的指标进行交叉对比。科马斯重视提问的作用，他说道："既然交易已经达成了，请告诉我们在之前的工作中没有提到的一切。"他认为，在一桩交易中总会出错。将好坏交易区分开来的是弥补错误的速度与修复后能否保持。他让员工和流程各就各位，确保坏消息传播得更快。丹纳赫还追踪了交易在 3 年时间内每个月的资本回报率和其他 7 项关键指标，对于那些较为大型的交易，追踪的时间还要更久。

2018 年，在任期快要结束的时候，科马斯卸任了首席财务官，由企业内部的另一位青年才俊——迈特·麦格鲁继任。我们强调丹纳赫重视人才，尤其是首席财务官，因为这是丹纳赫与其他取得巨大成功的企业的不同之处。事实上，在我们研究的大多数成功案例中，重要的人才总是在首席财务官岗位上。在我们研究的失败案例中，得出了相反的结果。当缺乏风险控制，缺乏自由的现金流增长，无力进行总体资本分配时，失败经常会随之而来。所有的问题都会在首席财务官的岗位上产生严重影响。丹纳赫的财务岗位拥有最强大的力量，因此解放了表现出色的首席执行官，让其可以专注于产生主要的核心价值。

一定条件下的丹纳赫业务管理系统

尽管拥有一位有效的领导者是非常重要的，但丹纳赫的成功最终依靠的是可以每天指引每位员工的强大体系。尽管致力于精益生产和持续改善听起来很简单，但要执行却很困难。这是一段旅程，而不是一个终点，而大部分文化都在努力实现一个明确的目标。结果，员工关注目标，没有注意到持续改善本身。一旦实现了目标，就会停止改善。大多数基于精益生产的企业开始了又停止了，难以保持专注力，特别是由于管理层更替和周期性的变化因素。经营业务变得困难时，精益生产被抛之脑后。业务恢复正常后，又因为会冒着来不及完成顾客订单的风险，将精益生产抛在一边。永远可以找到借口。实行精益生产比看起来难得多。

我们密切观察了丹纳赫的经营方式很多年，包括去世界各地的工厂参观，参加了无数场管理层会议，花了数百小时分析财务数据。我们一直在寻找这个故事中的漏洞。然而，在与丹纳赫员工的一次次会议中，给我们问题的答案始终保持一致，这是令我们印象深刻的。丹纳赫业务管理系统是真实的。它关注员工，产生积极的结果，促进形成一种优秀的企业文化，这种企业文化鼓励管理者培养下一代，在自己发挥的有效性减退之前离职。丹纳赫业务管理系统实际上支持外聘，欢迎他们从之前的工作地点带来的工具。丹纳赫说，它采用其他企业的最佳举措，因为丹纳赫业务管理系统不是完美的，而且永远也不会是完美的，需要一直改变。

我们想象不到另外一家企业，在取得一系列成功后还如此执着，或者表现出试验、微调和快速改变的意愿。当然，这些试验可能经常会失败，甘愿冒着失败风险去改变的意愿是重点。确实，优秀的员工似乎明白，要持续繁荣发展，不断进行改造是非常重要的。在丹纳赫，丹纳赫业务管理系统驱动了不断变化，培养了一种欢迎改变的企业文化。

如今的丹纳赫业务管理系统

丹纳赫业务管理系统最初应用于工厂车间，提高其生产率，接着一路推行到全公司。在几乎所有到达某种成熟水平的行业里，强大的工厂运行是一种筹码。举个例子，在苹果公司早期完全占据统治地位时，卓越制造不那么重要，但是全球智能手机市场竞争日渐激烈，卓越制造现在确实很重要。卓越制造在制药业受到专利保护的情况下不那么重要，但是在专利到期、无商标的药品产生效力的时候，确实很重要。特斯拉的埃隆·马斯克（Elon Musk）很早以前就知道，没有杰出的制造能力，他的愿景就会落空。当特斯拉陷入挣扎时，制造的问题就是它所面临的挑战的核心。制造卓越听起来很简单，但实际要做到却相当困难，这让它在区分成本基础上显得更为重要。

丹纳赫业务管理系统是一个以精益生产为基础的体系，它很可能一直是丹纳赫的一部分。事实上，丹纳赫寻求更快速的增长，愿意为交易支付更高的金额，但工厂是个例外，其基本情况是要求一切都最小化。如果出错，利润率会更小。如果为了一桩交易付出高昂的代价，你最不想要做的事就是继续往里面投入更多资金。丹纳赫业务管理系统解放了工厂面积，可以无成本或低成本地提高生产力。

另外，随着丹纳赫需要毛利率更高的资产，成本机会在除了制造以外的方面增加。制造是丹纳赫业务管理系统进化最显著的方面。因此，提高销售和市场营销方面的效率成为总体交易模型的关键，丹纳赫为此开发了配套工具。

在早期，丹纳赫会将丹纳赫业务管理系统进行收购取得的进步用营运资金周转、准时交货数据和安全来衡量。如今，丹纳赫用销售生产率衡量，并且强调销售漏斗管理，其销售思想从"农民"转变为"猎人"，这些都是很正常的。这个区别需要花点时间才能完全领会。"猎人"意味着需要更加专注于占据领先地位，进行销售漏斗管理，而不只是为现有的顾客提供服务。因为如今几乎所有的丹纳赫业务都具有尖端性质，所以每一位新顾客都会带来非常高的现值。现在的世界着迷于顾客购置成本的概念，特别是科技世界尤为着迷。然而，维持现有客户会带来什么呢？如果丹纳赫好好对待顾客，让顾客对其产生黏性，那么就可以在很多年内以高利润率出售消耗品给顾客。乔伊斯推动丹纳赫更快进入增长模式，在新产品开发时使用数字化市场营销和客户之声等工具变得更加重要。

丹纳赫的生产力工具是一系列按功能分类的最佳举措，可以保持增长。一些举措关注成本，另一些驱动增长。在所有的收购中，可能在第一年只会给新企业引入一到两个工具。这些工具大部分用于衡量企业本来具有的能力，衡量企业用丹纳赫业务管理系统取得了多大的进步。

然而，这些工具也有明显的共同点，在教会了基本原理后，就可以更容易地加入这些工具。几乎所有的工具都包括了某些形式的目视管理。丹纳赫办公室贴了便利贴、大幅工作进度表和时间表。工作进度表上用不同颜色的笔做了标记，时间表一般更像初二的历史作业，而不像是为一家复杂的企业工作的。丹纳赫认为，项目经理需要某些形式的直观教具，在例行的会议（一定要简短）上应该用这些直观教具进行展示。

比如说，每个丹纳赫收购案都会有一间作战室，挂着时间表、地图和清单。每个人的职责标注得很清楚，如果有人落后了，就会用红色标注出来，以示提醒。坏消息传播得很快，这在最大限度上采取了问责制，成功完成的任务会被标注出来。反馈不是只用电子邮件或者 Excel 就可以完成的。目视管理是一种简单但强大的工具。

精益生产是在识别标准化工作和最大化工作流程的基础上进行的。重复的职能很容易衡量，衡量的东西通常可以提高。所有非工厂车间的职能有某些标准化工作的因素，丹纳赫业务管理系统需要把每个步骤写下来，显示价值映射在某些层面的需求。在一个典型的改善项目里，需要做一些准备工作来识别出标准化工作，接着聚集一组人进行头脑风暴，想出更加有效率的方法。改善本身看上去更像一次超级高效的、限时的、低期待的头脑风暴，其目标是立刻实行渐进而永久的改善。

丹纳赫的内部人士将这一步骤称为改善／执行，接着冲洗／重复。微小的改善在许多步骤中随着时间积累下来，变成明显的改善。例如，改善价值工程可能通过减少产品的部件数量来进行简化，或者用其他最小化存货单位（SKU）来标准化部件。采购的改善可以小到精简合同用语、全力改进供应链中某些因素，这些都是在长期过程中一小步一小步去完成的。其他企业把这叫作 1% 的力量，这是另一种让企业专注于微小的改善的方法，比颠覆性步骤更加容易执行。这一流程更加有效，更能持续下去。

喜欢程序胜过创造力

在雇用员工时，丹纳赫筛选人才，也筛选性格特质。丹纳赫喜欢谦逊，因为谦虚的人更有可能采用整体持续改善的文化理念。透明度和团队导向的员工对丹纳赫来说同样很重要。关注性格特点可以帮助人事提高招聘到完美符合预期的员工的概率，成功地筛选人才，给表现好的员工提高报酬，对他们采取激励政策，提高人才保留率。为了找到受其欢迎的性格特点，丹纳赫聘请了外部咨询师来做性格测试和类似于智商测试的测试。受到委托的咨询师可以给出赞成或者反对意见。

这引发了疑问，丹纳赫只聘用过程导向的、对创造不感兴趣的员工吗？从历史上来看，答案是肯定的。有时候，如果专注于流程，就会失去艺术，那么创造出来的是机器人而不是领导者。丹纳赫非常清楚这一弱点，并在如今的发展中努力取得平衡。比如，聘用有创造力的员工如今在研发部门占更高的优先级。丹纳赫业务管理系统的增长工具确实需要更加多样化、有创造力的员工基础。然而，对于丹纳赫的许多其他部门来说，流程非常重要，不能冒险脱离过程驱动的文化核心太远。

丹纳赫的人事需要培训经理，对"怎样和为什么"要给予和外在表现一样的关注。举个例子，如果一位经理业绩出色，但是没有培养继任者，那么就不会得到晋升。人才培养是强制性的，如果一位经理在员工敬业度一项上得到低分，那么他就快要被开除了。丹纳赫认为，员工辞职通常是因为经理，而不是因为工资。如果员工流动率看起来出奇的高，或者员工敬业度下降，其根源总是经理。事实上，丹纳赫把高员工流动率看作一个负面信号，因此，它有巨大的压力要早早抓出业绩糟糕的员工。绩效评估不只使用丹纳赫的核心指标，还包括其他难以衡量的方面，如团队建设、采用丹纳赫业务管理系统的领导力、制订行动计划的成功程度。

丹纳赫是我们见过的在人力资源上花费了很多时间的企业之一，因为它认为表现糟糕的经理会产生恶劣的影响，在他们离职后影响还会持续很久。积极地来看，愿意开除表现糟糕的经理并采取行动有利于企业文化建设，尽管那些经理可能会带来显著的短期成果。员工将问责制看得最重，尽管建立问责制需要时间，需要多次实地考察并与各级员工进行讨论。问责制确实是事关紧要的。

另一个区分人力资源的因素是入职。丹纳赫的新员工（在某个特定的组织层面上）会参加为期两到三个月的沉浸式项目，在此期间他们不能工作，而是要参观工厂和设施，参加与他们职位无关的会议，学习使用丹纳赫业务管理系统及其工具。丹纳赫要他们全神贯注地完全融入自己的体系。

这个投资是独一无二的，从第一天起告诉员工丹纳赫想要他们长期任职。此外，沉浸式流程本身起到了过滤的效果。它的强度让一些新入职的员工发现"这家企业不适合我"。对于人力资源来说，快速将不接受丹纳赫业务管理系统的员工剔除就是一种胜利。

在人力资源上进行这种不同寻常的巨大投资在培养管理者时取得了回报。丹纳赫要培养的管理者要在不违背正直的情况下取得杰出的成果，而我们经常在同行中看到管理者违背正直。丹纳赫以工厂的制造卓越闻名，但是让优秀的员工在合适的位置上，有强大的文化来指引他们，才是丹纳赫能一直保持卓越的原因。

过去的丹纳赫，现在的福迪威

对于丹纳赫的很多长期追随者来说，福迪威看起来比如今专注医疗领域的丹纳赫更加熟悉。确实如此。2016 年，很多丹纳赫遗留下来的工业资产，如福禄克、泰克、吉尔巴克·维德路特和麦特克工具，剥离出去形成了福迪威公司，如图 4-8 所示。这些是稳定的、经营状况良好的业务，但是在很大程度上缺少消耗品的售后市场特点，而这是丹纳赫越发想要的。同时它们的周期性是丹纳赫更想努力避免的。它们的收入基础仍然足够大，可以成立一家合法的企业；市场总值足够大，可以吸引投资者的注意力。无论如何，福迪威是从丹纳赫分离出去的，如图 4-9 和图 4-10 所示。一家剥离出去的企业是一张干净的白纸，福迪威会保留丹纳赫文化及决定文化的商业体系的哪些部分呢？又会进行哪些改变呢？

答案是，福迪威会保留丹纳赫业务管理系统所有的核心原则，但这不是故事的结局。福迪威更加努力推动进化——以真正的丹纳赫的形式。这完全不意外，因为福迪威拥有最大的市场份额，在市场中处于领导地位，包括它的首席执行官吉姆·里科，这些都来源于丹纳赫。我们在上文中提到的里科在 1996 年加入丹纳赫，一路晋升，有着杰出的经营者和可靠的领导者的美誉。鉴于福迪威的系列产品包括丹纳赫大部分原来的工业资产，精益生产是福迪威版的丹纳赫业务管理系统的重要部分——现在是福迪威业务管理系统（FBS）了。福迪威的内部人士说他们对于流程的执着更加强烈。福迪威业务管理系统更加深入，带来了不同的期待，这些都是由于对持续改善有着根深蒂固的承诺。里科很快解释了，福迪威的文化与丹纳赫的文化一样，需要 3 种关键的性质：谦逊、透明和高期待。这部分的文化永远不会改变。

业务	收购年份	描述
麦特克工具（Matco Tools）	1986 年	机械工具经销
亨尼西（Hennessy）	1986 年	车轮服务设备
夸立特尔（Qualitrol）	1986 年	电力情况监控
维德路特（Veeder-Root）	1989 年	燃料地下液位计零售
福禄克（Fluke）	1998 年	手持测量设备
太平洋科技（Pacific Science）EMC	1998 年	航天/防务能源材料
捷迈（Gems）	1998 年	测压仪表、水平仪表和流量仪表
Invetech	2000 年	医疗/诊断产品开发
西特（Setra）	2001 年	压力、加速度、重量传感器
吉尔巴克（Gilbarco）	2002 年	零售加油机
安德森-耐格（Anderson-Negele）	2004 年	食品和生命科学卫生型传感器
泰克（Tektronix）	2007 年	测试/产品开发用示波器
Teletrac	2013 年	全球定位系统（GPS）追踪和船舶管理软件
Navman	2013 年	船舶和资产管理技术
英思科（Industrial Scientific）	2017 年	便携式气体检测仪
蓝道尔（Landauer）	2017 年	辐射监测
Gordian	2018 年	建设成本数据和软件
Accurent	2018 年	设施和资产管理软件
ASP（Advanced Sterilization Products）	2019 年	医院灭菌/杀毒设备

图 4-8　福迪威的业务

资料来源：福迪威公司文件、新闻报道

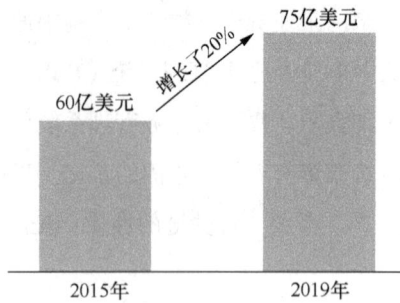

图 4-9　福迪威从丹纳赫剥离后的收入变化

注: 该数据是为收购强生的 ASP(Advanced Sterilization Products) 公司而准备的。

资料来源: 福迪威公司文件

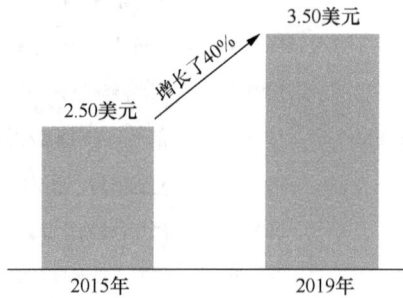

图 4-10　福迪威从丹纳赫剥离后的每股收益变化

资料来源: 福迪威公司文件

与丹纳赫一样, 福迪威改变了自己的系列产品, 使用现金流收购通常具有更高毛利率和售后市场收入的业务, 来提高系列产品的质量, 改善其成长曲线。这种进化引起了福迪威业务管理系统系列工具的总体变化。其加入创新工具和软件开发工具, 并且得到了加强。系列产品本身的变化迫使福迪威业务管理系统发生改变。

毛利率更高的企业通常在工厂的成本更低, 在其他非工厂领域成本更高, 如销售和市场营销, 乃至后勤办公室。对这些企业来说, 在工厂层面实行精益生产仍然很重要, 但是正确进行非工厂流程更加重要。举个例子, 传统的工厂产品在工厂层面成本更高, 改善的项目是分开的, 其中 50% 的项目专注于改善工厂运行, 另外 50% 的项目专注于改善非工厂运行。更加先进的产品毛利率更高, 其改善项目的分配可能更接近 25% 工厂相关，75% 非工厂相关。遗留下来的工业资产与工厂的相关度高，福迪威开始重新定位自己的系列产品，转向工厂相关度更低的资产，福迪威业务管理系统的基础本身必须适应这种改变。

这些利润率更高的产品通常会对研发提出更高的要求。设计、开发和交货每一项本身都需要非常不同的流程。比如，福迪威的设计全部都要听取顾客的意见，只开发顾客想要、需要并且愿意购买的产品。产品开发是非常重要的阶段，每次重复设计流程都是为了进行简化。比如说，与现有的其他产品使用一样的部件、进行一样的流程不总是科学家和工程师最先考虑的，但是其对于降低成本来说是非常重要的。最后，产品的实物交付需要团队通过惊人的努力，取得采购订单，即进行销售 / 市场营销环节。很多企业会将每一步的责任下放给不同的小组，福迪威业务管理系统工具让所有员工在流程早期就参与进来。规定要求不同小组间进行合作，包括早期产品开发者、采购、销售 / 市场营销，甚至还有数字化合作商，作战室里充满各种可视化工具，可以让所有相关方全神贯注。

丹纳赫和福迪威坚决坚持，作为独立经营的企业各自拥有自主权，我们如果不清楚这一点，就会错过这两家企业故事中的关键因素。办公室会提供工具和激励员工的一般指标，但是企业管理者有权决定结果。这种商业模式会在长时间内很好地为企业服务。

反思

我们讲述了丹纳赫的故事，其中包括它把很大一部分资产剥离出去形成的福迪威。故事讲得特别详细，听起来像是在为之辩解，这是有多方面原因的。其实，我们之前从来没有完整地讲述过丹纳赫的故事，尽管时不时会有一些杂志文章报道，但是雷尔斯兄弟是出了名的低调，隐藏在幕后很多年。媒体的注意力往往在他们的财富上，在他们如何使用垃圾债券上，而不是在杰出的、持续成功的业务上。尽管我们关注了丹纳赫近 20 年，对很多管理者非常熟悉，但我们仍需要说服他们进行配合。丹纳赫一贯的作风就是，谦逊是一条指导原则，这意味着不愿意谈论自己的成就。

首先，我们同样关注精益生产，因为它确实发挥了作用。至少，它对所有的生产企业来说是一种优秀的基础工具。不管生产的是小型装置、手机、飞机还是其他产品，精益生产都能发挥作用。一旦充分采用了精益生产，就会产生真正的不同。持续改善可以维持甚至增加收益，还可以加入其他聚焦工具来建立一个更加完善的体系。

其次，我们想要强调合并的力量。在丹纳赫，这种力量的影响是多方面的。合并单一业务可以提高生产力，这会随着时间进一步显现。通过对流程进行微小的改善和解放工厂空间，这些流程可以增强工厂降低成本的能力，可以让员工日常工作表现更加出色一些。合并金融工程的力量同样很强大。进行明智的交易，将收购的业务成功融入企业文化，改善资产质量，偿还相关债务，这些都会创造出强大的飞轮效应。通过丹纳赫业务管理系统进行合并，加入从其他企业学到的工具，可以渐渐地改进商业体系本身，持续不断地推进核心原则的现代化，这对丹纳赫的成功有着重大意义。

最后，我们关注故事中的管理者——雷尔斯兄弟、谢尔曼、库尔普、阿兰德、乔伊斯、科马斯和里科，因为他们（及其越来越多样化的员工）是杰出的。他们是值得研究的变革者。他们之中的一部分人还在继续着职业生涯。库尔普为通用电气效力，可能正处于美国历史上最大的一次转折。乔伊斯最终可能会成为最大的生物技术公司的领袖。里科启动了"10年计划"（是的，我们说了"10年"），可能会将我们带到想象不到的高度。这些人都会在美国商业史上占据一席之地。

在大约15年内，我们一直向客户推荐丹纳赫的股票，但有时我们也是有迟疑的。愿意"打破一切"的成功企业很少，我们有过很多不确定的时刻：比如，在工业企业廉价、医疗企业昂贵的时候，一家工业企业决定转型成医疗企业；比如，福迪威拥有的一种剥离出来的资产又宣布要将其交通资产剥离出去；比如，有些收购案会对最有远见的分析师产生冲击。这些看起来都有点太离经叛道了。然而，可能这就是本章最关键的经验之一：成功通常需要疯狂的举动，充满着勇敢的决策，围绕中心运行，但是转型会在坚实的体系中扎根。在期待改变之前进行改变，可能是一件好事。事实上，一种强大的文化可能会推动这种改变。与改造成功相反的可能就是停滞不前造成的失败。

同时，要以"积极运用常识"的心态去关注丹纳赫和福迪威的经营情况。尽管丹纳赫的故事看上去很复杂，事实上却相当简单：丹纳赫业务管理系统是简单的。其核心是一系列工具，提醒员工该做什么：要持续关注重要的事；要使用可视化工具；要让会议简短、专注，只有重要的事情才发电子邮件；要处理好小细节；要评估什么是重要的，根据评估结果每天提高一点，而不是时断时续地大踏步改进；要跟最好的基准进行比较，愿意接受其他人也在进步的现实；要雇用谦逊、透明度高的员工；要培养企业内部人才，这样一来当你升职后，有人准备好了接替你的职位；要开除不遵守这些原则的员工。

这些都并非难事，也都不是新范式。丹纳赫和福迪威的员工不想重蹈覆辙，他们想要每天都进步一点点。

从丹纳赫身上得到的经验和教训

- 精益生产十分管用。它是我们知道的所有商业体系取得成功的基础。
- 每天进步一点，渐渐就会累积成巨大的改变。
- 为一切创建流程，一切的一切。
- 商业工具是聚焦的工具，如今聚焦员工比以往更加重要。
- 谦逊、透明、高期待是需要培养的三大文化特质。
- 首席财务官的工作比大多数人认为的更加重要。财务复杂性对于全球性企业来说是一种新常态。
- 合并是财务的一个主题，但是最好的企业还会将其当作经营的主题。
- 风险控制很重要。一桩糟糕的交易不光浪费人力、物力，也会损坏信誉。

CHAPTER
5
第5章

霍尼韦尔公司

通过文化转型实现历史性的伟大转折

作者：斯科特·戴维斯

2002 年年初，霍尼韦尔濒临彻底破产，之后使其起死回生的首席执行官及其团队大部分是默默无闻的人，起初几乎没有人觉得他们会成功。霍尼韦尔在工厂车间推行精益生产，重建了文化，接着又为企业其余部门推出了一整套工具，即霍尼韦尔运营体系（HOS）。霍尼韦尔的转型体现在许多方面，需要时间和耐心才可以完成。它修复工厂的问题，创建出一种持续改善的文化，创造性地处理已经腐朽过时的系列产品，积极大胆地管理负债，主动出击，推出具有成本优势的新产品。霍尼韦尔围绕下面几大主题重新注入活力：能源效率、生产力和连接性。连接性更为人熟知的说法是工业物联网（IIoT）。采取了新战略后，霍尼韦尔收购了高利润率的软件业务。在如今的工业世界里，霍尼韦尔成为很多企业艳羡的对象。

霍尼韦尔现代的故事始于 2002 年 2 月 19 日，这是高德威（Dave Cote）开始拯救企业的日子，这一切是令人难以置信的。他进行了成功概率极低的转型，努力将一家破产的企业从经济下滑中拯救出来，而他在当时只是一位籍籍无名、不因循守旧的首席执行官。霍尼韦尔在几乎所有方面都受到了挑战，经营不善、产品质量差、背负石棉责任、文化功能失调等。它需要资金来升级工厂、投入研发、开拓市场，并且需要管理可能会快速增长的债务以满足债权人。到了 2002 年年底，已经有 78 家企业因为要承担极其沉重的石棉责任而破产，包括霍尼韦尔的强大竞争对手辉门（Federal Mogul）和格雷斯（W.R.Grace）。仅仅是这一点就足以让霍尼韦尔进入危机模式，但这不是高德威面临的唯一难题。环境责任同样在增加，巴尔的摩和布法罗对水质进行大整改，可能会让事情脱离高德威的掌控。如果高德威及其同事失败了，霍尼韦尔很容易就会坠入深渊。然而，他们成功了，建立了一家市场总值为 1 250 亿美元的企业，提供了 11.4 万个就业岗位。霍尼韦尔的债务在减少，融资变得非常容易，享有科技行业真正引领者的美誉。

从经营的角度来看，高德威是一位惊人的策略家，他可以平衡长期和短期利益，做得可能比其他美国企业史上的领导者都更好。早在"快速失败"

成为一种为人熟知的商业理念之前他就采用了，同时还促进企业进行深度变革。这些都是可能成功的，因为他为员工设定了明确的方向，提供了一系列举措和工具。霍尼韦尔运营体系大幅削减了制造、采购和物流成本，促进了利润率增长，解放了营运资金，为战略投资和转型筹措资金，让霍尼韦尔回归攻势。

尽管转型从头到尾花了超过 7 年的时间，但霍尼韦尔持续进步，在第二年年底就明显地走上了正途。然而，要实现这一点是痛苦的，而且得到了教训，那就是世上没有捷径。一旦企业的声誉衰落、道德退化，想要挣脱就需要时间和惊人的专注力。霍尼韦尔如今的状况显示了转型有多么强大，特别是文化转型，可以给所有的利益相关者带来丰厚的回报。

霍尼韦尔的起伏

霍尼韦尔的历史可以追溯到 1886 年，艾伯特·布兹（Albert Butz）将创新的煤炉温度调节器商业化，在芝加哥创立了布兹电子温度调节器公司（Butz Thermo Eleotric Regulator Company），如图 5-1 所示。1927 年，它与一家竞争对手合并，采用了霍尼韦尔这个名字。20 世纪 40 年代，它开发了高科技军用和航天产品。霍尼韦尔还发明了很多用于自动飞行系统的控制器、用于坦克的潜望镜以及其他硬件。接着，20 世纪 70 年代，它为石油和化工开发了过程控制器。在整个过程中，它不断书写着创新和质量的业绩记录，但是要整合这些不同的业务是一个挑战。最终，霍尼韦尔所在的市场成熟了，竞争者快速发展，抢占了其市场份额。

到了 20 世纪 90 年代末，霍尼韦尔成了由各种遗留下来的组织和业务组成的大杂烩。当时的世界倾向于摆脱增长速度缓慢的工业资产，它努力维持着自己的重要性。1999 年，它同意由联信公司（AlliedSignal）收购，如图 5-2 所示。联信本身勉力维持着自己的重要性，但是它发现进行大型并购可以创造足够的协同作用，让投资者保持兴趣。虽然联信比霍尼韦尔大得多，但是霍尼韦尔的品牌更有影响力，所以最终采用了霍尼韦尔这一名字。

艾伯特·布兹将自己创新的煤炉温度调节器商业化，创立了布兹电子温度调节器公司（1886年）

1900年

1920年

布兹的竞争对手之一是由马克·霍尼韦尔创立的霍尼韦尔调节器公司。两家企业合并，新企业采用了霍尼韦尔这个名字（1927年）

1940年

在美国军方的要求下，霍尼韦尔进军军用和航天市场（20世纪40年代）

1960年

霍尼韦尔进入石油的流程控制和化工行业，收购了通用电气在该领域的业务（20世纪70年代）

1980年

霍尼韦尔收购了Sperry航空公司，很大限度上提高了其在航天领域的地位（1986年）

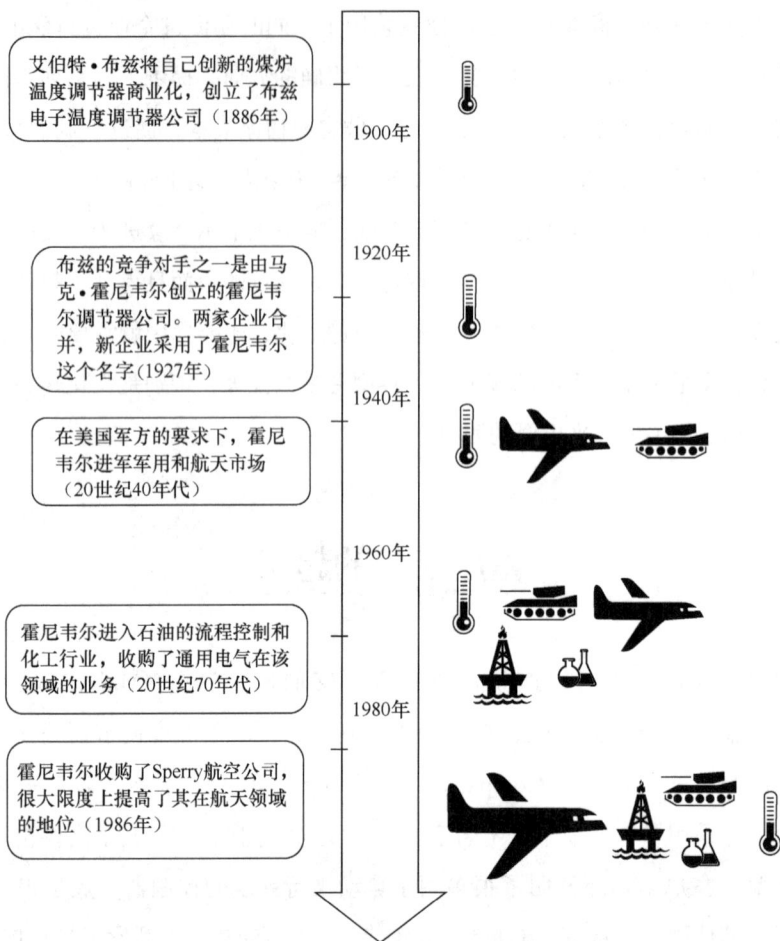

图 5-1　霍尼韦尔的创立（1896—1986 年）

资料来源：霍尼韦尔公司文件、新闻报道

　　著名的拉里·博西迪（Larry Bossidy）曾经在通用电气任职，是杰克·韦尔奇最喜爱的高管之一。在 20 世纪 90 年代，他担任联信的首席执行官，带领联信加强已经建造了数代的基础，使其进化成一家传统的大型集团。博西迪遵循当时热门的现代资产组合理论的建议，分散投资以降低处于周期性行业的企业的风险，获得了丰厚的回报。然而，事实通常很不一样。在大型集团里，复杂的情况和官僚主义成为其公认的通病。企业越来越大，增长越来越缓慢，在任何时期最薄弱的业务通常会占用管理的时间和精力，如图 5-3 所示。

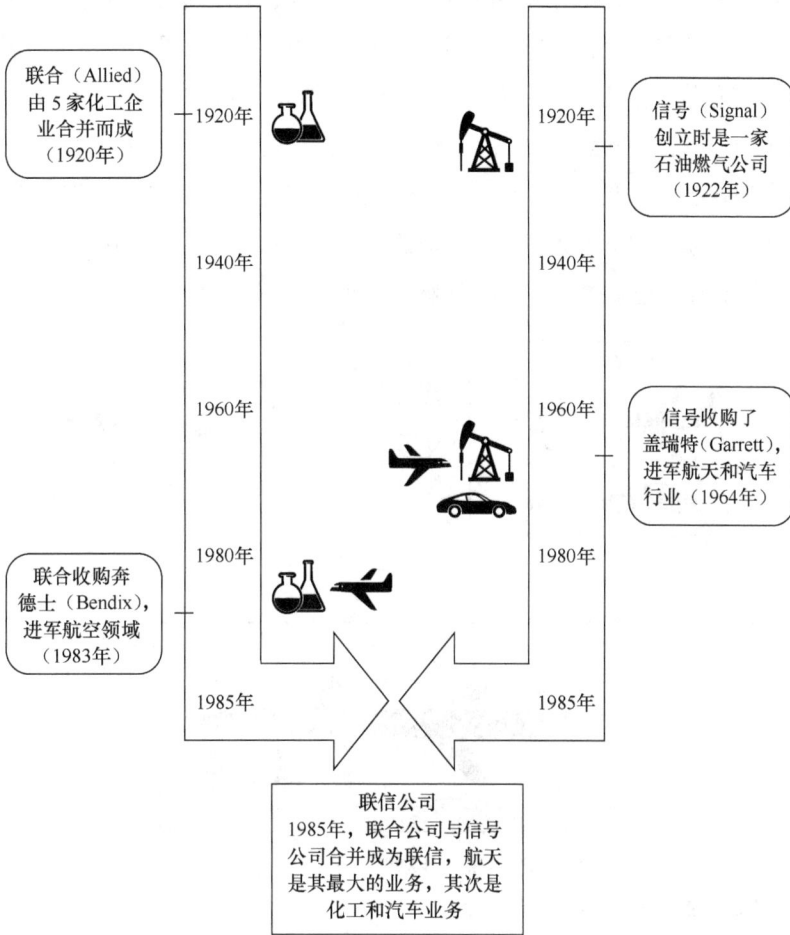

图 5-2　联信的创立（1920—1985 年）

资料来源：霍尼韦尔公司文件、新闻报道

　　尽管有这些战略性弱点，博西迪还是成功建立了一支强大的高管团队，并从 20 世纪 90 年代经济繁荣的顺风期中获利颇丰。收购霍尼韦尔本该成为他退休前最大的成就。然而，这暴露了潜在的弱点：两家企业都面临着突然加剧的全球竞争和产品商业化。

联信和霍尼韦尔的兼并给我们上了关于传统交易分析之局限性的一课。这是两家相当不错的企业，拥有大型的航天业务，但是它们之间几乎没有直接重叠的部分。而且，两家企业有着非常不同的文化——霍尼韦尔喜爱创造性，而联信追求严格的工程管理。迈克尔·庞思诺（Michael Bonsignore）是霍尼韦尔30年的资深员工，他接替博西迪担任首席执行官，努力整合两家企业，但并没有取得进展。员工不会把自己看作霍尼韦尔员工，也不会把自己看作联信员工，他们互相讨厌。霍尼韦尔认为联信的员工傲慢，而联信认为霍尼韦尔的员工软弱懒惰。联信用利润作为激励，而霍尼韦尔关注市场份额。这两家企业截然不同。

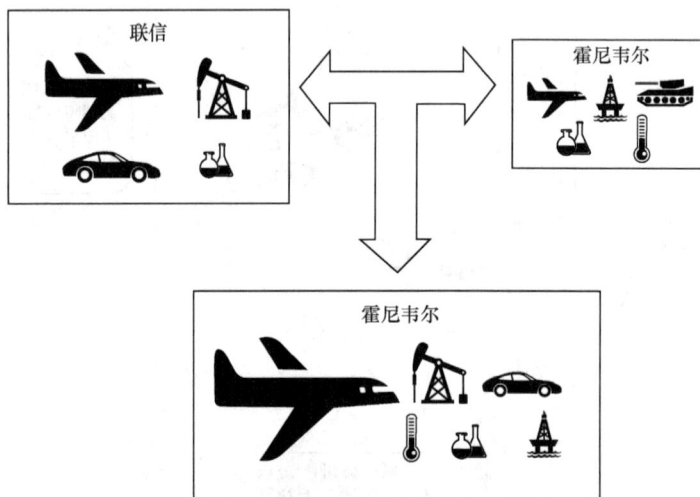

图 5-3　1999 年联信和霍尼韦尔合并

资料来源：梅利乌斯研究公司

这两家企业联合形成的企业被看作一只跛脚鸭，但是它有着优质的资产，吸引了外部的兴趣，很快就挂牌出售了。两家巨头都想买下霍尼韦尔，联合技术公司早期取得了领先，但通用电气赶了上来，并且有竞标成功的迹象。通用电气规模大得多，很轻松地就以现金和股票总值450亿美元赢下了竞标。

2000年10月，霍尼韦尔董事会接受报价，但还没有得到监管机构批准，在此时通用电气的管理者就介入并开始经营企业，仿佛交易已经完成。他们清楚地向霍尼韦尔的主要高管传达了一个消息，那就是他们的日子已经为数不多了。霍尼韦尔十分优秀的管理人才争相离开，同时竞争对手乘虚而入，带走了所有可以得到的工程和研发人才。

接着，2001 年 7 月，经过格外漫长的审核程序后，欧盟突然以反垄断为由禁止了这桩收购。欧盟认为，通用电气有飞机发动机和飞机租赁业务，如果再加上霍尼韦尔的驾驶舱控制和制动系统，就会在市场中拥有过于强大的力量。

通用电气退出了，霍尼韦尔的管理者都离开了，企业已经显示出了破产的迹象。董事会开除了庞思诺，重新聘用博西迪担任临时首席执行官。庞思诺的快速出局，打击了剩下的霍尼韦尔员工的士气，但是联信的员工情况也没有好转。接着，2001—2002 年经济衰退，给了霍尼韦尔沉重一击。

到了 2002 年，霍尼韦尔陷入混乱，博西迪艰难地维持局面。企业员工互相敌对，顾客不满意，工厂效率低下，创新能力不足，还背负着足以击倒大部分企业的债务。无论如何，企业的会计计划雄心勃勃，但是现金流却逐渐短缺。这些都同时发生了，然而订单数量仍然没有从 2001 年的经济衰退中恢复过来。"9·11"事件后，旅行减缓，霍尼韦尔的大型航天部门因此遭受了额外的打击。这对霍尼韦尔来说完全是一场风暴，董事会需要快速找到一个新的领导团队。

霍尼韦尔几乎没有剩下什么高管了，董事会没有企业内部的首席执行官人选。因此，董事会着眼于寻找外部的杰出人才，比如通用电气曾经的员工麦克纳尼（当时正在经营 3M 公司，之后又去了波音）、通用电气的高管大卫·卡尔霍恩 [他之后掌管了尼尔森（Nielsen），目前担任波音的首席执行官]。但他们两位都对霍尼韦尔不感兴趣，霍尼韦尔的股价还在继续下跌。

最终，首席执行官这一职位交由高德威担任，他远没有那么知名。他在管理通用电气的家电业务时没有得到关注，之后短暂地管理了另一家大企业——天合汽车集团（TRW），表现平平。据报道，他是董事会的第五选择，董事会不得不挑选了"二线"领导者的这一消息很快就泄露了。华尔街把高德威当作是无奈之选，美国消费者新闻与商业频道的一位评论员称："霍尼韦尔可能无法修复，如果确实可以修复的话，可能也不会由高德威修复。"

肩负使命的外部人士

高德威不符合典型首席执行官的标准。他毕业于新罕布什尔大学，与当时大部分毕业于常春藤联盟的管理者格格不入。他的父亲开了一家加油站，高德威年少时也没有展现出任何迹象来表明自己拥有远超身份的志向。他在大学期间也没有找到动力，甚至停学了一段时间，尝试成为一位渔夫来谋生。在毕业的时候，他已经成婚，并有了一个孩子需要抚养。

他身穿廉价的职业套装，看上去永远与自己十分壮硕的身躯不符。他拥有一口与金融精英不相称的新罕布什尔口音。他会把"cash（现金）"叫作"cabbage（卷心菜）"，比如"有很多卷心菜（现金）"。杰克·韦尔奇因他是一名刻苦、厚脸皮、诚实的管理者而喜欢他，但是他的同事觉得他吵闹又粗俗。通用电气的高管很快无视了他，其中包括新任首席执行官杰夫·伊梅尔特。伊梅尔特把他看作无关紧要的人，肯定与自己不是一类人。

这种声名传遍了华尔街。当时只有 5 位分析师报道霍尼韦尔。对于高德威的任职，他们的反应要么是给了霍尼韦尔"卖出"评级，要么给了不温不火的中性评级。通用电气对霍尼韦尔的估值曾经是每股 55 美元；当高德威在 16 个月后接管霍尼韦尔时，也就是 2002 年 2 月，估值下降到每股 35 美元，最终在 2002 年年底降至最低，接近 18 美元。除了股价下跌，员工还纷纷离职。顾客发现产品质量明显下降，债券持有人开始紧张。霍尼韦尔的情况迅速恶化。

高德威似乎面临着无解的局面。之前的团队用尽了一切方法来稳定收益，甚至损害了潜在的基本面。当下霍尼韦尔急需现金流，但是现金流在减少，企业更加容易累积起由石棉和环境危害带来的债务。大多数留下的运营经理要么在通用电气接管时懒于辞职，要么没有能力，没有其他企业想要他们，后面这种情况更加糟糕。只有一件事情对高德威是有利的，那就是董事会没有备选的首席执行官，行业人士认为霍尼韦尔是个烂摊子，无法改革，所以他就有了时间。

首席执行官担任处理危机的经理来进行变革，现在已经司空见惯，但是高德威在这种概念热门起来前就已经做到了。他快速而坚决地行动起来，采用快速失败法促使员工立即行动。他从外面招募了经理，补充了更加年轻的人才，这是之前被忽视的一点。他彻底改变了激励方式，让员工专注于稳定现有业务、产生现金流。他还成功重新雇用了一些在通用电气收购失败后离开的人才，这些是在技术和研发中非常关键的员工。

对长期的转型产生最重要影响的是，他引入精益生产，开始衡量并奖励各种进步，激励持续改善的行为。霍尼韦尔运营体系最初应用于工厂车间的范围之内，后来推广到了企业的其他部门。最初的目标很简单，以存货周转率、次品率和准时交货为中心。他将这个系统与改造霍尼韦尔的图景结合起来，改造后的霍尼韦尔有了新的产品、现代化的工厂，进军新兴市场。

他告诉企业上下，霍尼韦尔不会出售，忠诚的员工会得到优待。他说，如果控制成本，开发出一系列优秀的新产品，企业就会重新崛起。他传播了一种更广的利益相关者论——希望所有与霍尼韦尔有关的人员，不管是顾客、供应商、员工还是股东都能取得成功。在 2002 年，这不是首席执行官经常会传达的信息，但是却在霍尼韦尔激起了反响，他的计划开始指引霍尼韦尔。

然而，在华尔街，他没有取得什么成功。在内部，他忙于与分析师建立关系，所以他在通用电气任职期间形成的不良声誉，不管公正与否，改善得很慢。2002年 5 月，某次他最初的公开亮相是在电气产品集团（EPG）会议上。就像在第 2章中提到过的那样，电气产品集团是在佛罗里达召开的为期 3 天的年度会议，大约有 150 名华尔街分析师、25 家来自欧美的最大工业企业的高管参加会议。经常参加会议的企业有通用电气、3M、联合技术、丹纳赫、英格索兰（Ingersoll-Rand）、西门子、艾默生和霍尼韦尔。从 2002 年起，我几乎每年都会参加此会议。

佛罗里达的 5 月经常很热，而那年更是酷暑难耐。在第一晚的晚餐上，高德威穿着标准的羊毛套装和白色衬衫，只是没有穿背心，而资深的与会者穿着宽松的、夏天穿的西装裤和高尔夫衬衫。不到 10 分钟，高德威的衣服就湿透了，他壮硕的身形在湿透的白色衬衫下显露无遗。当时我正要走开去和更重要的人士交谈，无意中听到一位顶级的工业分析师说："这个人没有想象中那么好。"其他的首席执行官在看到高德威时偷偷发笑。

大部分华尔街的分析师是傲慢且固执己见的，尤其是在当初。他们几乎都毕业于顶尖高校。那些在大型银行工作的人都来自富有的地方，如康涅狄格州的格林尼治。而那些管理共同基金的人来自波士顿环境优美的郊区。他们支持遵守规则、像模像样的领导者：高个子、身材健壮、留着首席执行官的发型、擅长打高尔夫、穿着定制的西服套装。这在很久以前是这样。后来，硅谷的首席执行官穿着蓝色牛仔裤和 T 恤衫，在 TED 演讲上当主讲人。

高德威喜欢狩猎和钓鱼胜过打高尔夫。他喝听装无糖饮料和啤酒，吃快餐，我记得肯德基是他的最爱。他喜欢在周末骑摩托车，喜欢抽雪茄。多年后，他曾因为我举行的一次活动来到我家，他这么对我的妻子介绍自己："嗨，我是戴夫。我管理着霍尼韦尔。"我的妻子走过来对我说："我觉得他今天身上的牛仔裤像是前一晚扔在地上捡起来穿上的。"他看上去不像一位像模像样、改变了一家重要的美国企业的领导者。

然而，如果你抛开他的外表和憔悴的表情来看他，会发现高德威在电气产品集团会议上发表的演讲展现出了一种清晰的战略。他正在进行早期变革，这就意味着要稳定现有的业务，在必要时引进外部人才，进行长期投资，短期内不可避免受到指责。他以一种防守的姿态，为转型争取时间。在他任职第一年的大部分时间里，股价仍落后于同行，因为投资者继续认为他面临着重重困难。尽管经济稳定下来，财务表现好转，获得了更高的收益，但是华尔街最开始给出的2003年远期收益预测预计霍尼韦尔每股为2美元，后来逐渐下降到更低的1.54美元。

我当时刚晋升为摩根士丹利的工业研究小组主管。可能很幼稚的一点是，我喜欢他说话的内容和方式，我特别喜欢其他人都不喜欢的东西。高德威和我有共同语言，我本身也是华尔街的局外人。我是在有着无数工厂的小镇成长起来的，没有常春藤联盟的学历背景。我拥有的唯一的资产就是，我愿意努力工作，承受长时间高压工作的痛苦。

在大学期间，高德威在通用电气的飞机发动机工厂上夜班，挣学费，供养他新建立的小家庭。在毕业的时候，他得到了第一份正式发薪水的工作，他不认为这是理所当然的。他疯狂工作，期间经历过两段婚姻。高德威专注于追求成功，对自己的能力非常自信。然而，同样重要的是，他从来不想回到挣扎着换工作谋生的生活。他曾在缅因州冰凉的河水中捕鱼，也曾在工厂上夜班时昏昏欲睡，这些工作经历坚定了他的这一想法。他不会浪费这个机会。在那些日子里，华尔街几乎没有人能理解这些经历能够多么激励一个人，而我完全可以理解。在如今的世界里，成为一个局外人可以被看作是一种资产，但是在那些日子里，局外人就……只是局外人。

2002年10月，我将霍尼韦尔的股票评级调为买入，并且发布了一篇80页的详细报告来支撑这一观点。我认为高德威的计划进行了诚实的尝试，相信霍尼韦尔在几年内每股收益能上升到3美元。当前20美元的股价似乎不会对它的盈利潜力造成太多损害。当时，这是我给出的唯一一个工业股票的买入评级。事实上，如今我仍然给霍尼韦尔的股票买入评级，这是从 2002 年那天起我一直没有改变的推荐选择。当时，我的老板说这很愚蠢，如果我错了，那么我在华尔街的职业生涯就会终结，尤其是在华尔街的宠儿通用电气和艾默生电气集团对我的评价不佳的情况下。当时我给通用电气的评级为中性。在那时，中性在华尔街的暗号是卖出。推荐一家由通用电气一位最不受欢迎的前员工经营的企业可以成为职业生涯的自杀行为。给霍尼韦尔买入评级的同时给通用电气中立评级相当于在今天说"卖掉谷歌的股票，去买通用汽车的股票"。

我收到了大量对这一推荐的反对意见，其中很多近乎是骚扰。我从大型共同基金处收到了尤其多的反对意见，它们喜欢优雅的首席执行官，比如联合技术公司的乔治·大卫（George David）、通用电气的杰夫·伊梅尔特和 3M 公司的吉姆·麦克纳尼。许多邮件说我无能，每次高德威出现小问题时，我会收到无数写着"我早就跟你说"的邮件。转型需要时间和耐心，高德威还没有建立起能够执行他的计划的团队。

第一年是艰难的，但是高德威坚持计划，第二年和第三年开始出现进步。收益逐渐增长，员工得到了拖欠很久的加薪，企业创造出了新的工作岗位，供应商和顾客与霍尼韦尔的接触经历明显变得更加愉悦。股价有了坚实的立足点，开始吸引更加长期的、更大型的基金公司的更多注意力，如图 5-4 所示。

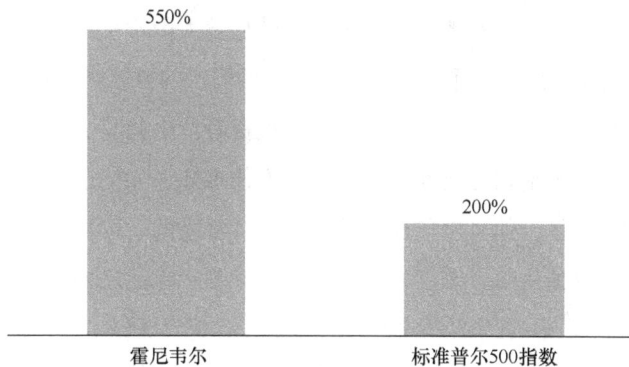

图 5-4　在高德威 15 年的任期内，霍尼韦尔的股票从低谷到表现接近
标准普尔 500 指数 3 倍

资料来源：彭博社

引入世界级的首席财务官，组成愉快共事的团队

随着世界从2001—2002年的经济衰退中恢复过来，霍尼韦尔改善了经营业务，重振了士气，并将其转化为利润率和现金流增长。华尔街拒绝接受高德威开始改变局势的现实，只愿意稍微接受这一点。霍尼韦尔的债务仍然存在，退休金资金不足，背负着石棉责任，环境清洁费用高昂。这些都是过去的失误，大多数是几十年以前的，但是必须要修复。高德威需要一位可靠的、能够收拾烂摊子的首席财务官。

戴夫·安德森（Dave Anderson）加入，在2003年1月成为首席财务官。安德森与高德威相反，他广受欢迎，是一位举止优雅、穿着讲究的高管，喜欢健康的食物和优质的红酒。比起高德威喜欢的听装可乐和激浪饮料，安德森更喜欢苏打水。作为一个健身爱好者，他在大多数人早上关掉闹钟准备再睡一会之前，就已经跑了6英里了。他取得了芝加哥大学工商管理硕士学位，受到华尔街的喜爱。20世纪90年代，在国际电话电报公司（ITT）分散经营阶段的后几年，他证明了自己是对股东友好的首席财务官。

高德威/安德森年代的成就是谁取得的，这引起了激烈的辩论。内部人士将他们视为一对奇怪的搭档，技能和风格差异明显，经常会产生冲突。我的观点是，高德威非常需要安德森，安德森也非常需要高德威。如果没有一位强大的首席财务官来成就业务一线的执行者，那么要完成转型就太困难了。不管谁在当时做了什么，都值得为高德威聘用了一位能够弥补他的弱点的首席财务官送上赞美。

此外，高德威努力或者说想要试着去和投资者产生共鸣。他有太多需要修复的内部问题，没有丝毫精力花在别的地方。安德森知道如何说才能取得投资者的信任。同样重要的是，他可以传递并展示投资者喜爱的、可靠的财务数据，即直接的结果，尽管单独从每个季度来看很少产生惊喜。除此之外，安德森帮助高德威在企业内部处理了一长串的待办事项。他的工作完美无缺。

美国绝大多数伟大的企业在历史上低估了首席财务官的工作。50年前，这份工作更像是簿记员，而不是战略家。然而，如今它和其他所有的岗位一样复杂。全球化意味着要应对无数的税收法规，全世界存在债务和现金的多种新形式，收

购需要考虑周到并且持续努力。华尔街本身就充满了漏洞。我们发现，首席财务官会深刻影响战略方向，注意到主管执行的高管经常会错过的颠覆性风险和竞争环境。一些首席财务官同样是非常合格的执行者，其中很多人管理过大型企业或者担任过大型企业的高管。在这个企业发展方向仍然围绕股价的世界，一位优秀的首席财务官可以让保守者追随自己，但同时保持准确和前瞻性。高水平的预测可以增强可靠性，通常会引起股价上升，经常上升到比应得的股价更高的水平，对投资者更有吸引力。

安德森从清理企业的会计账目开始，特别是清理了航天业务的账目。该行业的账目在平时就很可能产生问题，因为产品的整个生命周期都会产生费用，而不是只在开发时有成本。将费用分配到不同的篮子里会带来各种滥用，安德森的前任们已经将其用到了极致。安德森使用了更加简单、清楚的会计方式，这传达出了一个消息：道德是非常重要的，每个人会用类似的一系列指标进行评估。

安德森坚决支持收益质量，这在当时并不流行，他不得不替换了自己 70 份报告中的大部分报告。为一家长期以来接纳平庸的企业制定更高的标准是很重要的。

在整理好账目后，安德森开始整顿债务。他使用了被霍尼韦尔运营体系解放出来的资金，在精益生产的基础上，偿付了一部分债务，让退休金计划重回最低的资金水平，同时快速解决了很大一部分的石棉和环境责任问题。华尔街最终注意到了其风险预测水平显著下降。

接下来，安德森卖出资产，进行并购，改变了企业的系列产品。新的高管团队让霍尼韦尔以合适的价格出售一些糟糕的业务。它摆脱了最糟糕的通用化学资产，形成了大型的消费者汽车业务和分量表警报监控服务。在企业不能出售的业务中，削减了成本，重新订立了消费者合同。霍尼韦尔还买入了一些合适的优质新资产，进入了具有吸引力的新市场，同时避免追逐不能增加多少价值的售价高昂的目标。

霍尼韦尔的转折有很多原因，但是高德威、安德森及其团队使用企业越来越多的空闲现金流来降低风险、增加收益，这是被低估了的。债务不可能轻易摆脱，但是他们尽全力控制债务增长，因此在现金流增长后债务就是下一件要考虑的事情了。其目标是将现金流在现有水平上翻番，这样企业就可以去进行收购，提高股息，慢慢回购股票，同时偿还留下的债务。

当时大多数的首席财务官专注于通过收益增长来促进现金流增长，但是安德森看到了这个机会中的乘数。他震惊于营运资本能限制住多少资金，在库存、应收账款和其他领域有着数十亿美元。他发现一些主要城市的办公室空间是重复使用的，这一点通常被不同的业务部门小看了，这些业务部门似乎无法知道其他的霍尼韦尔业务部门设立在哪儿。霍尼韦尔以前还没有正确处理基本事项，比如使用资金的时机和债务结构。安德森引入商业票据项目，增加了灵活性，降低了支付的利息。他在国外发行了债务，有助于进行外币套期保值活动。他还进行货币对冲，让收入更加容易预测，这是投资者所关心的。

在高德威／安德森年代之前，霍尼韦尔的净收入只有不到 80% 转化成了现金流，业务投资非常短缺，退休金资金不足。一旦石棉和环境债务稳定下来，退休金开始得到更多的关注。和当时大多数企业的退休金计划一样，霍尼韦尔的退休金计划承诺了不现实的长期收益率和折现率，让它纸面上看起来比经济的现实情况更加优秀。这些比率很快由更加保守的安德森会计团队进行下调了。

充实团队

在高德威接管企业的时候，霍尼韦尔由于货运延迟和质量问题，已经与两家最重要的客户——波音公司和巴西航空工业公司（Embraer）疏远了。研发投资落后于竞争对手，工厂投资非常短缺。

在顾客投诉加剧、文化摩擦增加后，高德威开除了企业原有的高级航天团队。替补人选很少，高德威觉得唯一适合接管高级航天团队主管的经理是管理着小型涡轮增压器业务的罗伯·吉列特（Rob Gillette）。这次晋升又造成了更多的问题。航天领域比大多数行业更像老男孩俱乐部，拒绝外来者进入。选择一个之前从事汽车行业的人来管理航天业务被外界视为霍尼韦尔宣告自己没有弄清形势或者毫不在意。顾客持续快速流失，幸好这在航天领域还是相当缓慢的速度。新产品和新项目间通常相隔数十年，这为高德威争取了修复潜在问题的时间。吉列特挣扎着推动业务。在 2009 年离职去其他企业担任首席执行官之前，他最终还是将业务稳定下来，让高德威可以培养和筛选内部人才。高德威注意到了一位有着传统航天产业背景的人才马天明（Tim Mahoney），他在霍尼韦尔航天产业全盛期的2009—2019 年管理了其业务。

在高德威接管企业的早期，霍尼韦尔只有几位久经考验、有着合法经营经历的高管。霍尼韦尔在 1999—2002 年做对了一件事，那就是收购皮特威集团（Pittway），这是一家消防和安全报警系统的领先制造商。收购后，霍尼韦尔多了两位高管：罗福鼎（Roger Fradin）是皮特威集团的首席执行官，孔恩睿（Andreas Kramvis）是其第一副手。他们都在经营转型中起到了重要的作用。伊安仕（Alex Ismail）是一位崛起的新星，高德威对他的信任慢慢得到了回报。安妮•玛登（Anne Madden）作为并购主管，发挥了重要的作用。我们之后会谈论到聘用沈达理（Shane Tedjarati）的重要性，他带领霍尼韦尔（中国）公司转型。这群人是为数不多的成熟的管理者。然而，其中只有一两位在霍尼韦尔有几年的工作经历，他们在航天领域无人知晓，而航天业务是霍尼韦尔最重要的业务。

在最初的几年里，高德威及其团队像是在玩打地鼠，常常用没有得到足够培训的继任者来取代失败的领导者。这就是为什么转型需要时间，企业需要新的领导者，新的领导者需要在文化上融入，需要以流程进行驱动，但是要真正知道新任命的人是否适合工作岗位则需要时间。高德威在这里的挑战是应对华尔街对其"不可修复"的宣言，但是他继续工作，最终找到了足够优秀的人来重振霍尼韦尔。

尽管高德威面对堆积如山的质疑，但他还是勇敢无畏、雄心勃勃。2002 年春，我和他第一次出席同一个会议，在会议上他构建了清晰的未来愿景，广泛地定义了成功，让我印象深刻。他想要为全体利益相关者赚钱，而不只是为股东赚钱。他想要好好地对待供应商，这样一来供应商反过来就会为霍尼韦尔开发出更好的产品，这是一个良性循环。他想要提供出色的用户体验和产品，让顾客爱上霍尼韦尔的同时也能更加成功。他提到，员工应该按业绩发放薪酬，即使是那些最底层的员工也应该受到尊重。

他认为，为业绩表现最佳的员工支付薪酬，不只是为了他们如今所做的工作，也为他们以后将会安排到的工作。把员工留住是高德威招聘时的一个重要关注点，他认为应该给高管股份，这样的话他们就会认为自己是企业的主人一样而受到激励。他要求董事会给他股权而不只是股份。这是一个冒险的赌注，如果他失败了，他得到的薪酬会减少，而不是提高收入。要知道，在高德威任职早期，大部分的高管想要限制性股票（RSU）而不是股权，因为它有下行保护。2001 年科技泡沫破裂后，许多股权一文不值，因此薪酬项目很快将股权移除了。后来一些人认为，高德威的薪酬计划中股权占比很高是因为他贪婪，但在当时，大部分人认为他大胆甚至蠢笨。

高德威还认为要培养管理者，可能是因为他在通用电气得到了培训，作为一位年轻的经理，他个人的发展从中获益。他希望只有第一、第二年进行外部招聘，之后企业可以进行内部招聘支撑自己。我记得高德威在会议上说了两句话："我想要在退休后 10 年内仍然从霍尼韦尔的股票中赚钱。""我想要人们说，'如果我想要一位优秀的管理者，我就会聘用霍尼韦尔的员工'——除非他们得不到我们的员工，因为在霍尼韦尔度过职业生涯是一个美妙的选择。"这不止对一家处于困境的企业来说是宏大的野心，我们甚至很难听到运行良好的企业的新任首席执行官表达这样的长期愿景。让我们想一想：高德威在霍尼韦尔的职业生涯大约有 15 年，而在早期他就已经想到了他要留下的遗产，想到了退休后的股票价值。现在看来，高德威在通用电气成长起来，他似乎想要复制通用电气，不过是以一种更加协作和关爱的方式。他想要每个人都取得成功。

高德威在第一次会议上没有阐述的一件事是文化。我在回想起他的时候，甚至不会用到文化这个词。如果要依靠霍尼韦尔当时的文化来拯救这家企业，那么高德威知道自己毫无胜算。他对于直接发号施令另建一种文化或者发起争斗打击原有的文化都不感兴趣。他不能硬来，霍尼韦尔还是太脆弱了，需要进行真诚而持久的改变。因此，他转而用自己的愿景让企业上下安心，重新确定方向。渐渐地，他想要执行的体系会产生更多的影响。霍尼韦尔运营体系在决定霍尼韦尔员工体验时会扮演着重要的角色。他培养了一种持续改善的文化，这种文化既对未来充满信心，又谦逊务实，但他是以间接的方式做到的。我们在所有其他的成功案例中都看到了这关键的一课：文化是激励措施以及领导层的行动和引领作用的产出，而不是一种投入。

转型的 5 种要素

转型一共由 5 种要素构成：（1）削减成本；（2）开发新产品；（3）调整产品组合；（4）开拓新兴市场；（5）进行财务整改。这些差不多同样重要，霍尼韦尔尽可能快地解决了所有问题,这不是一个简单的行动。

第一步:削减成本

在成本方面,关键是要提高生产率,而不只是开除员工或者关闭工厂。高德威初到霍尼韦尔时,霍尼韦尔的收入有 220 亿美元,营业利润率为 11%。当时,一家优秀的工业企业利润率接近 15%,而顶尖的工业企业利润率接近 20%。霍尼韦尔 11% 的利润率甚至不能持续下去,甚至可能不是真实的;它曾经的管理者想要走捷径,对所有部门的投入都不充分,从研发、工程到市场营销都是如此。总体账目夸大了利润,11% 的利润率没有将最大的债务责任(石棉、环境和退休金)包括在内,这些会威胁到企业的偿债能力。乐观估计,真实的利润率为 7%,也可以说更接近 5%。如今,霍尼韦尔的营业利润率大约为 20%,并且在无疑会受到疫情影响的情况下,利润率还在上升,长期的发展趋势还是乐观的。

2003 年,在我们参加的早期会议上,高德威强调了其经营计划的关键是,在保持固定成本不变尤其是总部员工数不变的前提下,促进收入增长。他提到,如何引导已经雇用的员工去雇用其他员工,还需要更多员工来支持他们的工作,每个员工都需要信息系统、员工福利和办公空间。他只想要在快速扩张的领域增加员工,如新兴市场或有巨大成长潜力的产品——商用飞机、环保产品、涡轮增压器等。

高德威兑现了这一承诺。在他掌舵的 15 年里,利润率增长的其中 400 个基点(大约为总数的一半)是在收入增长的同时,维持了公司费用。他达成这一点,但没有像通常那样进行令人分心的结构重组或者裁员。员工数减少大部分是由人员流失造成的,如图 5-5 和图 5-6 所示。

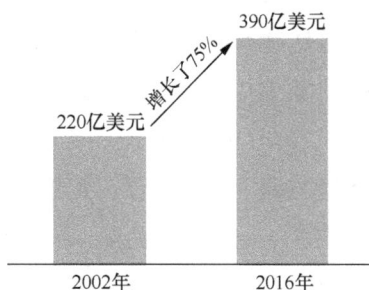

图 5-5 在高德威任期内,霍尼韦尔的收入和利润增长

资料来源:霍尼韦尔公司文件

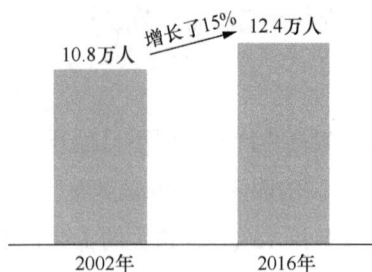

图 5-6　在高德威任期内，霍尼韦尔员工数增长

注：该数据是为 2015 年收购埃尔斯（Elster）准备的，收购完成后会增加 6 800 名员工。

资料来源：霍尼韦尔公司文件

重要的是，目前霍尼韦尔的工作岗位越来越长期和持久，通常工资很高，而且还会加薪。高德威投资并拯救了工厂，换作其他人很可能会关掉工厂。他为研究岗位提供了资金，增加了销售额和市场营销渠道，培养了如今持续增长的软件能力。

相比于削减企业日常管理费用，在生产制造方面企业有机会节约更多的成本，霍尼韦尔在此也取得了成功，但不是因离岸外包而取得的成功，这是大多数美国企业喜欢的选择。高德威想要将制造本土化，在美国销售的产品会在美国生产，对中国销售的产品会在中国生产。为了弥补美国和欧洲更高的劳动力成本，需要显著提高工厂生产率。到了 2005 年，他拥有了一些有才能的管理者，因此他引入精益生产和六西格玛质量控制的要素，将其融入霍尼韦尔运营体系。现在看来，好好对待工厂工人，没有把工作岗位转移到外国，很可能帮助高德威获得了工人的支持，包括工会员工，来推动执行霍尼韦尔运营体系所需的改变。实行精益生产是困难的，因为它在早期是颠覆性的，需要完全改变工厂层面的思维方式。

在实施过程中，霍尼韦尔运营体系是一系列所有工厂可以用来进行判断的指标：质量（每百万件次品率）、准时交货、安全和营运资本（如存货周转率）。工厂可以达到霍尼韦尔运营体系一级、二级或者三级水平，这样领导者就有了明确的目标。三级是最低水平的能力，达到二级甚至一级水平的工厂更加著名。一级相当于世界级水平，是世界顶尖的工厂经理可以达到的。因为世界级工厂的水平每年都在提高，需要满足的标准每年都在提升。霍尼韦尔运营体系为每家工厂制订了实质性的目标，为资金分配提供了合理依据。霍尼韦尔运营体系让管理者保持专注，可以提高薪酬，具有竞争性。等级评定一般是不同的，成功的领导者有更多的晋升机会。在高德威任期最初，他的成本基础部分是无效的，没有竞争力，几乎不会产生利润率。然而，到了任期末尾，资产基础是非常优秀的，利润率在同行中几乎是最高的。这让霍尼韦尔回到了进攻的位置。

第二步：开发新产品

削减成本是非常重要的，但是霍尼韦尔还需要开发新产品来实现其目标。霍尼韦尔的研发经费已经短缺很多年了，高德威经常用朴素的话语说："储物间是空荡荡的。"在他到来时，研发投入只有收入的3%，他的目标是提高到6%，但他没有额外的资金。和韦尔奇领导下的通用电气一样，要为新产品开发提供资金，削减成本就必须要产生效果，这也是另一个霍尼韦尔比大多数企业修复起来更加复杂的原因。需要提供大量资金，但资源是稀少的。

高德威不以研发为中心。像通用电气和 IBM 这样的企业都拥有巨大的研发实验室，但他发现这与全球变化的现实不相符，尤其是考虑到世界上大部分增长如今来源于美国以外的地区。因此，他渴求来自各国的科学家和工程师，与当地市场保持一致并对其做出反应。这还意味着现在进行的更多协作开发昼夜不停。美国的科学家去睡觉了，就可以把项目移交给刚起床的中国或印度科学家。随着技术进步变得更加复杂，进步的步伐更加迅速，其中尤以航天业为甚，全天候的开发需求变得更加强烈。

正如杰克·韦尔奇推动了飞机旅行和燃气发电那样，高德威为具有高增长潜力的领域提供了研发资金。一个重要的关注点是开发减少环境影响的产品。软件开发提高了飞机效率；商用飞机驾驶舱的开发面向复杂的飞机设计和更加快速的飞行进行；开发了新的化学品，尤其是用于空调的气体，减少了对环境产生的影响。他还拥有研究生物燃料和建筑自动化的科学家。此外，他还会对军用项目进行研发，这些军用项目几乎没有得到关注，但是可以产生丰厚的逆周期利润。军用研发项目大部分费用是由美国政府支付的，这当然是霍尼韦尔需要的帮助。高德威需要获得尽可能多的来自其他方支付的研发经费，包括来自供应商的，在一些情况下，还有来自顾客的。

高德威总是将自己描述为"新罕布什尔的乡巴佬"。他的研发费用需要翻倍，而且必须开发出不止两倍的新产品。他要求开发出至少 4 倍的产品来实现他想要的市场地位，这些新产品需要有意义。他高度关注研发，并以极少的预算进行研发。

新产品开发需要耐心和专注。每个人都可以往研发部门投钱，期待产生结果，但高德威强调本地化设计，这得到了回报。霍尼韦尔在中国不仅取得了市场份额，而且如今还在增长。霍尼韦尔是为数不多能做到这一点的美国企业之一。

除了提出愿景，高德威还增加了可以帮助解决资金短缺的组织结构和高目标。他引入两种研发策略：快速产品开发（VPD）和霍尼韦尔用户体验（HUE）。快速产品开发是一系列简化并加快新产品发布周期的措施。新产品的设计需要考虑到如何提高工厂车间效率，要设计更多一样的部件、更少的总体部件，这样就不需要对工厂进行大量投资。霍尼韦尔用户体验要求工程师关注产品，设计出用户使用简便并且有效的产品。

研发是否成功通常是用市场份额来衡量的，但是我们发现定价能力增强和利润率提高同样重要。霍尼韦尔的增长超过同行，利润率大幅提高，就证明了高德威的努力产生了他想要的结果，如图 5-7 所示。我们在大多数案例分析中会谈及飞轮效应。在进行投资的相关领域，让研发源源不断地提供新产品，对产生并保持飞轮是非常重要的。销量、利润率和再投资的资金合理增加可以提升自己的竞争力，与同行拉开差距。

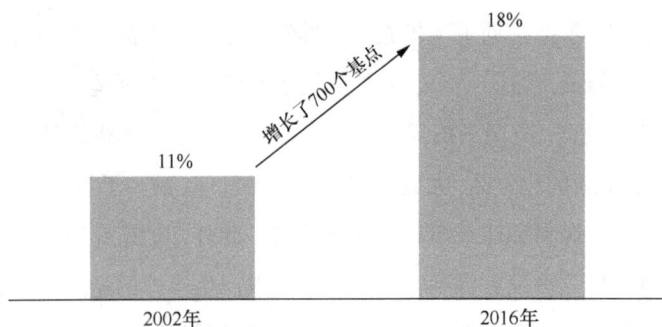

图 5-7　在高德威手中，霍尼韦尔的利润率几乎翻倍

资料来源：霍尼韦尔公司文件

118

第三步：调整产品组合

高德威提拔了安妮·玛登，让她来主管并购。她的第一个决策是委托进行一项研究，调查联信和霍尼韦尔过去进行过的所有交易，找出哪些交易取得了成功，哪些没有，为什么会这样。结果是令人震惊的。在过去的 10 年（1991—2001 年），交易的平均资本回报率是 0%，而在此期间，交易的价格并没有特别高。

如结果所示，大多数交易预计会产生收入协同效应，带来丰厚的收益，但这从来没有奏效。大多数交易还包含了产品商业化程度增加的资产，在这些资产上，卖家投资不足，顾客感到不满。然而，联信和霍尼韦尔都没有把这些问题考虑进去。可能他们甚至根本不知道存在这些问题。

因此，玛登对收购过程进行了全面改革，包括安排新员工、实施更严格的尽职调查，以及在交易模式中引入一项反收入协同效应的规则。高德威还新增了要求，所有收购行为都必须包括"良好行业中的优秀业务"。这意味着霍尼韦尔不会在传统的自动供应、通用化品等行业中进行收购。在这些行业里，要实现差异化、取得高利润率，面临的竞争太激烈了。

诚然，霍尼韦尔起始基础差，但产生的成果是优秀的。我们估计，在高德威 / 安德森 / 玛登任期内，资本回报率（ROIC）至少为 15%。相比而言，在 2002—2017 年，最接近霍尼韦尔的竞争对手们从收购中得到的回报率要低得多，我们估计是在 4% ～ 6%。而通用电气的回报率接近 0 或者更低。

霍尼韦尔在高德威手中进行的第一桩大型收购案是 2005 年收购了傲华尔（Novar），一家楼宇自动化公司。它还从陶氏化学公司手中收购了环球油品公司（UOP）其余的 50% 股权，这是一家油气加工公司。这两桩收购案都产生了那些年间工业领域最好的收益，但华尔街最初是对此持怀疑态度的。环球油品公司的业务是周期性的，霍尼韦尔收购时其业务正处在下行周期。而傲华尔本身是一家有着非核心业务的大型集团，霍尼韦尔需要退出这些非核心业务。高德威成功卖出了部分非核心业务，包括支票打印业务和铝材业务。高德威处理环球油品公司的结果比预期好得多，收购霍尼韦尔喜欢并想要保留的部分傲华尔业务，只用了不到未计利息、税项、折旧及摊销前利润（EBITDA）6 倍的净收购价。相比而言，如今大多数收购要花 12 倍 EBITDA 的价格甚至更多。为收购健康增长、利润率高的业务只付出 6 倍的价格，是非同寻常的便宜买卖，收购的收益超过了 20%。

其他值得注意的交易是收购诺克罗斯（Norcross Safety Products）和码捷（Metrologic），两起收购都发生在 2008 年。码捷收购案本身对霍尼韦尔来说就是一桩大型收购案，而且是由时任霍尼韦尔首席执行官的杜瑞哲（Darius Adamczyk）亲自进行的。2015 年，霍尼韦尔收购了埃尔斯特（Elster，燃气仪表），2016 年收购了 Intelligrated（自动仓储），如图 5-8 所示。霍尼韦尔还持续稳定地进行了小型收购，在更长的周期内促进了收入增长。当进行收购要花太多资金时，高德威就用多余的资金回购股票。2002—2017 年，霍尼韦尔的股票总数减少了 10%，同时收入和利润不断增加。

资产	收购年份	描述
傲华尔	2005 年	建筑系统、铝材、打印
环球油品公司（剩下的50%股份）	2005 年	燃气加工设备
富士德（First Technology）	2006 年	气体探测
韦林（Hand Held Products）	2007 年	ID/数据收集
诺克罗斯	2008 年	个人防护装备
码捷	2008 年	数据捕捉硬件/软件
RMG	2009 年	气体测量
斯博瑞安（Sperian）	2020 年	个人防护装备
京士安全设备公司（King's Safetywear）	2011 年	安全足具
EMS Technologies	2011 年	耐用型移动终端
托马斯罗素（Thomas Russell, 70%的股份）	2012 年	天然气加工/处理
易腾迈（Intermec）	2013 年	移动计算、射频识别、打印机
华瑞（RAE）	2013 年	气体/辐射检测
埃尔斯特	2015 年	气体计量
康姆迪（COMDEV）	2016 年	卫星/航空元件
艾克利斯（Xtralis）	2016 年	烟雾探测/安全警戒
Intelligrated	2016 年	仓储自动化

图 5-8　霍尼韦尔在高德威手中的并购历史

资料来源：霍尼韦尔公司文件、新闻报道

要改善产品组合，卖出资产和进行收购同样重要。霍尼韦尔有一些表现平平的业务，不管高德威有多么渴求资金，如果他不接受严重损失，就不能马上将其卖掉，所以他要耐心等待。比如，汽车行业需要 8 年才能最终退出所有业务，包括刹车片、火花塞、防冻液业务，其他低质量的业务如安全监测、航天部件咨询和通用化学品也是如此。然而，霍尼韦尔最终得到了相当不错的报价，差不多与收购高质量的业务同样的价值卖出了这些资产。

一些人问，为什么霍尼韦尔在并购方面没有更加雄心勃勃，高德威可能本该做得更多。然而，这一疑问可能只考虑到了谋划转型所具有的困难。霍尼韦尔这种程度的转型需要在文化上和企业经营上保持微妙的平衡。在那些年里，高德威可能缺少深入企业的管理人才来实现大规模的融合。

第四步：开拓新兴市场

2003 年，我带领一些投资者参观中国的企业。当时美国企业在中国发展的规模还很小。说到在中国的发展，很多企业都有逸闻趣事可讲。当时，卡特彼勒等着要进军中国蓬勃发展的建筑业，通用电气要帮中国以更加清洁的方式产生电力，艾默生将要建造通信和互联网基础设施。而霍尼韦尔没有什么可以出售的产品。

霍尼韦尔的涡轮增压器业务前途光明，但是涡轮增压器设计制造工艺过多，完工后比当时中国制造的汽车等产品能使用更久。霍尼韦尔出售了一些自动化流程的产品，但是它的市场份额慢慢减少了，输给了 ABB 集团、艾默生和横河（Yokogawa）等竞争对手。

霍尼韦尔的高管在其上海办事处高兴地接待了我们，带我们参观了主要的涡轮增压器工厂。在那几天里，他们没有什么参观者。相较于几乎所有欧美国家派遣的人员来说，霍尼韦尔的员工级别是相当低的，几乎没有高级职位的员工。似乎当地的中国人都是装配线上的工人，几乎没有人在行政岗位上。工厂没有什么可展示的。简而言之，霍尼韦尔在中国的努力不上不下，非常尴尬。在 2003 年那一周我参观的十几家企业里，霍尼韦尔是当时最弱的一家。

然而，还有一个问题。高德威不止想要在中国设计、生产和销售产品，他还想要雇用本地人来进行管理。派遣员工的成本太高了，但是要聘用本地的经理又太难了。

2004 年 9 月，沈达理加入之一，他是高德威聘用的产生影响最大的员工之一，可以说是工业领域最好的新兴市场管理者。在加入霍尼韦尔之前，他在中国主管德勤（Deloitte）的咨询业务，与刚开始思考如何高效经营业务的国有企业打交道，并且与政府部门建立了联系。

高德威对沈达理下达了一条命令——"让霍尼韦尔（中国）取得领导地位"，为此他给了沈达理一切需要的资源。沈达理决定，霍尼韦尔需要重新开始。唯一可以维持涡轮增压器业务的方法就是以自己的方式来打败当地的竞争对手，那就是成为低成本的中国供应商。他想要为产品制定一个顾客买得起、当前规模下成本更低的销售价格。这意味着不仅要在当地的工厂制造产品，还要从当地的供应商手中进行采购。几乎没有美国企业以这种方式经营，至少在 2003 年没有。这种战略完美地奏效了。

接着，沈达理将这种战略应用于其他业务。应用于自动化控制，奏效了；应用于消防安全，奏效了；应用于安全用品，奏效了。在短短两年里，霍尼韦尔在中国从默默无闻到有了合理的故事可讲。5 年后，它是同行中最棒的企业，而其他的大型美国工业企业都想要努力跟上它的步伐。如今情况仍然如此。其在中国采用的措施已经推广到了世界各地，这更加广泛地加快了霍尼韦尔在新兴市场的增长。

第五步：进行财务整改

这些修整都仰赖于霍尼韦尔加强了财务管理，特别是产生了更多的现金流。早先安德森担任首席财务官时，他承诺投资霍尼韦尔会将现金收入比从历史的 80% 提高到 95%，真实比值接近 100%。这些现金来自于引入精益生产，使用更好的定价战略，开发具有更高增值的产品，控制固定成本所带来的收益。所有这些都推动了可持续的变化。

高德威和安德森采用创新方式，加速摆脱债务。他们认为，霍尼韦尔的股票被严重低估了，所以他们发行了新股，并将其加入资金不足的退休金计划中。投资者讨厌这一行为，因为这稀释了他们持有的股票，但是要解决当前的债务危机，还有很长的一段路要走。和往常一样，高德威承受了指责，但仍然保持专注。随着股票慢慢稳定下来，退休金计划也同样稳定下来。这一战略奏效了，如今退休金计划已经资金充足了。

霍尼韦尔两项遗留的业务——那科粘胶长丝和奔德士带来了石棉责任。两项业务合在一起的影响非常吓人；分开单独看，其影响似乎是可以控制的。因此，高德威和安德森拨出专款给那科粘胶长丝，在索赔人的允许下设立了信托，覆盖了所有债务和相关的险种。这种信托将霍尼韦尔从那科粘胶长丝的影响中解放出来，尽管索赔预测不准确。为得到这种解放付出了高昂的代价，高德威在冲击中又受到了新的指责。但是，他需要至少赢得解决石棉责任的战役中其中一场的胜利。类似地，在环境责任方面，高德威和安德森尽可能解决索赔、拨出专款，提出确定的解决方案。这个过程高度透明、正直可靠。

霍尼韦尔需要为债务创立不会让投资者紧张的资本结构。在现金流大幅提高之前，霍尼韦尔必须保持保守的态度。它必须要自己为全部投资提供资金，维持固定成本，以合理的价格出售薄弱的资产。渐渐地，现金流明显增长，甚至不需要事先考虑债务。事实上，到了 2008 年，投资者追求更高的风险，而不是更低的风险。

2008 年后采取进攻态势

2002—2007 年，高德威不得不在防守和机会主义的进攻之间找到平衡。一旦霍尼韦尔证明了自己，特别是在促进了利润率增长、稳定了系列组合后，就可以显示"新霍尼韦尔"的成长能力和持续发展能力。

然而，2008 年发生了金融危机，所有工业企业的日子都不好过。高德威比大多数企业对下滑的问题更加在意，觉得自己让股东失望了。他将高管原本的大笔奖金减少到几乎为零，非常同情工厂工人和其他基层员工。大多数工业企业会进行彻底裁员，但是高德威可以让员工选择保留工作，工作时长和工资减少，医疗和其他福利不变。他相信自己可以在人性化对待员工的同时，减少足够多的支出，让企业在经济下行中存活下来。这样一来，在经营状况改善后，企业就可以拥有一批训练有素的、忠心耿耿的员工，能为企业全力以赴。

2010 年，经营状况确实恢复了，霍尼韦尔的员工已经排队要增加工作日时长了。它可以满足订单，而其他企业需要努力提高产量。顾客更加高兴了，霍尼韦尔取得了更高的利润率，开启了数年的繁荣时期，这些是之前做出的全部艰难决定所取得的成果。

2010 年至今，霍尼韦尔明显产生了飞轮效应。它在更高的层面上稳定增长，利润率相较预期大幅增长，现金流与利润都在增长。高德威完成了转型，企业在稳定、可预测的基础上取得了飞速发展，所有利益相关者都从中获益。

反思

2017 年，在退休前夕，高德威在霍尼韦尔采取的最后行动是说服董事会，将杜瑞哲提拔为他的继任者。杜瑞哲不同于高德威，可以说是迥然不同。高德威对先进技术没什么兴趣（或者是没有时间研究），先进技术通常是美国西海岸有远大抱负的人所感兴趣的，而新任首席执行官大量投资工业物联网。这对企业来说是一个重要的支点。杜瑞哲的愿景包括软件、数字连接和新兴技术，如量子计算，他提出的愿景比前任高德威更具竞争优势，而且还更适合霍尼韦尔当前的强大市场地位。霍尼韦尔现在有资本可以采取进攻态势了。

这就是一家企业如何长期保持增长的方法：将清晰的愿景和让员工专注于每天实现价值的体系结合起来。永远着眼于未来，并能因时达变，或者更理想的是提前求变。杜瑞哲早期的成功是对高德威的致敬。这其中的关键之处在于具有飞轮效应的企业自然进化了。

最后，这次转型堪称一场战役，困难之大非文字所能表达。在早期的大多数日子里，高德威是孤独的。他不得不一个一个去动员，建立自己的高级团队，想尽办法去说服他们加入一家正在挣扎中的企业。他在所有主要区域都需要强大的管理者，还有高级财务人员、专注于解决顾客问题的工程师和科学家。这需要时间，事实上需要好几年的时间。在霍尼韦尔转型得出的很多经验和教训中，时间因素可能是最重要的。文化不能在一夜之间形成和持续。科技世界没那么有耐心，这是在这样的世界里需要考虑到的关键因素——需要增强耐心。霍尼韦尔 2017 年的收益相比 2002 年有了显著提高，但进步是持续的，需要日常管理和小步前进，这是采取精益生产、以流程为中心的优秀系统产生的典型成果。

　　尽管高德威缺少显赫的身世和时髦的套装来帮助他在这个浅薄的世界里证明自己的成功，但是他所关心的是这些大事：在并购中进行严格的财务管理，坚持固定成本的原则，以同情心对待员工；贯穿这一切的是其诚实正直的品行。高德威常说："你的所想、所说、所为不应该表现为 3 个不同的决定，应该保持一致。"这句话完美地概括了高德威年代。他以谦逊和透明建立伟大的企业文化的基础，产生了一批忠实的追随者，兑现了自己的承诺。在顺风时忘掉谦逊和透明是很简单的，但是在艰难时期，谦逊和透明很重要。

　　我和高德威在一起的时光一直充满着许多欢笑和玩笑，偶尔还有恶作剧。他似乎从来不把自己太当回事。这是一段与其他工业企业领导者相处非常不同的经历。我经常带他去拜访投资者，哪怕是最小的事情都会让他高兴。如果东道主允许他穿着蓝色牛仔裤出席晚宴，他就会非常兴奋。他去住 6 号汽车旅馆连锁店看起来会像去住四季酒店一样高兴。可能，只是可能，这就是为什么员工会为他效力。他努力工作，以身作则，推动员工每天变好一点点，他的信息传达到了企业上下。他大道至简，重实质，轻形式。他是一位不可多得的首席执行官，不同寻常，但他非常值得效仿。

从霍尼韦尔身上得到的经验和教训

- 在大型集团里，复杂的情况和官僚主义成为通病。
- 企业转型需要时间、耐心和坚持。
- 领导者要尽可能快地做出艰难和不受欢迎的决定。
- 企业要先解决成本结构和负债，再专注于增长。
- 企业维持固定成本通常是低效的，其中包括雇用的员工又雇用了新的员工。
- 为顶尖人才支付薪酬，不只是为了他们如今所做的工作，也为他们以后将会安排到的工作。
- 本土化战略通常比全球战略能产生更好的结果。
- 最好的"高德威主义"："你的所想、所说和所为不应该表现为 3 个不同的决定。"

CHAPTER

6

第6章

联合技术公司

固定的激励计划招致危机

作者：卡特·科普兰

"拿一分钱，做一分事"是管理的指导原则。对员工激励的多少以及期待的目标对企业的业绩表现有着深远的影响。联合技术公司（UTC）的历史是围绕一个简单的目标建立激励机制，取得惊人的成功与失败的故事。其中，这个简单的目标就是"收益每年增长10%"，它是企业兴衰的核心。

联合技术公司是伟大的工业巨头之一。在20世纪最初10年里，它以联合飞行器公司（United Aircraft）这个名字为人熟知，且专注于航空市场。然而，20世纪70年代，新任首席执行官哈里·格雷（Harry Gray）在航天以外的多个领域寻求企业利益的多样化，并且将其改名为联合技术公司。在接下来的几年里，他收购了几家标志性的企业，其中包括由现代空调发明者威利斯·开利（Willis Carrier）创立的开利空调公司（Carrier Air Conditioning）、由世界首部电梯的设计者伊莱沙·奥的斯（Elisha Otis）创立的奥的斯电梯公司（Otis Elevator）。这些在联合技术公司原有业务以外的领域，其中还包括普惠飞机发动机（Pratt&Whitney Aircraft Engines）和西科尔斯基直升机（Sikorsky Helicopter），后者是由首种批量生产的直升机发明者伊戈尔·西科尔斯基（Igor Sikorsky）创立的。这些业务合在一起，就是世界上最强劲的品牌组合。在建成这一系列高品质、令人羡慕的业务之后，联合技术公司于20世纪80年代转换了关注点，开始减少官僚主义，提高财务绩效。

1994年，哈佛毕业的咨询师乔治·大卫从格雷的继任者罗伯特·丹尼尔（Robert Daniell）手中接过公司。此时，联合技术公司努力优化不同业务的财务绩效，但还没有完全获得华尔街的青睐。比起当时杰克·韦尔奇和通用电气摇滚明星一般的地位，联合技术公司更显逊色。事实上，在韦尔奇掌管通用电气后期一次著名的投资者活动上，联合技术公司与通用电气的差距完全显现了出来。

电气产品集团会议在佛罗里达举办，联合技术公司和通用电气都是常客。在通用电气进行的展示上，韦尔奇回答了一个问题，即何为经营良好的企业，何为经营不善的企业。在回答中，他提到联合技术公司是行业内一家经营不善的企业，

128

并认为它将永远平庸下去。当时，乔治·大卫就坐在会议室后部，直到他站起来走出去，韦尔奇才意识到这一点。

几年后，大卫给联合技术公司最高级别的管理者（10 万名员工中的 200 多名）做了一次振奋人心的演讲。他说道："两年前，我遇到了杰克·韦尔奇，他惆怅地看着我说：'我希望我们公司的业务有贵公司业务一样的利润率发展趋势。'"至少当时在场的一些人认为这两件事是有联系的，韦尔奇说"利润率发展趋势"相当于承认了自己的失言。然而，重要的不是韦尔奇是否因在佛罗里达让大卫尴尬而道歉，而是这些交流如何定义联合技术公司接下来的 20 多年。当时，利润率上升，管理水平提高，这与企业长期的薪酬项目密不可分。如果实现 10% 的收益增长，这一薪酬项目向管理者支付报酬。在担任首席执行官期间，乔治·大卫让联合技术公司及其著名的品牌重新确定方向，持续提高利润率，产生丰厚的收益增长。联合技术公司成为华尔街的红人，大卫成了传奇的首席执行官，他将企业传递给继任者时，已经可以与杰克·韦尔奇相提并论了。

可悲的是，联合技术公司的故事并没有就此结束。未来的首席执行官很难续写大卫任期内的利润神话，曾经以利润率增长为中心的强大的激励薪酬计划过于僵化了。它导致了不理想的决策和投资，削弱了企业的竞争性定位。结果，10% 的增长目标变成了 6%，之后又变成了 4.5%。最终，在多年的业绩欠佳之后，寻求收购的激进投资者入场，曾经巨大的集团破裂。

在一个组织中，相同的激励措施在不同的时期可以产生不同的效果。联合技术公司的激励措施以及对于提高利润率的专注带来了多年的成功，接踵而至的却是连年的失败。联合技术公司的兴衰凸显了一点，那就是最佳的激励体系不是一成不变的或是专注于短期收益的，它应该显示出活力，随企业不断进化过程中出现的机会和风险而改变。

用正确的激励措施建立正确的团队

乔治·大卫是一名高级知识分子，是一位罗德学者兼教授的儿子。在来到联合技术公司之前，他先后就读于哈佛大学和弗吉尼亚大学达顿商学院，还在波士顿咨询公司就职过。1976 年，联合技术公司收购整个奥的斯电梯公司，他因此来到联合技术公司。1986 年，他晋升为奥的斯的董事长，在 6 年里奥的斯表现强劲，业绩持续提升。1992 年，他成为联合技术公司的董事长。

1994 年，大卫晋升为首席执行官。此时，联合技术公司是一家由 6 种主要业务组成的大型企业。普惠公司、汉密尔顿标准公司（Hamilton Standard）和西科尔斯基公司组成了联合技术公司的航空业务，奥的斯、开利和汽车部门则面向更加传统的商业市场。当时，联合技术公司的总销售额加起来超过 200 亿美元，是美国二十大企业之一。

20 世纪 90 年代中期，联合技术公司从收入来看是一家大企业，但是其利润率远远谈不上出色。在大卫晋升时，企业整体的营业利润率约为 7%，这没有什么值得夸耀的，因为同行如通用电气当时的利润率是其两倍多，如图 6-1 所示。这一差距代表了联合技术公司之前表现平平，"利润率发展趋势"成为未来成功的源头。在他担任首席执行官的前 4 年里，大卫积极大胆地将利润率提高到 9%，这是值得赞美的成就，但这一水平还不足以获得投资者和同行完全的称赞。大卫明白，为了实现自己的战略蓝图，他需要从企业内外部获得顶级人才。

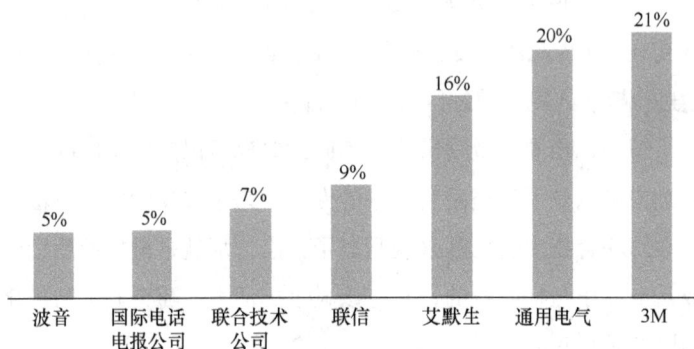

图 6-1　在 1994 年乔治·大卫接管联合技术公司时，其利润率比同行的工业企业低
资料来源：联合技术公司文件

要吸引顶尖人才，就要为联合技术公司的员工支付待遇不错的薪酬。选择在联合技术公司开展职业生涯意味着放弃高薪水的投资银行家、咨询师或私募基金总经理那样的职业生涯。其他的大型集团如通用电气已经提高了薪酬水平，联合技术公司同样需要这样做。结果，长期的薪酬大幅上涨，与其直接相关的企业主要利润率同样增长，甚至每股收益（EPS）也在上涨。

21 世纪初，在 3 年期复利的基础上，每年的每股收益增长都超过 10%，这成为联合技术公司长期薪酬激励的中心支柱。股票 / 股权支出的规模随之改变，员工从而买入股票 / 股权。如果企业实现了财务目标，那么业务单位主管、企业高管和许多其他的高级经理就会赚一大笔钱。

实行精益生产

除了人才的需求，大卫还意识到要对生产进行更大程度的改变。在奥的斯任职期间，奥的斯与合资企业的日本松下公司（Matsushita）发生了纠纷，大卫也因此开始意识到精益生产和丰田生产体系（TPS）的力量。松下指出了奥的斯质量控制体系的缺陷，这些缺陷导致安装在松下总部的奥的斯电梯经常发生故障，日方对此非常不满。奥的斯是一家电梯公司，但它的电梯却不能正常使用。大卫飞到日本后，松下给他上了关于精益生产和丰田生产体系的速成课。大卫成为联合技术公司的首席执行官后，他聘请自己的日本老师伊藤让（Yuzuru Ito）到康涅狄格州，帮助自己建立一个类似丰田生产体系的系统。1998 年，联合技术公司推出了卓越运营体系（ACE 体系）。

卓越运营体系提供了许多工具，帮助管理者将其业绩对标其他单位或者同行中同一级别最优秀的企业。单个工作场所取得的成就会以金、银、铜 3 种级别来衡量。这是基于一系列综合的标准来进行分类的，不仅包括生产率、质量和财务绩效，还包括员工敬业度和客户满意度。卓越运营体系在企业不同方面促进业绩持续进步，取得了惊人的成功。

在大卫任期内，联合技术公司关闭了数百家工厂，并大幅重建了其他工厂，还常常把制造工厂搬到海外。国际上的竞争对手正在形成，越来越多的供应链转移到海外，所以联合技术公司关闭工厂是非常重要的。当时，大卫喜欢提到，"典型的"联合技术公司工厂重建后生产能力翻倍，而成本却减半。结果，在各种情况下，大规模的收益几乎总是下降到底线，却促使利润率增长和资本效率提高。

20 世纪 90 年代末到 21 世纪初，联合技术公司的一切都专注于用这样或那样的方式来提高收益，比如在工厂提高效率和生产率、减少投入新项目的资金，在企业总部减少浪费。当时，联合技术公司的营业利润率提高到 15%，是大卫接管企业时的两倍多。在这一时期末尾，薪酬激励项目偿付，股价上涨，企业高管和部门主管积累了 1 000 万～2 500 万美元没有行使的股权，这不是罕见的事，如图 6-2 和图 6-3 所示。

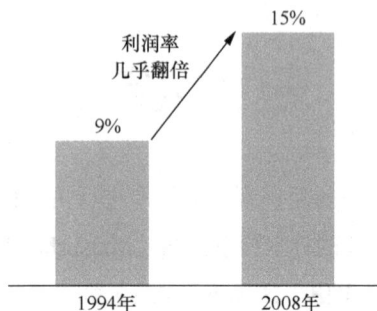

图 6-2　在乔治·大卫任期内，联合技术公司的利润率几乎翻倍

资料来源：联合技术公司文件

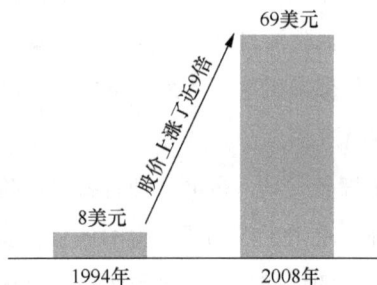

图 6-3　在乔治·大卫任期内，联合技术公司的股价上涨了近 9 倍

资料来源：彭博社

收购促进利润率增长

到了 21 世纪初，联合技术公司的领导层完全意识到取得了多少成就，并得出结论，如果企业要继续这样经营下去，需要通过并购进行更大型的投资，收购

可以应用联合技术公司改良后的经营原则的企业，创造出类似于特许经营权所带来的利润率增长机会。

　　第一次大规模改变产品组合发生在乔治·大卫时代早期。1999 年，联合技术公司收购了航空部件制造商桑达斯脱兰特（Sundstrand），并卖掉了其汽车业务，如图 6-4 所示。汽车部门是企业内部利润率最低的，没有其他业务那样的上升潜力或者"发展趋势"。此外，桑达斯脱兰特公司是一家航空供应商，其利润率有两位数，而且还有进一步提高的空间。很多年里，这一行动在企业内部被称为是"以汽车换航空"的交易，这最早显示了改变产品组合和并购可以显著促进收益预期增长和战略定位。

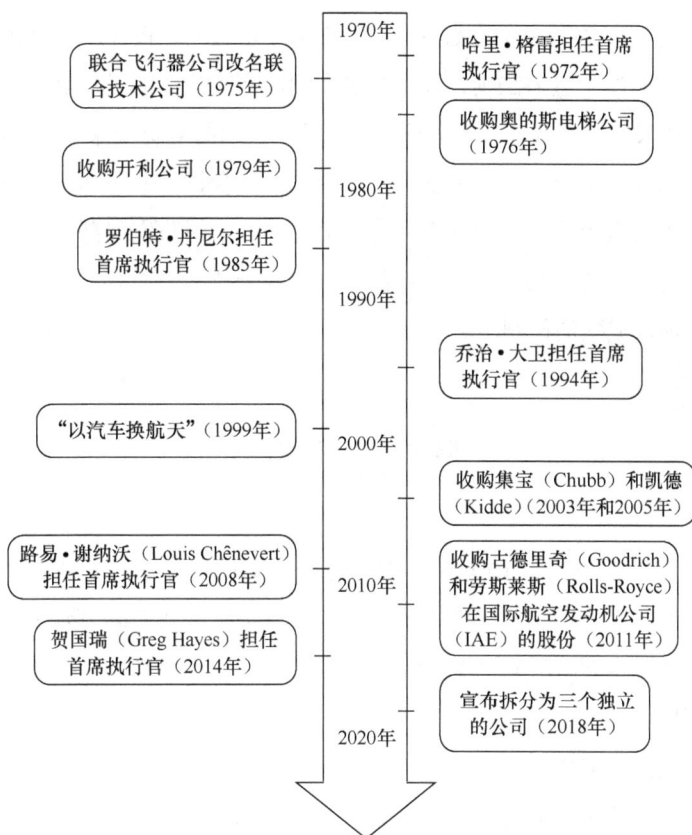

图 6-4　联合技术公司的历史（1972—2018 年）

资料来源：联合技术公司文件、新闻报道

2003 年，联合技术公司收购集宝公司，接着 2005 年又收购了英国消防安全公司凯德，扩张如火如荼。其总投资达 40 亿美元，有意要建立一个全新的消防安全部门，与奥的斯、开利和航天业务并列。进行这些交易的战略缘由是，奥的斯和开利是建筑行业（电梯和空调）的全球领导者，消防安全产品和服务自然与之相关。此外，联合技术公司在对业务合理控制成本和提高利润率方面已经取得了成功，它相信自己可以将这些相同的准则用于新成立的消防安全部门。联合技术公司扩展了这一思路，在收购集宝和凯德之后又收购喷淋灭火系统的各种产品，还收购了一系列家用安全产品。联合技术消防安保公司继续进行了大规模的收购狂潮。

不幸的是，很多业务不具备企业现有的特许经营业务那样的竞争优势、规模或长期市场定位。乔治·大卫喜欢说，联合技术公司的业务是"与重力、天气和战争相关，这些在短期内不会过时"。这是在打趣地说，联合技术公司生产电梯和飞机帮助人们违反重力法则，提供加热和制冷产品让生活更加舒适，供应军用直升机和飞机发动机来支持国家安全。联合技术公司的消防安保部门是不一样的，它服务更加细分的市场，竞争更加激烈。结果，联合技术公司的价值创造法在消防安保部门没有奏效。企业有些离开自己的舒适区。消防安保部门在接下来的几年里无疑取得了一些成功，但这个部门仿佛像联合技术公司有史以来第一次盈利那样，没有形成成熟的机制。

开始出现裂缝

大约在大卫任职到第 10 年时，企业开始走下坡路，这对于外部的观察者来说还没那么明显。然而，在企业内部，是否能持续提高利润率引发了越来越多的疑问。这些担忧主要源于对产品和技术投资不足，企业因维持或提高短期利润而将研发计划搁置了。

在大卫担任首席执行官的前 5 年里，企业的研发费用平均占收入的 5%。然而，在他退休时研发费用下降到了大约 3%，如图 6-5 所示。几个业务部门的下一代研发计划都延迟了或者完全废弃了。2000 年，奥的斯成功推出了 Gen2 电梯，但在此之后就大幅减少了新产品的推出。由于项目本身的收益周期过长，且要进行大量事先投资，普惠决定退出 787 梦想客机发动机的竞争，导致其业务错过了一项将持续 30 多年的新飞机项目。

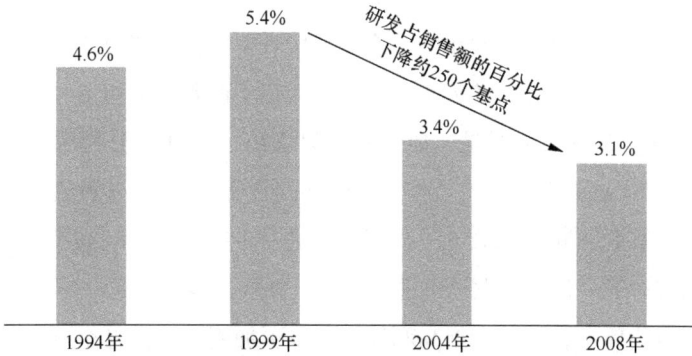

图 6-5　研发费用持续下降

资料来源：联合技术公司文件

很多企业内部人士之后认为，这个盈利和增长的黄金时代是重新投资下一代产品的最佳时机，可以为企业带来长期的成功。然而，企业及其领导者很大程度上围绕 10% 的收益增长目标制定方向，要实现这一目标，利润率必须要持续增长。利润率增长是企业成功和管理者获得薪酬的核心，卓越运营体系深深植根于企业文化，联合技术公司表明自己会进行削减成本的长期战役，甚至要削减有用的成本。

追求成本最小化和利润最大化原则上是不错的。效率不是一件坏事，但过于追求效率会造成一些后果。要求深入了解的现有业务降低成本是非常直接的，成本可以直接降至底线。然而，如果将新的业务机会与原有的利润率相比较，投资于具有增长潜力、有吸引力的资本回报率或宽泛地定义为"具有战略价值"的项目，可能永远得不到回报。

在大卫时代末期，联合技术公司过于关注利润率，成为教科书式的典型。2009 年，奥的斯的利润率超过 20%，在大卫任职末期比最强劲的对手利润率高 8 个点。其中部分利润率差距是可以理解的，因为联合技术公司拥有世界上最大的一系列电梯安装及服务。由于出售服务的特点是可以利润率最大化，这就带来了额外的几个百分点的利润率。其他的差异来自于降低新产品的费用，专注销售高端的电梯而不是低利润率、入门级的电梯。这种专注让利润率保持在高水平，但是会导致企业在全世界电梯增长最迅速的中国将重要的市场份额让给竞争对手。

在大卫任职期间，开利的报告利润率同样翻倍了，但是在他任职末期和卸任之后，开利需要卖出低利润率的分销资产来维持利润率。空调不是由工厂直接销售的，而是通过分销系统经两步到达终端消费者手中。销售过程中的分销部分利润不是特别高，所以将开利的分销资产卖掉类似于改善产品组合，可以提高利润率。然而，一种更好的情况是，如果开利只卖出了一部分分销资产（只要超过50%），剩下的分销资产可以被当作"非合并的合资企业"。这种奇怪的会计确认方式让利润计算脱离相关的收入，甚至可以进一步提高报告利润率。最终，在航天部门，没有对下一代飞机发动机进行投资，普惠就能将利润率翻一倍多。

在大卫时代后期，要继续提高利润率变得更加困难，但是企业仍然坚持10%的每股收益增长目标。为了保持偿付，曾经非常成功的薪酬激励计划开始引导决策追求短期利润，牺牲企业长期的健康。当路易·谢纳沃被任命为首席运营官，成为大卫的继任者时，联合技术公司面前的道路充满了挑战。

坚持计划

路易·谢纳沃出身于普惠公司，最终成为联合技术公司的首席执行官。这位蒙特利尔人的职业生涯是从通用汽车加拿大的工厂车间开始的，之后他晋升为通用汽车一个大型生产基地的总经理。1993年，他加入普惠的加拿大公司。他在普惠的升职恰好是在乔治·大卫年代早期。在采用卓越运营体系不久后，他晋升为普惠的董事长。

谁也没有想到，大卫继任者的内部竞争最终是谢纳沃取得了胜利。大多数人认为奥的斯电梯的主管博安睿（Ari Bousbib）最适合接替大卫。然而，大卫和董事会选择了谢纳沃，部分原因是他致力于为企业创造以人为本的价值。一个典型的例子就是，谢纳沃坚定地投身于员工奖学金计划。该计划是大卫在1996年建立的，为员工在任何其所选择的领域支付所有学习相关的费用。在谢纳沃掌管普惠期间，普惠用该计划帮助员工提升技能，取得了比其他业务部门更大的成功。除此之外，谢纳沃理解对人才进行投资的重要性，这是大卫和联合技术公司董事会在他身上看到的关键优势。

　　谢纳沃对联合技术公司未来终端市场的构想受到未来大趋势的影响，包括全球中产阶级的扩大、全球人口的城市化、航空旅行需求的大众化。这与大卫所概括的"重力、天气和战争"的领域相近，并且他们相信这些领域将会长期增长。谢纳沃相信，这些趋势和人才投资一起，构成了联合技术公司投资故事的主线。

　　在谢纳沃晋升为首席执行官不久后，大卫仍是董事会主席时，联合技术公司进入经济大萧条，面临着严重的财务挑战。联合技术公司采取强硬的行动，度过了危机，其中包括将全球员工裁掉近 10%。这些行动有助于保持总体的利润率水平，还为开发新产品所需费用的适度增长提供了一些空间。

　　尽管宏观经济带来了挑战，但是 10% 的收益增长目标基本上没有改变。对评判衡量的方法进行微小的改变有利于弥补由经济衰退造成的"错过"之年的业绩。然而，基本思想仍保持不变。高管要拿到全部奖金，就要重现利润率神话。结果，谢纳沃对联合技术公司所有业务部门设立了更高、更大胆的长期目标，以从危机中脱身。这些目标都与 10% 的增长机制和影响企业长期前景的大趋势保持一致。

　　很难知道"剧本重演"的故事线中有多少该直接归因于谢纳沃。在他任期的前两年里，乔治·大卫仍是企业的董事长。要开辟一条与前任不同的道路对新任首席执行官来说是非常具有挑战性的，尤其是前任仍然掌控着董事会。这可能妨碍谢纳沃发挥能力为企业真正规划一条不同的道路。不管原因如何，谢纳沃没有尝试对企业现有的战略优先事项或方向进行大幅改变。

结尾

　　2010 年，在又一个 10 年到来之际，大卫年代末形成的内部信心裂缝变得更加明显。更多的高管注意到几个业务部门正处于越来越不稳的境地。同时，联合技术公司执行了第一个 10 年业务审查计划，这一行动名为"联合技术公司 2020"。

　　在联合技术公司 2020 的一项审查中，一位普惠的高管对普惠的前景做了非常清醒的展示。普惠没有为 787 开发新一代的发动机，所以前几年卖出的发动机所得的利润在接下来差不多要实质性地减少了。利润增长先是大幅减少，之后会进入负增长。普惠正在投资开发新产品，为其重新注满动力，但是需要比如今所设想的更快取得更大的成功来抵消压力，进一步削减成本不能弥补已经出现的缺点。谢纳沃不想听到这些，他想要高管找到解决方法，带来结果。这位高管在当年年底从普惠离职了。这次会议确立了未来约定俗成的规则——如果你不能实现收益增长目标，不要告诉任何人。在接下来的几年里，企业上下类似的增长挑战升级，但是业务部门主管充耳不闻，努力朝着长期目标前进，其间粗制滥造了一系列短期成果。

要说明这一点，最佳的例子是奥的斯。奥的斯努力在收入增长放缓时维持利润率，却导致了灾难性的结果。从地理上来说，欧洲是奥的斯在全世界盈利最多的区域，它在欧洲有约 100 万部电梯的服务合同盈利。在金融危机后，欧洲新的建设项目暂停，奥的斯想要维持服务合同的定价来保持利润率。然而，奥的斯的领导者没有意识到，经济萎靡不振，产生了空闲的新电梯安装商，导致供过于求。这些拥有技术的商家很乐意以低得多的价格为奥的斯电梯提供服务。当合同需要续约而奥的斯维持原价时，顾客纷纷逃离，联合技术公司最大的这个利润池因此缩水了一半多。

在谢纳沃年代，用削减成本和提高生产率来促进利润率增长同样困难得多。唾手可及的果实在多年前就已经被大卫及其团队摘下了。联合技术公司各个部门被迫违反供求法则，无视保持竞争力所需的投资，使用奇怪的会计方式来保持或者提高利润率。联合技术公司深陷其中。

传统的联合技术公司发展途径失去了动力，关注点就转移到了以改变总体产品组合来实现增长所需的水平。领导团队顶着压力，去商用航天领域这一联合技术公司增长最快的终端市场寻求大型收购。

2011 年年底，联合技术公司进行了大型收购，宣布以 184 亿美元收购航天供应商古德里奇公司，这是当时有记录以来航天领域最大的交易。接着，不到一个月，联合技术公司买下了合资企业合作方劳斯莱斯在国际航空发动机公司的所有股份，联合技术公司在交易时支付了 15 亿美元，在接下来的 15 年里还承诺要支付数十亿美元的权利金。国际航空发动机公司收购案巩固了联合技术公司旗下广受欢迎的 V2500 飞机发动机的经济利益，增强了普惠的商业特许经营权。

这两桩收购案都有利于短期和中期的收益。联合技术公司计划从古德里奇收购案中产生 3.5 亿美元的成本协同效应，成本可以直接降至底线（最终达成了这个数字的近两倍）。国际航空发动机公司交易形成了一种体系，劳斯莱斯股份的收益转到了联合技术公司的财务报表上，同时还延期几年支付权利金。这以未来的现金流为代价促进了短期每股收益的增长。

在古德里奇和国际航空发动机公司收购完成后，联合技术公司的收益持续增长，从 2011 年的 5.49 美元增长到 2014 年的 6.82 美元，年均增长约 7%，但仍没有到达 10% 的目标。然而，企业的现金流增长速度大约只有一半，如图 6-6 和图 6-7 所示，说明报告收益是虚高的。这证明了，一些被归入收益的利益没有产生现金流。谢纳沃继续公开宣扬联合技术公司的长期目标是可以实现的，但是这一切在 2015 年轰然坍塌。他没有亲自见证这一失败，他在 2014 年年底感恩节的周末突然被赶下首席执行官的宝座。联合技术公司董事会对他不在办公室的时间之久感到失望，他还经常前往亚洲监工自己约 30 米的游艇建设。

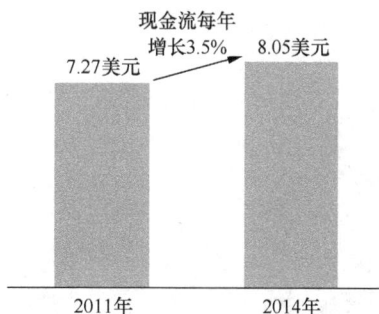

图 6-6　联合技术公司的现金流增长速度

资料来源：联合技术公司文件

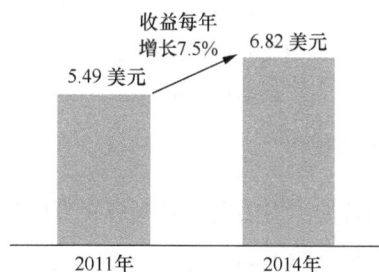

图 6-7　联合技术公司的收益增长速度

资料来源：联合技术公司文件

当音乐停下之时

联合技术公司的董事会在驱逐谢纳沃之时就开始意识到过去的两位数增长机制不恰当，2015 年长期的激励目标也下降到 6%。显然，企业再也不能实现之前的增长水平了。一年后，这一数字又下降到 4.5%，比联合技术公司计划的销售增长水平还要低。这显示了在多年利润率前景光明、无限增长之后，利润率下降了。

接替谢纳沃的是联合技术公司的首席财务官贺国瑞，华尔街普遍认为他更能意识到并且愿意面对企业的挑战。然而，在他从谢纳沃手中接管企业时，企业的道路就已经确定好了，2015 年财务数据开始崩溃。在 2012 年完成大型收购案之后，联合技术公司的每股收益在接下来的 5 年里实际上停滞在了 6 美元左右，如图 6-8 所示。贺国瑞加快投资新产品开发，打破联合技术公司执拗已久的利润率思想，重新注入活力创造收益。

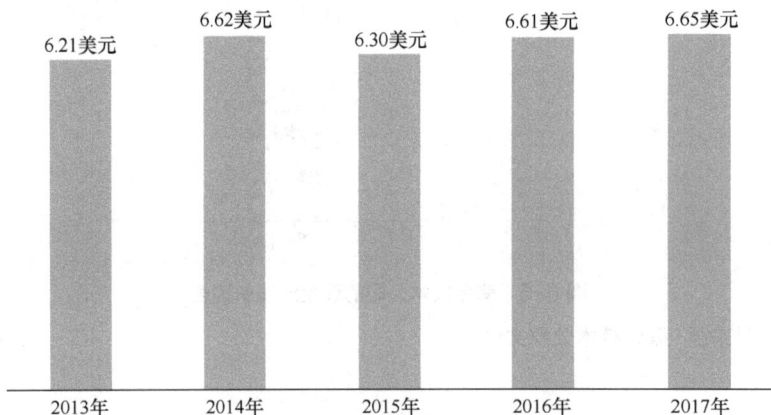

图 6-8 联合技术公司的每股收益停滞了 5 年

注：每股收益经企业定义的非经常性损益调整。

资料来源：联合技术公司文件

这种命运的逆转是痛苦的。奥的斯的利润率在贺国瑞接管公司之前就开始下降了，但 4 年里利润率比最高时下降了近 8 个百分点。奥的斯需要进行投资，重新夺回失去的市场份额，而高利润率的服务业务却由于前文讨论过的原因大大缩水。同样地，在建造好了普惠最新的商用发动机齿轮传动式涡扇发动机（GTF）

之后，利润率下降到了最低的 8%，约为谢纳沃担任首席执行官时实现的最高利润率的一半。联合技术公司的各种航天部件业务合并形成的联合技术航空系统（UTAS）在为未来飞机平台的发展进行投资的同时，看到了古德里奇收购案产生的协同效应，并在接下来的几年里从中获益。

在此期间，贺国瑞承受了来自华尔街的许多压力。最终，他和董事会达成一致，为了联合技术公司的长远发展，应该采取的最佳行动是将公司拆分成奥的斯、开利和航空集团这 3 个更小的部分。

反思

联合技术公司作为一家集团公司，其失败的根本原因在于相信它还能继续奉行掌舵 25 年的前首席执行官所制定的目标。提高利润率是实现 10% 的收益增长目标最简单的方式。要在局部最优化、利润率为 7% 的企业提高利润率，比在更加成熟、生产率更高、利润率为 15% 的企业更容易。现在看来，一家经历过如此程度转型的企业认为自己不需要重新评估其成功核心的激励机制，特别是在业绩表现开始不能实现目标时，是令人惊讶的。文化观念根深蒂固，没有做到见微知著、及时质疑。

如今，新兴经济体公司可能尤其容易采用简单、僵化的激励计划，在企业生命周期的早期，它们倾向于制定非常雄心勃勃但关注点很窄的目标，甚至制定单一目标。联合技术公司的经历表明，单一的首要目标在短期内有利于转型，但在转型完成后企业需要制定新的目标。

不管企业是大是小，都几乎不可能找到单一的指标来正确驱动企业上下所需的行为，特别是从长期来看更是如此。商业环境、竞争情况、产品／技术周期和人才储备都是变化的因素。给高管和经理的薪酬和激励也应该发生变化，但很少有企业能做到，需要彻底考察企业短期和长期所面临的特定机会和限制因素，需要内外部条件发生变化时有勇气去转变发展路径。

从联合技术公司身上得到的经验和教训

- 企业使用激励措施可以驱动组织行为。

- 企业要取得持续成功就需要适时地改变激励。

- 最有用的激励是会变化的，会促进长期系统性提升。

- 首席执行官更替是在企业上下采用新思想的契机。

- 投资不足是用长期的痛苦换取短期的收益。

- 不要开除带来坏消息的员工，获得反馈是非常重要的。

CHAPTER
7
第7章

卡特彼勒公司

避开预测陷阱

作者：罗布·韦特海默

卡特彼勒是工业世界最知名的品牌之一，在世界各地的建筑项目中都能看到其黄色推土机和挖掘机的身影。截至2019年，卡特彼勒拥有10万多名员工，其股票的市值达到800亿美元，但这些数字本可以高得多。在过去长达20年的时间里，企业业绩不佳，收购项目带来破坏性结果，卡特彼勒刚从这一段痛苦的时期中走出来。

伟大的工业企业都经历过持续改善的时期，这是一个漫长且重复的过程，随着时间推移会产生越来越大的好处。企业上下的员工都具备能力，这些好处就会保留下来。卡特彼勒的经历表明，当大企业缺少系统的文化和运行体系时，就会出现深层次的问题。没了这些，企业就不得不依靠感觉来进行管理，以预测和直觉来猜测需求。在一个周期性的行业里，一直坚持精益生产甚至会更加困难，但却更加重要。在此次案例研究中，终端市场有过兴衰荣辱，但这不是我们的关注点。我们关注的是卡特彼勒如何处理这些情况，如何加剧了波动。

卡特彼勒的管理体系存在不足，损失了潜在的数十亿美元收入和收益。竞争对手抓住机会，采用精益生产和灵活生产，进入那些卡特彼勒强势的市场。接着，卡特彼勒又犯下了过度矫正的错误，损失了数十亿美元的潜在收入。卡特彼勒本该通过富有成效的收购获得大额收益复利，但它却糟糕地对较低的收入基础进行再投资，花费了数十亿美元进行收购，而收购的业务如今的销量却可以忽略不计。易变的投资者评估卡特彼勒当下的收益，认为比其他的工业企业低，这导致卡特彼勒又错过了数十亿美元。这一颓势十分严峻。

卡特彼勒的强项一直在于其产品。其设备质优耐用，很多产品能比同类产品多用好多年，因此可以在竞争中胜出。其交易商也是首屈一指的，是几十年认真发展与培养、夺取市场份额和领导权的结果。在服务方面，没有能比得上卡特彼勒的，顾客忠诚度每代都在增长。然而，它仍然失去了市场份额，让竞争对手在其主导的市场里站稳了脚跟，使得其近20年里的利润率很低。

卡特彼勒犯下的错误不能用猛烈的、暴力的决策来修复，但是企业的领导者对过去的错误感到挫败，迫切想要采取行动，就做了这样的选择。卡特彼勒的终端市场是非常具有周期性的，其销量上下浮动 20% ～ 30%，而不是像非周期市场那样通常上下浮动 2% ～ 3%。这就是其业务的本质。优秀的生产体系可以控制除了需求以外的一切因素，包括质量、准时交付、安全和其他独立于库存的指标，来抑制销量变动。强劲、严格的商业体系有利于确保这一点。对于卡特彼勒来说，缺少强劲的运营体系加剧了周期性变动，而不是抑制了变动，并且在原本动荡的市场基础上又额外增加了 20% 这一实质性的变动数值。最终，为了弥补在一个方向上犯的错误，卡特彼勒朝着另一个方向用力过猛，给企业带来了更加剧烈的痛苦。

此处可以使用一个类比：多年前，我曾前往西非工作。我的工作包括骑摩托车前往一些非常偏远的村庄。其中一个我偶尔会拜访的村庄是在一条 3 英里长的松软沙子路的尽头，村庄通往市场的路上满是约半米深的卡车车辙。要通过这条路只有一个方式，那就是全速行驶，在弯弯曲曲、布满深深车辙的道路的突出部分上骑行，穿过沙地，同时车辆保持高转速。只要我平稳地保持在道路中间行驶，一切都会很顺利；但只要稍微偏向一侧，我就可能陷入车辙里，要纠正这一点，我就可能会陷入另一道车辙里。一些微小的矫正举措会引发更大的矫正举措，最终前轮陷入沙土，摩托车失控，车头朝下埋在沙子里，要花一小时来摆脱困境。当地的驾驶员在驾驶过程中只会平稳地进行细微的调整，不会过度调整，也不会摔倒。

卡特彼勒：不只是清理尘灰

卡特彼勒是一家重型设备制造商，成立于 1925 年。这家企业生产各种各样的产品，包括业内最齐全的一系列建筑设备，如挖掘机、推土机和铲土机。它生产用于筑路工程的大型设备，以及用于园林绿化和住宅建设的小型机械。值得注意的是，卡特彼勒还拥有世界上最大的采矿设备部门，拥有庞大的机器。一辆卡特彼勒 797 型采矿卡车可以运输 400 吨泥土和矿石，其使用的 3 800 马力发动机可以照亮千余户人家。

除机器之外，卡特彼勒还提供发动机和涡轮机，装配在世界各地的重型机械上。其柴油和天然气发动机为各种船舶、钻机、压裂泵和机车提供动力。它压缩天然气以便通过管道进行输送。卡特彼勒的发动机通常是数据中心和办公楼发电机组的备用电源。然而，所有这些市场的需求都是周期性的。

20世纪80年代，这些市场的周期开始变糟。20世纪70年代大宗商品泡沫破裂后，经济出现了长期下滑，在可以预见的时期内看不出复苏的理由。卡特彼勒还经历了一段罢工的时期，对企业造成了破坏性的影响，罢工只会增加由需求疲软所带来的压力。从20世纪90年代开始，在面对这些挑战时，卡特彼勒在产能方面投入太少了。事实上，1993—2003年，每年的资本支出平均水平只与折旧率基本持平，这意味着投入在工厂和设备上的费用只有折旧费。

许多制造商得出经验，需求的上下波动很难预测，在周期性强的市场上尤为如此。在20世纪50年代，生产汽车需要做年度预测，估计需求的数量，然后设定产量以满足预期需求。这意味着不管怎样，这一天，这一个月，甚至可能这一季度或一年，工厂都将生产某个确定数目的汽车。工厂可以据此进行计划，让一切顺利进行，产量不会有不可预测的上下波动。乍一看这是有道理的。

问题是事情很少会按照计划进行。计划对汽车而言行不通，对于采矿卡车也行不通。当需求低于预期时，只是生产了太多汽车，而汽车却在某处成堆地停放着。最终，必须要削减产量，并且削减到比当前的需求水平还要低，以清除所有多余的未售出库存。在繁荣和萧条这两个不同的时期，工人们都感受到了混乱。首先要求加班加点地工作，接着削减工时或裁员，这会造成伤害。卡特彼勒的终端市场比汽车市场的波动范围更大，并且已经多次遇到这个问题。此外，从矿井中提取所需材料的设备，或为世界偏远地区的繁重工作提供动力所需的设备，其数量随着时间的推移可能会发生巨大的变化，这使得任何预测都变得更加复杂。

我们以卡特彼勒777采矿卡车为例。1990年，一辆装载100吨泥土和岩石的卡车其中可能混有大约20盎司（1盎司≈28.35克）的金矿石。到2015年，由于矿石品级较低，同样的装载量可能只有5盎司黄金。优质的矿井正在干涸，新的矿井资源质量较差。对卡特彼勒的客户来说，这意味着要获得相同的黄金产量，所要使用的卡车数量是原来的4倍。采铜也是如此。而油气开采的形势更为严峻。20世纪50年代到90年代，一台钻机可能使用500～1 000马力，而到现在却需要 5 000 马力，还需要 50 000 马力用于钻井。现在从地下取出一桶石油需要卡特彼勒提供的动力是原来的数百倍。这些因素造成的综合变化远比基于历史订购水平和机队更换情况的预测来得突然。

预测似乎是一门科学，但其实并非如此。公平地说，卡特彼勒并没有盲目地去猜测世界在任何时间点的样子。企业通常采用历史机队销售、替代需求估计和前瞻性客户需求形成的详细组合。作为分析师，我们做了同样的事情，这些年来我们犯下了和卡特彼勒一样的错误。有太多的变量和外部因素导致需求变动，而且往往导致需求走向极端。

另一个问题是，客户有时为了满足自己的需求而撒谎或捏造事实。在大宗商品市场向好期间，一位卡特彼勒的采矿业的客户不负责任地说，他可以买下几年内卡特彼勒生产的所有卡车。这位客户可能只占卡特彼勒业务的 10% ～ 20%。如果其他所有矿商都有同样的需求，产能就需要增加 4 倍。事实证明，这不是真的。客户可能是在因为前几年订购的卡车到货不够快而责怪卡特彼勒。

客户手中每天到底有多少辆采矿卡车在运行，诸如此类的问题也会产生类似的不实数据。2011 年，卡特彼勒采矿业的客户表示，他们的卡车全天候运行，运行时间接近每年 8 000 小时。而实际上，其中很多客户的卡车运行情况并非如此，卡车运行的很多时间也没有必要。卡车只是在空转，或是以某种低效状态运行。这些情况导致本就周期性变化的业务出现剧烈波动。

吉姆·欧文斯年代：以高昂的机会成本掩盖缺点

2004 年，吉姆·欧文斯（Jim Owens）接任卡特彼勒的首席执行官。欧文斯是位受过训练的经济学家，戴着眼镜，头发灰白。他在企业工作了几十年，推动了供应链的改进，接连经营更大的业务，最终担任首席财务官。这种成功的职业生涯在卡特彼勒很常见，但也可能成为问题。这家企业的文化特别褊狭，它当时本可以在生产体系上运用一些新鲜的想法。

欧文斯向投资者集中传达的信息是，无论下一轮周期性衰退何时到来，卡特彼勒都可以确保经受得住。这意味着，在困难时期，要赚钱而不是亏损，这一目标是从 20 世纪 80 年代的惨痛教训中得出的。在那 10 年里，经济衰退、经营不善、劳动力缺乏弹性导致世界上最大的机械公司——国际收割机公司破产了。20 世纪 80 年代，卡特彼勒连续两年每天亏损 100 万美元。

卡特彼勒的领导者几乎都在企业工作了二三十年，在那时仍然感受到了痛苦。欧文斯认为，股市仍然过于关注这一问题，他也认为卡特彼勒努力使其成本结构更加灵活，得到的赞誉太少了，因此随后的经济衰退造成的损失也较小。然而，提高灵活性并不完全是由于本书中所强调的系统性改进，而是因为投资水平较低，并且从工会处取得了来之不易的让步，工人不再罢工了。

到了 2004 年，过去 15 年间的投资不足削弱了企业的实力。与一些企业不同的是，卡特彼勒确实获得了足够的资金可以进行更多的投资，但最终流向工厂的资金不足以确保未来的发展。在当时，卡特彼勒本可能最终因在经济衰退中经营良好而获得一些赞誉，但领导团队采取了谨慎的措施，错过了卡特彼勒终端市场上的许多可乘之机。市场份额的流失在第一年影响了设备销售，然后在接下来的 15 年内又影响了配件和售后市场销售，而这本是卡特彼勒机器快速运行的时期。此外，卡特彼勒缺少一个强大的生产体系来进行约束，因此导致其产量较低。本应当场一劳永逸解决的质量问题没有得到解决，导致了交货延误。虽然欧文斯在工厂产能方面的投资超过了前几任领导者，但最终还是证明他对世界发展形势的反应过于保守了。

在当时，世界大宗商品和建筑市场正要繁荣发展起来。卡特彼勒擅长采矿和油气领域，供给大型、耐用的发动机来为这些工作提供动力。钻机一天的运行成本可能就要达到几万到几十万美元，而钻机的操作工想要结实可靠的设备。采矿业就像是自家的地盘，没人比卡特彼勒更懂如何让卡车持续运行。当采铜业务繁荣时，客户希望能修理他们的每一辆卡车，并购买更多的卡车，以从矿山中获取更多的资源。一辆载有 300 吨泥土和铜的矿车每小时运输价值 4 万美元的铜，一天或许能运送 100 万美元的铜。一辆价值 400 万美元的矿车在利润很高的时候看起来像是一笔小投资，但是在铜价低迷时，这就看起来像是高成本的累赘了。

20 年来持平的铜价创下新高，随后翻了一番，接着又上涨了 50%。黄金价格也达到了先前的高点。用来炼钢的冶金煤价格上涨了 5 倍多。这正是各种不可预测的复杂因素交织的结果，这些因素会使设备需求快速增长。

矿业需求激增的同时，不仅油价上涨，石油的开采方式也发生了结构性转变。油井的水力压裂技术比钻孔重要得多。人们压裂油井已经经历了几十年，有时用炸药，也曾有公司 1969 年在科罗拉多州的鲁利森使用过 4.3 万吨当量的核爆，但水平钻井和油井水力压裂作为主要开采技术，采用的时间并不久。水力压裂技术主要用在北美地区，但在过去 10 年里，世界上石油和天然气的大部分增量是它提供的，并且很快开始取代其他技术的投资。

水力压裂所需要的电力是巨大的。截至 2008 年，水力压裂的发动机数量大致相当于美国钻井平台所有发动机的总和。截至 2012 年，水力压裂发动机的马力超过了全球用于钻井平台、管道、天然气储存和加工（包括陆上和海上）的总功率。

沙特阿拉伯国家石油公司阿美石油公司（Aramco）的一位官员曾向我提到，如今在加瓦尔油田钻一口质量高的井每天可能生产 5 万桶石油，而一口质量差的井每天可能只生产 1 万桶石油。这些简单的垂直井需要一部 3 000 马力的钻机打洞，然后石油就冒出来了。而水力压裂现场用数十辆卡车运送水和沙子，用数十台加起来总功率为 5 万马力的大型柴油发动机将水和沙子注入井眼，让含有石油的岩石破裂。经过这些努力，通常一口油井可能会在其整个生命周期内流出 50 万桶或者 100 万桶石油，这与沙特阿拉伯一口质量高的油井在几周内可能开采出来的石油差不多。

虽然水力压裂需要很多的电力投入才能将一桶石油开采出来，但进行水力压裂会确保开采出石油，成本的一部分会被这种相对确定性所抵消。在成熟的水力压裂区，没有多少井眼是干枯的。如今，水力压裂仍是全球油气增长的主要来源。

21 世纪初，全球大宗商品市场开始繁荣，与此同时美国建筑业需求激增。2001 年经济衰退之后，美国以较低的利率刺激了建筑需求，催生了经济泡沫。最终泡沫破灭，促使经济陷入大衰退，但这发生在一段时期的显著增长之后。

最后，卡特彼勒根本没有投资产能来实现与其终端市场需求同步的增长。水力压裂领域的客户从康明斯公司（Cummins）购买了发动机。因此，卡特彼勒的产能不足导致竞争对手进入一直是其主要的、最值得信赖的供应商的业务。更重要的是，卡特彼勒没有获得对其权限范围内的业务的控制权，这让情况变得更加糟糕。除此之外，忠实的客户也转投别处，在水力压裂领域转投康明斯，发电机组业务转投康明斯，采矿业转投小松（Komatsu）。

失败始于工厂车间

多年来，我参观了五大洲无数的工厂，这是报道机械公司的一部分。通常我会和生产线的操作人员交谈，了解产品、生产计划和文化。在欧文斯时代，卡特彼勒工厂的乱状令我震惊。

员工敬业度是企业管理有方的关键指标。持续改进的本质是协作：工人发现需要解决的小问题；工程师就如何重新设计零件或流程提供咨询服务。在现代生产中，质量是至关重要的，需要发现问题，用大量的资源当场纠正，问题就不会再出现。这就是为什么在汽车工厂任何工人都可以叫停整个生产线，这在20世纪50年代是不可想象的，但在如今却是标准的行为。2006—2008年，卡特彼勒的问题之一就是许多质量问题没有当场解决。需求激增，产能不足以满足需求，企业不想放慢生产速度来解决问题。其中一些问题是供应链短缺，在等待液压软管到达的时候，暂停推土机生产线似乎毫无意义。无论是因为管理层和工人不和而阻碍了持续改进（20世纪90年代的激烈劳资纠纷以工会几乎一无所获而告终），还是因为卡特彼勒过于努力地将产品推向市场，质量控制都出现了问题。

2007年，我来到伊利诺伊州的皮奥里亚，参观了一家工厂。这家工厂向我展示了当需求急剧增长而体系运行不佳时，生产会变得多么混乱。我看到了拥挤、低效的空间，即使是在非专业人士眼中，都是有问题的。机器被拉下生产线放到一边，等待安装软管或补涂油漆。生产线上的工作站有成堆的额外存货。最让人印象深刻的是，有些箱子里装满了本该装在新制造的推土机和其他机器上的部件，上面还贴着"需要返工"的标签。这些箱子一度堆得高过头顶，遮住了急救站。在所有这些上面浪费的钱限制了可用于投资流程改进的资金。

"第一次通过的质量"是一个简单的指标，衡量一次生产的产品合格的百分比。大多数工厂这一百分比都在95%以上，98%～99%是常见的（铸造和锻造等苦工作通常得分更低）。而此次参观的工厂一次通过的数值不到 85%。卡特彼勒花了大量财力物力来修复本该第一次就做对的事。工厂或企业中任何非标准化流程的代价都是昂贵的，将一件事做两遍是非标准化的。这和可以看到的证据一样，都清楚地显示了生产流程出了问题。

建筑、油气、电力和采矿业同时迅猛发展，卡特彼勒本该赚大钱。然而，由于这些低效的因素，它真正满足的需求所产生的利润率很低。

制造业的一些成本是固定的，所以当销量上升时，利润率应该大幅增长。建筑业和采矿设备业务的典型特征是，"增量"利润率占到它们额外收入的20% ～ 35%。2004—2006 年，卡特彼勒的建筑和采矿设备销量增长了近 40%，但它销售设备的利润率只从 9% 增长到 12%，这意味着这些额外销量取得的增量利润率只有约 15%。卡特彼勒的员工过度精疲力竭，部门经理也在承受着生产越来越多产品、生产越来越快的巨大压力，加班加点突破极限。这种不平衡经常导致企业文化崩溃。它奖励忍耐糟糕流程完成工作的员工，而不是奖励着手解决问题的员工，后者是适当的精益生产管理所要求的。在几乎没有任何增量利润的体系中，卡特彼勒承受着所有新压力。卡特彼勒对此的回应是提高价格以获取一些额外的利润率，因为其生产体系运行不佳，它冒着失去长期竞争力和市场份额的风险。

到了 2007 年，美国住房泡沫破裂，但是卡特彼勒的机器销量还在增长，在2007 年和 2008 年都增长了 10%。然而，利润率实际上是下降了，2007 年利润率降至 10%。尽管定价又上涨了，2008 年的利润率降至更低，这一切都发生在2007 年第四季度，甚至在金融系统崩溃之前，结果不亚于一场灾难。

卡特彼勒对强劲的生产体系投资不足的结果之一就是需求激增，但没有获得利润。失去大量市场份额是另一个原因。在卡特彼勒为供货而挣扎时，其在建筑和采矿业主要的竞争对手小松公司的工厂稳定地快速生产出更多卡车。卡特彼勒的顾客面临着越来越久的交付延期，他们要获得设备的欲望非常强烈，连忠实的运营商也转而购买小松的设备。他们别无选择。

具有讽刺意味的是，小松在皮奥里亚生产采矿卡车，与卡特彼勒的全球总部只相隔一条街。2006 年，卡特彼勒是世界上最大的露天采矿设备制造商，其市场份额从来没有公开披露过，但在当时可能是小松的两倍。到了 2008 年，小松的采矿业务规模超过了卡特彼勒。

小松不仅仅靠对工厂进行大规模投资获取大量市场份额，至少最开始不是如此。在 2008 年前繁荣的年份里，我们参观了小松的工厂。那里的一位经理开玩笑说自己的外甥在几条街外的卡特彼勒从初级职位干起，外甥得到的提供给办公室的资金预算比经理自己必须拿来升级用于打败卡特彼勒的采矿卡车工厂的预算还要多。他以玩笑的口吻说出这些话，但事实和这差不多。小松只花了数千万美元在市场繁荣时期升级设备，而不是花费数亿或者数十亿美元。然而，小松采用了精益生产的基本原则，即进行持续改善，找到生产中放缓的部分进行修复。20 年前，来自日本的竞争对手凭借精益生产，在生产的质量和持续性上打败了美国的汽车制造商，并引起了恐慌，现在又产生了类似的恐慌。小松在 20 年后对卡特彼勒做了同样的事。

最终，利润率下降，市场份额减少，但这还不够，卡特彼勒保守的姿态已经融入战略层面。企业没有进行本可以有利于满足需求的补充收购。

话题回到 2007 年的皮奥里亚，我在给一群卡特彼勒的员工做报告，他们是当地摩根士丹利经济业务的客户。此时，卡特彼勒的首席财务官戴夫·布里特（Dave Burritt）走进会议室。我不知道他是否提前知道这项活动，想要听听我会对他的经理和员工说什么，或者他只是出于好奇。当时新闻谣传卡特彼勒会进行并购，通过收购可以填补潜在的战略漏洞，我们对此进行了简单的讨论。卡特彼勒的采矿业务产品广泛，但侧重采矿卡车和推土机。小松和其他采矿设备制造商有铲子和卡车，这两者能产生非常明显的协同作用。铲子铲起泥土，倒进卡车里。矿山通常位置偏远，所以如果你是当地规模最大的供应商，销售零件就有着天然的优势。设计能一起运用的产品也会产生收益。铲子从地里铲起矿石，铲子可以设计得与卡车更加匹配、效率更高。一辆卡车上装四个铲子是很不错的，但装四个半铲子就不怎么样。

卡特彼勒当时没有铲子产品，但它在当时本可以拥有的。企业内部曾开发过铲子产品，但在 21 世纪初，就在采矿业再次繁荣之前，它却放弃了这个计划。它认为在一个似乎永远不会复苏的采矿市场，投入这些成本是不值得的。另一家机械公司特雷克斯（Terex）的各种资产当时正在出售，其中就包括采矿用的铲子。这种战略上的匹配非常吸引人。然而，布里特对我报告的唯一评论是，这些资产并不便宜，卡特彼勒不想为此多花钱。2009 年，反倒是卡特彼勒的竞争对手比塞洛斯公司（Bucyrus）以 13 亿美元收购了特雷克斯的资产。

　　欧文斯时代的教训是，经济学家采用的方法失败了。预测供需水平不起作用。因为预测需求持续疲软，卡特彼勒失去了市场份额、利润率和战略地位。为了努力跟上需求，它的工厂负担过重，质量也因此受到影响。唯一的好处是，企业平稳度过了 2009 年的经济衰退。它放弃了周期带来的很多机遇，却因计划不当而保住了一线生机。一俟走出危机，年近 65 岁的欧文斯就把企业大权交给了下一任首席执行官，如图 7-1 所示。

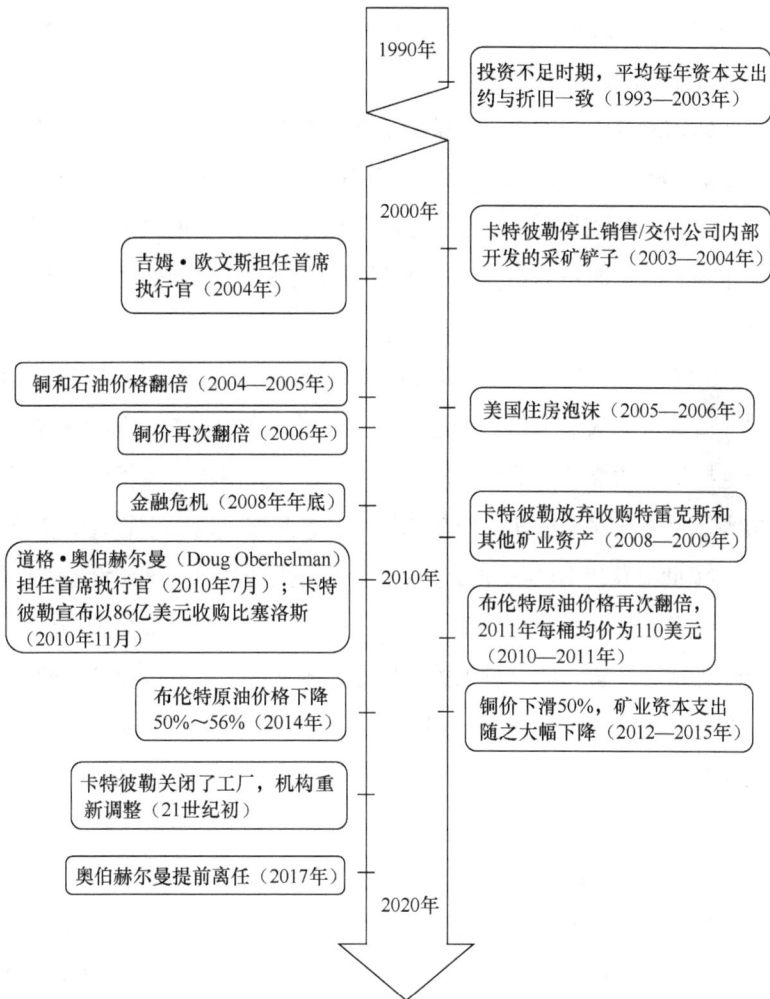

图 7-1　卡特彼勒动荡的历史

资料来源：卡特彼勒公司文件、彭博社、新闻报道

新的领导者矫枉过正

2010 年 7 月，道格·奥伯赫尔曼接管卡特彼勒。采矿业蓬勃发展。油价曾短暂大幅下跌，从每桶 140 美元的峰值跌至 40 美元，但 2010 年又回升至 100 美元以上。卡特彼勒的销售额再次上升，2010 年显著增长了 35%，2011 年又增长了 44%，达到历史最高水平，比 2008 年危机前的记录高出 20%。然而，卡特彼勒仍然没有时间对其工厂进行足够的投资，而且仍然没有建立一个生产体系，来让它在没有更多资金的情况下生产产品。

卡特彼勒还错过了中国建筑设备需求的显著增长。2005 年，中国购买了约 3 万台挖掘机，2006 年购买了 6 万多台，2010 年购买了 16 万多台。5 年时间里，中国从一个中等规模的市场发展到占世界销售额的一半，而卡特彼勒却不见踪影。2006 年，它拥有 8% 的市场份额，2010 年下降到 6%。卡特彼勒正在失去世界领先的地位。

21 世纪最初 10 年中期，卡特彼勒将市场份额拱手让给竞争对手，奥伯赫尔曼私下里一直为此恼火。卡特彼勒通过销售机器赚了不少钱，但在未来 15～20 年内销售这些机器的维修零部件更加有利可图。放弃市场份额不仅损害了长期利润，也损害了短期利润，这让奥伯赫尔曼暴怒。此前，他曾主管过卡特彼勒的发动机业务。21 世纪最初 10 年中期，卡特彼勒努力生产建筑和采矿设备，提升业绩，奥伯赫尔曼管理的发动机业务表现远远好于企业其他部门。部分发动机业务已经将方向转变为精益经营、倡导员工关系良好、鼓励员工敬业以及持续改进。奥伯赫尔曼有充分的理由认为整个企业可以在更高的水平上运行。

奥伯赫尔曼从一开始就为企业的发展投资。如果卡特彼勒在 21 世纪最初 10 年的繁荣中抓住更多机会，以及其生产系统得到更完善的发展，或许他就不需要努力地增加产能了。事后看来，这似乎是对过去错误的过度矫正。

我与奥伯赫尔曼的第一次会面和与其他卡特彼勒管理者的会面截然不同。他持有很坚定的观点，并且有说服力地分享他的观点，他做任何事都不会半途而废。那天早上我提前很久就到了（皮奥里亚市中心的交通很少有堵车的风险），但会面推迟了。前一天晚上当地下了暴风雨，镇上大部分地区停电了。在会议室等待的时候，我大声说出，奥伯赫尔曼是不是也停电了，所以迟到了。会议桌上的卡特彼勒员工们偷偷地笑我的这一想法。奥伯赫尔曼精神抖擞地进来，他说他的备用电源正常运行。他迟到是因为在来的路上停下来帮邻居处理一些暴风雨造成的问题。卡特彼勒生产柴油发动机作为备用电源，一般比家用的要大得多。奥伯赫尔曼家的备用电源质量很好，可以照亮半个街区。或许他也正是这么做的。奥伯赫尔曼准备得很充足，他喜欢卡特彼勒的发动机，尽管当他提到自己的柴油机有多大时，确实显得有些害羞。

奥伯赫尔曼回答问题清晰而热情，强于推理，方向明确。他是一位大胆果断的领导者，自信而鼓舞人心。在接任首席执行官后，他立马试图一下子解决很多问题，他称之为"连轴干、抢时间"。他立刻对企业的管理方式进行了一些重要且持久的改进。卡特彼勒长期以来一直采用集体总裁的组织结构。当我们刚开始追踪这家企业时，我们不知道是谁在负责什么。例如，卡特彼勒的集团总裁可能负责监管推土机的全球生产，但也负责在亚洲销售所有设备。企业的组织结构图纵横交错。

奥伯赫尔曼重组了汇报渠道，首次赋予集团总裁明确的职责。这些职位的负责人每年的薪酬超过 500 万美元，这是为了促进其业绩，其他企业的许多工业部门负责人的薪酬只有其一半。奥伯赫尔曼认为，之前由委员会管理公司的做法是对人才的极端浪费。他实行了一种在以前的文化中几乎没有的责任追究机制，在以前的文化中许多责任是重叠的，因此很难找到该为此负责的人。2011 年，一位总裁告诉我，在卡特彼勒的 30 年里，他从未见过任何一位副总裁离职。在奥伯赫尔曼接管企业的最初几年里，25 位副总裁里有 6 人离开了。由于集团总裁首次拥有"真正的工作"，即明确的损益责任，薪酬现在可以与业绩挂钩了。职责涉及利润和用于产生利润的资产的成本。

不幸的是，即使有了如此强大的推动力，卡特彼勒的文化也很难充分更新其生产体系。其他行业有很多精益生产和供应链方面的专家，但卡特彼勒倾向于从企业内部提拔人才。在奥伯赫尔曼的领导下，企业从外部引进了大量人才。这是很小的变化，但对于卡特彼勒来说是前所未有的。

在那些善意的人努力产生动力的同时，很明显奥伯赫尔曼不想错过另一个繁荣时期，不想进一步失去市场份额。企业需要找到一种方法，在等待系统改进的同时，进入上升周期。卡特彼勒和其他重型设备制造商正常的资本预算更多是以两年为期而不是两个月，但奥伯赫尔曼缩短了这一周期。2011 年，就在他上任的几个月后，卡特彼勒的资本支出增加了 10 亿美元（比前一年增长 60%，约为之前 10 年平均水平的两倍），2012 年又增加了 10 亿美元。他大幅提高了在亚洲地区的产能。这些资本支出部分得到了回报：卡特彼勒在中国这一繁荣的市场中的市场份额过去稳步下降，而现在有所提高。到 2018 年，它在中国的挖掘机市场份额翻了一番。

除了对产能进行组织内部投资外，奥伯赫尔曼在收购上也采取了积极进取的态度。他认为，卡特彼勒搁置收购特雷克斯的采矿卡车和铲子业务是一个错误。卡特彼勒的经销商们强烈要求拓宽采矿产品线，因此在接管公司的 4 个月内，奥伯赫尔曼批准了近 90 亿美元的比塞洛斯收购案。这比比塞洛斯一年前收购特雷克斯卡车和铲子业务的价格高出 6 倍多。诚然，比塞洛斯还拥有其他产品，但这些产品的战略吸引力较低，而且更多是面向煤炭领域，在一些情况下，其市场和产品类型都在收缩。

一年后，卡特彼勒以约 7 亿美元收购了一家煤矿机械供应商。收购这样一家生产低价值产品的企业，是进军煤矿市场的一次雄心勃勃的尝试。事实证明，这是一场巨大的失败，是由追求速度而不是谨慎和认真努力造成的。浪费几亿美元对于一家卡特彼勒这样规模的企业来说并不是世界末日，但是如果领导者犯了一系列错误，员工和股东就会失去信心。

即使卡特彼勒做了更好的尽职调查，但它仍然专注于对需求的预测，而不是专注于提高其内部改善的能力。理想的收购流程从广泛关注众多的企业开始，逐步缩小范围，但是投资的紧迫性并不局限于其中之一。伟大的企业可以看出哪些收购最适合他们，并通过其独特的运营进行增值。对于卡特彼勒来说，现实情况并没有太大不同，尽管机会组合不那么多样化。

管理收购决策和管理工厂车间一样，是系统化的流程，而卡特彼勒由于之前的失败发生了扭曲。上一个采矿业周期表现不佳，带来了很大的压力。卡特彼勒的独立经销商如果在前几年获得更多的胜利，可能就不会如此强烈地要求更多的产品了。但如今他们在要求更多的产品，与从前小心谨慎的时代形成鲜明反差的是，奥伯赫尔曼做出了回应，绕过了常规环节。

如果收购策略执行不力还不是最糟糕的错误的话，那么奥伯赫尔曼做出的最糟糕的决定可能就是存货了。他一心想让卡特彼勒重新获得市场份额，而不是失去市场份额。产能不足造成销售损失是痛苦的、代价高昂的，大幅增加资本支出和正在进行的生产改进都不是立竿见影的。卡特彼勒的做法与现代制造业得出的每条经验都截然相反，它决定增加库存，而不是减少库存。卡特彼勒创建了区域性的"产品配送中心"，这基本上是存放额外存货的仓库，随时准备将产品快速运到经销商和客户手中。公平地说，增加存货并不是事先设定的目标，但却成了事实。

2005—2008 年，由于无法完成订单，经销商对卡特彼勒及其生产承诺产生了不信任。其结果很糟糕，导致了重复下单。经销商可能想要向客户销售两台机器，但过去只有一台能及时到货。因此，现在经销商订购 4 台机器，认为这样就会得到两台机器，如果其余设备没有发货，他们就会取消订单。

在过去的几十年里，卡特彼勒已经大大地拓宽了其建筑产品线，增加了新的机器和不同型号产品，巩固了企业作为最大、种类最齐全的制造商的地位。然而，卡特彼勒没有一个真正的精益生产体系，因此更广的生产线一定会产生额外的库存，或者订购机器需要更长的等待时间。所以，卡特彼勒努力精简产品线，优先考虑那些快速发货的标准化产品，这些通常是从新建立的仓库发货的。

卡特彼勒的仓库是一个修复的补丁，试图一次解决所有问题。经销商可以查看区域配送中心的库存，他们可以知道如果自己需要一台机器，就可以得到一台机器。理论上，他们不仅会停止重复下单，还会减少自己的库存，依靠配送中心快速发货。标准模型会降低产品的复杂性，在规划客户订单时可以更慢、更慎重。

要修复生产需要花费几年（至少 5 年，也许更多年）时间，但奥伯赫尔曼不想等待。持续改进生产和提高员工敬业度恰恰意味着需要发现一些小想法，并按此实施、改进和再度改进。这种改进把其他可以优化的环节也暴露了出来。这个过程没有捷径。

奥伯赫尔曼下了一个赌注，他赌随着产能、收购和库存的增加，需求将会变得强劲。结果，他遭遇了卡特彼勒有史以来（包括大萧条时期在内）历时最久的一段萧条期。卡特彼勒产能和库存太多，泡沫破裂了。

2008—2012 年，采矿设备的销售额以惊人的速度增长，但增长突然停止，随后与大宗商品一起暴跌。2012—2015 年，市场下跌了 80%。卡特彼勒及其经销商的库存太多了。在铜、黄金和煤炭价格高居不下的时候，矿场主一直在大胆消费，但突然间发现自己没有谨慎地使用设备。他们的现金流较少，不再购买更多设备或更换旧设备，而是开始更有效地使用现有的卡车。水力压裂技术曾在短短的 5 年时间里让全球油气的全部发动机功率翻了一番，但如今也崩溃了。油价下跌，水力压裂工人们想办法只使用 1/4 的设备，从同一个钻井平台上钻多口油气井。

最重要的是，在 2008—2009 年经济崩溃后，美国经济复苏依然疲弱，建筑设备销售停滞。卡特彼勒发现自己工厂太多、库存过剩、收购案失利，进行所有这些行动都是为了追逐增长，而增长不复存在了。在奥伯赫尔曼领导下的企业对这些发展反应有点晚了，但很激进地关闭了工厂，巩固了生产。

卡特彼勒的最后一个泡沫是 2014—2016 年的油气泡沫，在泡沫全部破裂之后，奥伯赫尔曼被迫提前离职。他进行了许多积极的改革，其中的一些改革将使卡特彼勒受益数十年，包括扩大问责制、从外部引入专家、增加新的产能、抛弃旧产能、改革薪酬制度。一位董事会成员在被问到对这位前首席执行官的任期的反思时说，奥伯赫尔曼一点也不了解精益生产。他说这话时语气有些强硬和苦涩，也许这个说法有点不公平。奥伯赫尔曼确实了解精益生产，在进行其他积极的结构变革的同时，将其作为生产体系的一部分。不过，他知道要获得动力需要时间，因此他决定在此期间对增长进行一些豪赌。长期以来，卡特彼勒的文化奖励英雄般的领导者，而不是对流程进行约束管理的领导者，这是两种截然不同的品质。奥伯赫尔曼的豪赌失败了，因而结束了职业生涯。

反思

如今卡特彼勒繁荣发展。其首席执行官和高级领导者致力于数据驱动、激励适当的精益运营。2017—2019 年，其业绩温和回升，在同行中名列前茅。在过去的 10 年里，安全性大大提高了；在奥伯赫尔曼时代，工伤率下降了 75%，现在又下降了 50%，换言之，比欧文斯时代整整好了 90%，当时我曾亲眼看见了工厂的混乱。这需要时间，但经过多年的努力，操作系统最终运行良好，部分原因是欧文斯时代的一些进步，但更多是因为奥伯赫尔曼领导下的更多进步。我们希望，在未来改善经营可以成功抑制波动。

对卡特彼勒来说，没有简单的方法可以避免所有这些痛苦，但这并不是本章的重点。毕竟，该公司在一个周期性行业内。接着，2009 年的经济崩溃几乎与大萧条时期一样严重。采矿业和石油天然气迅猛增长，然后这两个泡沫也破裂了。这一切都发生在 15 年内。这是一段疯狂的过程。作为分析师，我们的工作是预测终端市场和收益，而我们只预测对了这 3 个重大事件的其中之一（2008 年的经济衰退），还完全预测错了其中之一，因为我们不知道 2012—2013 年采矿业和油气行业的巅峰实际上只是一个泡沫，尽管这才是重点。预测必然会出错，我们应该尽量少做预测。更好的方式是保持灵活、快速反应、精益运营。

问题是，很多企业太想走捷径了。商业体系的困难之处不在于着手开始，也不在于持续改善或谈论精益生产，其困难之处在于坚定不移。对于一个管理团队来说，最初排满了计划、预测和预算，然后在有机会的情况下，将体系搁置去追逐增长，这一切都太容易发生了。

经营卓越需要极大的纪律和耐心。无论是没有达成销售额，还是过度生产或生产不足都是不可避免的。要让改进过程发挥作用，知道放弃了什么，需要进行很多约束。我们看到大多数新上任的首席执行官，特别是那些陷入困境的企业的首席执行官，都为要做出迅速、大胆、有影响力的变革而倍感压力。他们的变革可能会起作用，但也可能会变得糟糕。

就像我在西非时没能学会如何在那条沙路上行驶一样，需要花费很长的时间、获取大量经验、形成体系，才能学会不过度反应。然而，这是唯一一种在周期性市场固有的繁荣和萧条时期都能够熟练并始终如一地处理事情的方法。

从卡特彼勒公司身上得到的经验和教训

- 波动是所有市场固有的，它很难预测。随着时间的推移，精确的预测几乎是不可能实现的。

- 新任领导者背负着要迅速解决困局的压力，但很少能一次性解决所有问题。

- 持续改进文化没有捷径。从长远来看，"补丁"式修复措施当然是不够的。

- 在褊狭的组织中很难实现文化变革。以外部视角看待事情通常是应对新挑战所必需的。

- 员工关系很重要。在企业组织的各个层面获得认同对成功至关重要。

- 问责制和薪酬制度至关重要。纠正坏习惯可能需要几年的时间。

CHAPTER
8
第8章

儒博工业有限公司

布莱恩·杰利森鲜为人知的故事及其
一以贯之的并购经验

作者：斯科特·戴维斯

儒博的成功来自于企业并购，一直不断投资于回报率高的资产。儒博长期以来创造的所有价值都源自于一个简单的收购模式、一种独特的管理理念和一套单一变量的薪酬方案。我们可能没有在本书中充分强调这些。在聪明人让业务复杂化的各种方式中，最好的方式似乎只专注于价值的几个基本驱动因素。儒博也许就是使用这种方式的最好例证。

儒博的首席执行官布莱恩·杰利森是一个打破常规的人，他认为并购市场陷入一种老套的模式，这种模式低估了真实现金流，错误估计了资产密集型企业未来的资本需求，忽视了医疗、环境和养老金成本等潜在责任。杰利森的愿景本身是非常基本的——专注于产生现金流，对现金流进行投机，并聘请有能力的领导者管理新收购的资产。他明确提出了一个成功的框架，然后企业上下不遗余力地贯彻执行。听起来熟悉吗？或许这与沃伦·巴菲特所采用的策略最为接近。杰利森的模式并不新，但这种模式还远没有用到极致。

在 2001—2018 年杰利森领导的这 17 年间，股东收益都非常丰厚，即使是伯克希尔哈撒韦（Berkshire Hathaway）这样令人惊叹的企业的平均回报与之相比也显得黯然失色。在杰利森的任期内，股票回报率为 1 300%，股价从 20 美元上涨到 300 美元。伯克希尔的回报率是 330%，而儒博 1 300% 的回报率是其 4 倍。标准普尔指数在过去的 20 年里总体表现出色，在此期间上涨了 160%，但回报率仅为儒博的 1/10，如图 8-1 所示。众多的利益相关者也从中获利：债务持有人获得了高且稳定的现金流回报，员工在企业取得成功的同时获得了职业生涯的机遇和财富，而客户因为儒博投资增值产品而获益。

在美国历史上，很少有企业如此善待利益相关者，且鲜有波折，不像我们在其他企业中看到的那样，濒临破产或经历巨大的市场波动。我们从未接到过媒体电话询问儒博，即便是在其有远见的领导者杰利森去世之后也是如此。儒博一贯低调行事，专心提高并购的日常业绩，让结果来说话，儒博做这一切都是得心应手。它没有进行广告宣传或公关活动，只是安静而稳定地关注将现金流投资于高回报资产所产生的力量，并利用这些现金流重新投资自己的投资组合。这些投资组合的基础是周期性的工业产品，儒博将其重新改造为回报率更高、更容易进行预测的未来软件。到了 2001 年，美国企业已经不再关注现金流，而当时现金却是如此宝贵。在长达 17 年的时间里，杰利森一次又一次地利用了市场的低效，取得成功。

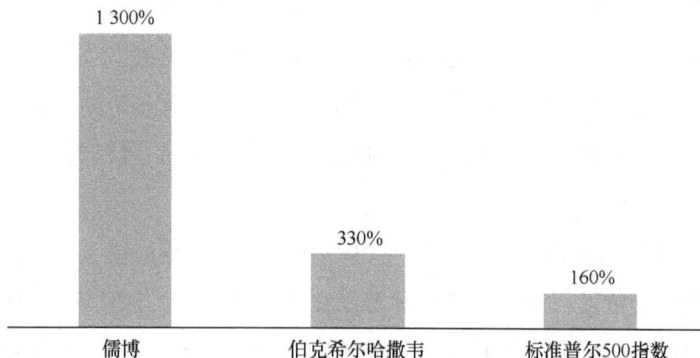

图 8-1　在布莱恩·杰利森任职的 17 年里，儒博的股票表现大幅超过其他企业
资料来源：彭博社

　　不幸的是，杰利森已经离世，无法讲述自己的故事。2018 年秋天，他刚从首席执行官的职位上卸任不久就去世了。他成功的细节可能永远不为人所知，我们只能通过与他打交道以及与他共事的人交流来拼凑出这些细节。他有时脾气暴躁，对华尔街不屑一顾。有一次，他在十几位与我关系很好的客户面前斥责我问了一个他认为愚蠢的问题。他对批评家不屑一顾。他让员工努力工作，但他自己会更加努力。他有时是一个强硬的、看似不容易接近的人。所有聪明的人都不安分，有明显的缺点。在内心深处，他是一个好人，忠于家人和朋友，关心企业和员工。我们为这个项目采访了儒博的许多现任和前任员工，他们都表达了相同的观点：他们认为与杰利森共事很有价值，甚至改变了自己的生活。就我个人而言，我很想念他，很荣幸能和大家分享他的故事。

杰利森年代的早期

　　布莱恩·杰利森在印第安纳州波特兰的一个小镇长大。他的父亲是当地五金店的老板，教给了儿子中西部地区传统的价值观和教育的重要性。在年轻的时候，杰利森每周为他父亲工作6天，父亲希望他在每天放学后能干满全班的活儿。到18岁时，杰利森的父母都已过世了，他不得不早早学会如何独立。他在印第安纳大学取得了经济学学位，在哥伦比亚大学取得了硕士学位。

杰利森从哥伦比亚大学毕业后，参加了通用电气的管理培训项目，但其职业生涯早期至中期的大部分时间是在英格索兰度过的。在英格索兰，他被认为是一位聪明的、非常能干的领导者。虽然外界认为他对下属有点苛刻，但他的财商却引起了高层领导的注意。在2001年杰利森离开英格索兰时，他已升任执行副总裁，并成为首席执行官候选人。

尽管杰利森已经是一位高管了，但他对英格索兰感到失望。当时，这家企业的官僚主义色彩浓厚。他的日子充斥着没完没了的会议、预算规划和商业评论，周围的领导似乎总是满足于平庸。企业的举措随风而变，基本上没有效果。时间和价值付诸流水，内部问题堆积如山。杰利森鄙视这些在工业界常见的组织架构。即使在他最后的日子里，杰利森也批评了通用电气和3M等企业的官僚作风和过于集权的商业模式。此外，英格索兰开始将投资组合转向资产更加密集的业务，而杰利森坚信这是错误的。

当时，大型资本设备在工业界风靡。大多数企业都试图以通用电气为榜样，推出压缩机、涡轮机和发动机等高价产品。他们相信，这些零部件和服务可以弥补利润率较低的安装价格和高昂的资本成本。商学院和管理课程的重点是"波特五力模型"分析等概念。大型资本设备似乎带来了惊人的进入壁垒和跟供应商议价的权力，每次安装后销售渠道的权力都会增长，即使这意味着为了完成订单而无法立刻得到现金。在英格索兰，杰利森亲眼看到了领导者们对这种商业模式的痴迷。通用电气在这一点上取得了巨大的成功，因此几乎没有人质疑关于此的任何基本假设。"路径依赖"模式是每个人都想复制的商业模式，无论要付出什么代价。

相比之下，杰利森在基础业务中看到了更高的利润率以及它所具备的现金流特征，尤其是这些资本设备上必备的仪器和控制装置。这些业务不受关注，但利润率往往是主要供应商的两倍，同时总体投资需求有限，在经济衰退时期更容易进行削减。工厂规模较小，总体上更接近客户，并且专注于最终组装。杰利森还看到，大型企业对规模更大、引人注目的并购交易越来越感兴趣。而规模较小的利基资产（低于 5 亿美元，甚至低于 1 亿美元）具备更有吸引力的价格。此外，他还看到，企业规模较小，经理通常与其业务的联系就更为密切，在组织内部更受到尊重，但没有得到适当的激励。

杰利森逆向思维的关键在于一个数学现实，即一家实体企业其股票市场的市盈率与其标的资产的回报率直接相关，这意味着市盈率通常随着标的资产的收益增长而上升。市盈率最高的企业，其商业模式中几乎没有需要维持的实物资产，而在低资产基础上又有高利润率。资产密集度低、利润率高的企业通常会产生大量现金。企业在具备这些特征的同时，还在不断成长，就格外有吸引力，因为在增长中每增加 1 美元就会带来更高的收益。杰利森称之为现金投资回报率（CRI）。他设想的核心是现金投资回报率与估值的相关性。典型的高现金投资回报率行业是软件行业，而典型的低现金投资回报率行业是汽车行业，如图 8-2 所示。

$$\frac{\text{现金收益}}{\text{总投资}} = \frac{\text{净收入}+\text{折旧与摊销}-\text{维护性资本支出}}{\text{净营运资金}+\text{净地产、厂房及设备}+\text{累计折旧}} = \text{现金投资回报率}$$

图 8-2　儒博的现金投资回报率指标

资料来源：儒博

杰利森发誓，如果他有机会成为一名首席执行官，他会改变这一切。他将打击官僚主义，简化商业模式，致力于增加企业的现金流。但在杰利森 55 岁时，英格索兰已经变得令他无法忍受了，他的职业生涯总体上面临着终结的危险。此时，他接到了一家企业的电话，求贤若渴，但是这个职位并无多少吸引力。这家企业就是儒博实业，一家规模小、总体上无关紧要、业绩不佳的制造商。

杰利森的剧本

2001 年，全世界关注的焦点是互联网、消费技术的崛起以及硅谷富有远见卓识的领导者。而儒博与这些焦点相距甚远。它主要是一家小众的油气供应商，产品线包括泵和测试、测量设备。它的业务具有很强的周期性，每次油价进入下跌周期时都濒临破产。杰利森在英格索兰时经营水泵业务，因此他非常适合这份工作。然而，儒博是一家小企业，收入不到 6 亿美元，对于一位拥有通用电气和英格索兰经历的高管来说，这是一个很大的倒退。杰利森几乎别无选择，他认为儒博最适合用来建设成为他一直以来想要的那种企业，这家企业事实上与他之前的整个职业生涯中所处的两家企业截然相反。

儒博规模较小，但其利基产品的整体利润率较高。杰利森从企业的高现金流特征和要求不算苛刻的再投资水平中看到了希望，但周期性是一个问题。杰利森担心周期性会日益加剧，他知道，一家拥有高度周期性资产的小企业将难以在其中生存下来（2008—2009 年金融危机来袭时，他的担忧变成了现实）。2001—2002 年经济衰退规模较小但仍然带来痛苦，他当时已经看到了风险正在实时上演。他需要为儒博建立一个更坚实的基础。儒博还需要快速增长，需要比他接手企业投资组合时增长更快。儒博的投资组合需要一次彻底改造，而实现这一目标的唯一途径就是进行与其核心业务截然不同的并购。杰利森希望将重点明确放在利润高、产生现金流多的资产上，并且要尽可能远离石油和天然气行业。他想要的是现金流随着时间的推移而增加的轻资产业务。此类并购需要使用颇高的债务杠杆，所有这些行动都需要获得儒博董事会批准，而董事会不喜欢风险。

要想说服董事会积极进取并非易事。儒博的董事会是保守的，当时杰利森还没有被任命为董事会主席。他的计划很有说服力，也很简单，但需要董事会艰难地进行一定程度的改革。许多董事会成员断然拒绝儒博在进行规模较小的补强收购之外，还要做其他事情。其他几名董事会成员希望儒博坚持核心业务，整合收购其他的泵企业。杰利森除了倡导非传统并购战略之外，还希望推动企业内部变革。他希望能更广泛地提升管理层，将权力下放，并改革薪酬方案，所有这些都让保守的董事会感到不安。

由于潜在的并购目标在 1 ～ 5 亿美元，选择有很多，杰利森可以精心挑选。他有 3 个要求：（1）资产密度低于儒博现有的系列产品；（2）企业具有有利可图的小众行业内的良好业务；（3）企业具备优秀的管理表现。任何不满足这 3 个要求之一的企业，他都不会考虑。

第一个通过这种独特筛选的资产是海王星公司（Neptune），这是一家著名的水表公司。当时是 2003 年，进行交易的时机非常完美。走出深度的经济衰退后，其他潜在买家受到高债务水平的影响，仍在舔舐由科技泡沫危机造成的伤口。杰利森很喜欢这项资产，并认为它可以立刻升级儒博遗留下来的核心业务。海王星公司拥有相对非周期性的自来水用户，并采用自动抄表技术实现了长期增长。海王星公司的利润率很高，客户要么提早付款，要么按时付款。尽管仍需要工厂，但它主要是一家装配型企业，不需要多少重型设备或装备。

海王星公司的增长已经停滞了，这是当时儒博所面临的主要风险。儒博是买了废品，还是经济衰退过后公用事业公司又会开始投资？答案很快就出现了。海王星确实实现了增长。直到今日，自来水厂仍在不断地更换需要人工读数的老式水表，使用射频识别（RFID）的无线水表。海王星公司的现金流规模是儒博产生的现金流的 3 倍，远远超过大多数董事会成员所能接受的规模。如果从第一起收购就没有取得成功，那么就不太可能进行第二起收购了。对杰利森来说，收购海王星公司是他职业生涯中进行的最大赌注。尽管他对数学计算总是很在行，但结果比任何人预想得都要好。

就在一年后的 2004 年，在成功收购海王星的鼓舞下，杰利森完成了另一项改变规则的收购案，收购了交通核心公司（TransCore）。它以在背后支持美国大部分高速公路的电子收费系统而闻名，使用射频识别读取车辆标签并据此收取通行费。这是另一项高利润、非周期、高现金产出的资产。当时，收通行费是一个增长有限的行业，因为过去美国联邦政府和州政府的燃油税在支付道路维护费用之外还绰绰有余。然而，这些资金现在已经开始短缺，推动了通行收费行业大部分的增长。这次收购案又取得了惊人的成功。

到 2004 年年底，在担任首席执行官不到两年半的时间里，杰利森已经完成了 15 亿美元的交易，把在 2001 年接管的收入低于 6 亿美元的企业，变成了 2005 年收入 15 亿美元的企业。同时，保持了最低 50% 的毛利率门槛，营业利润率为 17%～19%，现金流从 1 亿美元增加到 2.5 亿美元，几乎翻了两倍，同时降低了企业整体的资产密度和波动性，如图 8-3 所示。

资产	收购年份	描述	交易价格（百万美元）
海王星	2003年	水表技术	475
交通核心	2004年	电子收费设备和软件	600
CBORD	2008年	射频卡和安全解决方案	367
Verathon	2009年	膀胱容积测量，插管成像	356
ITrade Networks	2010年	食品行业交易网络软件	525
Sunquest	2012年	医院实验室自动化软件	1 415
Managed Health Care Associates	2013年	长期护理药房团购组织	1 000
Aderant	2015年	法律行业 ERP 软件	675
ConstructConnect	2016年	商业建筑数据/协作软件	632
Deltek	2016年	项目型企业 ERP 软件	2 800
PowerPlan	2018年	资产型行业数据管理软件	1 100
Foundry	2019年	视觉效果/3D软件	544
iPipeline	2019年	寿险业工作流程软件	1 625

图 8-3 儒博进行主要收购的历史

资料来源：儒博公司文件、新闻报道

2004 年，收购交通核心公司是杰利森进军软件领域的第一次重大尝试，这桩收购的成功给此后并购的优先选项带来影响。在英格索兰，他经营的业务需要营运资本占销售额高达 20%。这些工业资产需要在日常资金需求的基础上进行资本投资，如新建工厂、更换旧设备等，这通常还会增加 2%～4% 的销售额，但不包括为保持产品周期运转而需要花费在研发上的资金（占销售额的 3% 或更多）。这甚至没有考虑到传统制造商经常承受的隐性开支，包括遗留的环境和养老金责任。令杰利森感到震惊的是，大多数企业在收购资产时甚至从未考虑过这些风险。并购交易的估值基本相同。一家可能存在尾部负债的重资产企业的估值与一家软件企业的估值相差不多。事实上，如果这家重资产企业具备"路径依赖"的特点，其估值往往更高。

杰利森看到了并购市场参与者普遍缺乏眼光。投资银行家们把重点放在整合终端市场和达成易于完成的交易上，这些交易的价值在于协同效应，如关闭工厂和企业总部。董事会想要的是易于解释的投资组合,而不管意向公司的业务是好是坏。

他认为,像通用这样的企业以 10 倍 EBITDA 的价格出售 NBC 环球这样的高利润、高现金资产,却以超过 12 倍 EBITDA 的价格转而收购资本密集、具有周期性的油气资产,是非常荒唐的。以相同的估价收购资本密集型的半导体公司和资本密集低的软件资产,医疗设备的估值与医疗 IT 软件一样高,这在杰利森看来都不合理。

儒博有能力利用所有这些低效现象。按其典型的交易模式,杰利森可以在交易开始短短 3 年内付清几乎所有的债务。所有的资金都可以用来偿还债务,而不是建造新工厂、偿还环境责任或为客户融资。这种快速偿还债务的方式使交易得以加速。由于他的资产组合的毛利率很高,因此每一个增量单位的增长都会产生巨大的利润和资金,但他却不需要高速增长来让收购奏效。杰利森愿意购买中速增长的资产。

传统的软件公司,如甲骨文(Oracle)或微软,通常偏好在企业内部对新产品进行投资。进行收购时,它们希望获得高增长率,当然要在 10% 以上,而儒博非常乐意接受近 5% 的增长率,这是传统的软件公司几乎不会接受的。杰利森发现交易价格最容易低估的企业是那些不那么吸引人、增速较慢,但仍然稳步增长的企业。这些企业通常是处于高度利基市场的软件公司。

软件行业与儒博的传统业务截然不同,批评者认为这家企业不理解自己正在前进的道路。然而,杰利森把这看得更为简单,从软件销售周期的基本原理开始入手。合同通常是提前用现金支付的,资金往往在账目登记之前就收到了,比如在订购模式中就是如此。预收意味着杰利森可以用零营运资本或负营运资本运营公司。这整个概念几乎让他异常兴奋。没有需要进行投资的工厂,要担心的周期性也非常有限,现有的市场已经庞大了,至少不会很快出现下滑。而且大多数这些企业的经营状况都不是很好,意味着儒博可以帮助它们改善经营,比如在销售和市场营销组织方面。

杰利森可以得到 5% 的单位增长率,并通过改善经营转化为近 10% 的利润增长率。然后,他就可以利用资金购买类似的资产,收入再增加 5%~10%,逐渐转化为 15%~20% 的年化利润增长率。这样做他没有使用股权,也没有维持投资级债务。很少有企业能长期保持 17% ～ 19% 的利润增长，但在杰利森担任首席执行官 17 年的大部分时间里却都是如此。

交通核心公司收购案是对儒博独特的并购和治理模式进行的完美的 β 测试（外部对新产品的测试），开启了儒博在现代的篇章。2004 年之后，大部分交易集中在现金投资回报率较高的医疗保健和软件资产上。这些资产与传统工业企业之间的估值差额微乎其微。如果我们从杰利森的经验中只能学到一件事，那就是错误的估值可能会持续很长一段时间。即使是在杰利森职业生涯后期，他也发现定价合理的软件资产并不比那些资产更加密集的企业估值高多少。在过去几年中，我们看到这种差额扩大，而且在某些情况下飞速扩大。但在大约 15 年里，杰利森能够利用市场上的机会投资于很少有人会考虑的小众企业。

华尔街进入杰利森的视野

杰利森在儒博任职早期，恰好是在我担任工业分析师不久的时候，我必须承认，我很难完全理解他的愿景。他善于描述自己资产的高利润、高现金特征，但未能向投资者讲述任何实际的或反复盈利的增长法则。他解释了现金投资回报率的概念和自己的观点，即随着儒博的回报上升，其市盈率也会上升。但问题是，由于每一笔收购几乎都是在低资产基础上进行的，按理说几乎每笔交易都会产生很高的商誉。因此，在更传统的会计架构（如资本回报率）上的回报率实际上在每次达成交易时下降了。接着，回报率又在交易完成后开始上升，最后又被另一笔交易所抑制。对于传统投资者来说，这很难理解。

为了理解杰利森的观点，必须把传统的会计框架颠倒过来，在交易达成后把重点放在交易的回报上，因为每增加 1 美元的投资就能获得回报。你需要采用长期视角，因为在短期内，这笔交易看起来并没有多少吸引力。这正是最初定价失误的原因：无论是对并购银行家还是对听取他们建议的首席执行官和董事会来说，收购都显得成本高昂。

杰利森的成功常常被评论家解释为是运气和单纯使用金融工程的结果。事后看来，儒博多年来成功接连不断，这完全不是偶然的。他收购了优质资产，好好经营，似乎比以往都经营得更好，并形成了一种持续的增长模式。这种增长模式不仅受到并购和研发投资的推动，而且还受到资产本身的高经营杠杆的推动。

到 2004 年年中，我确信儒博正在做一些非同寻常的事情，值得更多的关注。所以我请求杰利森给我一个下午的时间，然后坐上飞机去见他。我发现了一个不同的杰利森，与传闻中的他大相径庭。他想进行教导，进行指导。他热爱这份工作，也热爱整个游戏，他认为这是一场竞争。他想打败世界上的大企业，如通用电气、3M 和艾默生这样的企业。作为那个世界的弃儿，他被认为不够光鲜，意见过于强烈。他愤愤不平。他希望能拥有一个更好的经营框架来取得胜利，这一点已被他所在行业的高利润率所证明。他想要投资取得丰厚的回报，推动股价进一步上涨。他以一种几乎痴迷的程度，将自己的企业与其他企业进行基准比较。

在那个炎热而阳光明媚的下午，我看到了一些独特的东西，强大而鼓舞人心。在会议的大部分时间里，他都站着，用五颜六色的笔在黑板上写字。他事无巨细、从头到尾地讲述了自己的管理理念，越讲越精力充沛，热情高昂。他充满激情地宣讲："……这才是企业的经营之道……这才是领导之道……这才是发展之道……这才是我们之所以不同的原因。"这种激情是真实的。时光就这么匆匆而逝，整整一个下午，我几乎没说一句话。那是我职业生涯中最美好的日子之一。

我了解到，杰利森不只是连续收购资产；他还是一个有远见的人，一个出色的操作员、领导者、导师，一个杰出的人。我回到纽约，把摩根士丹利给出的股票评级提高到了买入的水平，这个评级我维持了 15 年，至今仍是如此。从那以后，儒博的股票几乎每年都直线上涨。

儒博的治理模式

儒博收购的绝大多数都是中小型资产，通常由私募基金持有，但规模太小，无法进行首次公开募股，也不受大型战略买家的关注。大多数优秀的收购者都明白收购金额过高所带来的危险，而这几乎总是因为交易模式对资产增长及其管理者实现收益的能力过于乐观。杰利森在事先进行的尽职调查中睁大怀疑的眼睛，甚至接近充满敌意。他想在交易之前知道自己到底会获得怎样的资产。

从第 4 章得出的一个教训是，在并购中，卖方似乎总是会阻止尽职调查得到某些特定的信息。调查得不到的信息很多，甚至当丹纳赫以买家的身份完成交易时，它首先问的是："你们有什么没告诉我们的？"常见的问题可能是客户不满意、产品质量问题或者产品发售不像报道的那么顺利。有时候问题很小，但如果不尽快解决，将来可能会成为更大的问题。丹纳赫希望尽快了解这些问题，这样就可以防止"走下坡路"。丹纳赫进行的收购规模往往很大，因此总有一些令人惊讶的因素。这很好，因为丹纳赫的成功很多是源自其应用于资产的管理系统，这通常需要进行转型。

相对而言，儒博进行的是规模较小的收购，不进行转型，也不希望出现这种事后麻烦，因为当它完成交易时就会放手，让企业按原样运转，通常会发布新的激励措施，但不会变动管理层。儒博希望在进行竞标之前，所有的优点和缺点都已经摆在桌面上了。这说起来容易做起来难，但杰利森有办法事先发现问题，然后退出交易。这也许就是为什么他的收购成功率如此之高。他进行的尽职调查中有极其严格的流程。

杰利森有一个核心圈子来帮助他，但从交易开始时，他就一直亲力亲为。儒博公司总部有大约 50 名员工，负责常见的法律、税务、人力资源和公关职能，其他职能的员工不多。杰利森不想企业内部有一大群交易撮合者。他认为，尽职调查是与员工本身有关的，只有高层才具备训练有素的管理眼光。他需要能提出尖锐的问题的人员，这是唯一能让他安心完成交易的方式。

关于管理团队的尽职调查是至关重要的，因为在儒博所进行的交易中必须有一个能够留得住的管理团队。杰利森想要保持连续性。他不希望客户体验发生变化，也不希望收购本身成为领导者套现和离职的借口。他想要的是团队，他激励团队成员留下来，以高标准完成业绩。但他只想收购拥有一流管理团队的资产。这些年来他拒绝的收购更可能是由于管理缺陷，而不是由于资产质量本身。

尽管杰利森和他的高级团队会对管理做尽职调查，但他会将实际的业务质量分析外包给行业专家，如贝恩（Bain）、麦肯锡（McKinsey）或波士顿咨询集团（Boston Consulting Group）等公司。采用外部分析可能比使用内部员工成本更高，但杰利森希望对客户进行的尽职调查能得出独立的观点。在他的经历里，内部并购人员有偏向——想要完成交易，只听取客户积极的意见，而忽略了负面数据。

同时，他不相信儒博有时间完成这一切。销售过程时间不够多，不足以让他的团队成为企业各个方面的专家，所以他付钱让外部人士进行分析。

这并不意味着他忽视了经营情况。在企业经理和专家们齐聚一堂的情况下，他会提出一些尖锐的问题。儒博收购的企业的经理经常说，在接受杰利森的诘问之后，他们对自己的业务有了更多了解，尤其是在杰利森专注于产品本身的全面价值映射的情况下。杰利森希望对每一种产品都进行详细的盈亏平衡分析，这种分析在尽职调查之后很久都仍然有效。

一旦杰利森对管理团队、产品概况和可能应用的增长法则感到满意，他就可以签署通过一个交易模型，该模型清楚地说明了该交易在什么价格时可以进行，在什么价格时不能进行。在交易完成后，我们没有看到过杰利森担心支付了过高的收购价格，因为他清楚地知道自己得到了什么。儒博的流程似乎把风险预测降低到了几乎不可思议的程度。我们观察了杰利森在 17 年来进行的 50 多笔交易，只能列举出几笔没有成功的交易，而这些交易造成的损失也不太大。

风险预测也降低了，因为没有了"整合风险"。儒博的资产是独立经营的，从不整合，而且从来没有出现社会或文化问题，因为收购的现有的实体保持不变。不存在大规模外逃的风险，因为在交易完成前，管理层就已经确定了。这可能在儒博收购成功的故事中占据更大的部分，比我们所认可的还要重要。

交易完成后，儒博专注于一个基本的治理模式：设立激励，在有意义的地方进行相关的标杆分析法，并为企业提供成功所需的工具，而且杰利森还会进行适度教导。儒博的高管们获得了丰厚的薪水，但他们背负着干出业绩的期望。杰利森要求卓越，工作挑剔，尤其是在很难扩大利润基础的情况下。最令他恼火的是那些不知道自己为何表现不佳的经理，以及那些没有在需要帮助时求助的人。明星经理们独自创造业绩，他们正是为此受到聘用。

儒博在收购的业务中发现了一些常见的问题。首先，拥有高现金投资回报率的企业往往在销售和营销方面投资不足，而在产品开发和后勤方面投资过多。高利润率架构有助于掩盖设置不佳的岗位。杰利森开玩笑说，他看到许多企业的会计人员比销售人员多，他会将后勤办公室职位削减到最低限度来为销售扩张自筹资金。他收购的许多资产都专注于"产品销售本身"的概念，因此只保留了几个销售代表，负责美国的一部分地区。很多这些企业甚至没有试图在大型城市中心以外的地区扩张, 也没有进行全球化思考。杰利森仅仅通过扩大销售范围就提高了增长率。

他还在一线做了很多销售渠道管理方面的教育, 教导提高命中率和最大限度地扩大现有客户覆盖率的重要性。在软件领域, 他看到销售人员无意中劝说客户推迟购买, 因为新产品将在 6 个月内推出。由于新产品经常延期发布, 6 个月可能就变成了 12 个月, 最终往往导致客户转而购买竞争对手的产品。在任何人得到允许看到或谈论任何新产品之前, 他希望销售激励能最大限度地销售现有产品。他认为, 销售当前版本的产品是给儒博更好的升级机会, 而不是"训练"客户等待新产品发布, 如图 8-4 和图 8-5 所示。

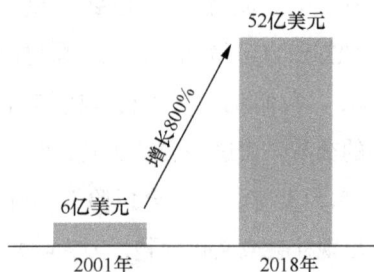

图 8-4 在布莱恩·杰利森手中, 儒博的收入增长近 8 倍

资料来源: 儒博公司文件

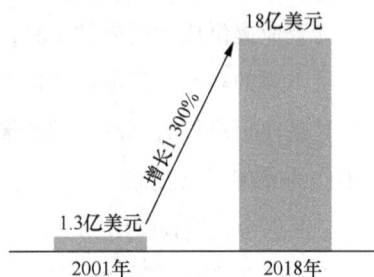

图 8-5 儒博的利润随投资组合转变增长近 13 倍

资料来源: 儒博公司文件

对于儒博内部的管理团队, 杰利森维持了简约的薪酬方案。利润增长是他首选的衡量指标, 考虑到投资组合中的资产类型, 这是有意义的。拥有轻资本业务的好处之一是, 杰利森不必担心衡量或支付回报。随着利润的增长, 回报增加,

利润等于或低于实际资金。他不必把注意力集中在其中之一上，它们是齐头并进的。杰利森想要一切都变得简单，拥有共同的目标。

有一项指标他从来没有设置过激励，那就是市场份额。他不希望经理们为了获得市场份额而推进糟糕的合同。他很乐意投资于研发，开发一流的产品，但目标始终是提升价值。他进行的所有收购案都是高毛利率和低资本密集度的，因此按利润增长支付薪酬意味着经理实际上只需要正确地衡量销售总额的增长。这是他们能利用的最有力的杠杆，激励儒博与市场同步发展甚至超越市场发展速度。

反思

2018 年年底，杰利森去世，但他的遗产至今仍完好地保存在儒博公司。首席执行官内勒·胡恩（Neil Hunn）和首席财务官罗博·克里希（Rob Crisci）在杰利森的领导下勤奋地接受了培训，他们仍然在使用运行了近 20 年的简单理念。现金投资回报率的概念可能并不适用于每家企业或每种资产，但它适用于儒博。仅仅是现金投资回报率就可以在筛选并购方案时进行约束。轻资产、能促进现金流增加的高质量资产成为收购中最高的优先级。这种关注经过了时间的检验，没有理由认为这会改变。

儒博不再是一家传统的工业企业，但它过去的投资组合决策可能也无法决定它的未来。与丹纳赫一样，它也将资本吸引到了最具吸引力的领域。丹纳赫在医疗领域看到了机会，而儒博在软件领域看到了机会。但随着其他领域变得更具吸引力，出现了一种明显愿意适应的模式。对于儒博来说，是现金投资回报率驱动了其增长关注点。

儒博能永远以这种商业模式发展吗？持怀疑态度的人经常说，儒博只是一家上市的私募基金公司，它的增长将逐渐受到限制。但是，如果将其与私募股权相提并论的话，就贬低了渗透进企业中的运营能力和绩效文化。如果有需要的话，最高层愿意做出改变，甚至是做出大幅度的改变。本着这种精神，儒博可能会逐渐拆分，出售资产。

不管怎样，对于本章所要得出的经验来说，儒博 5 年或 10 年后的样子其实并不重要。重要的是，杰利森在长期担任儒博首席执行官期间取得了成功，是因为利用了数学方面的现实，这些现实构成了经验的基础，而这些经验教训逐渐会在某种程度上被抛之脑后。在儒博，重要的是简单的数学现实：不断增长的现金流，提高已经很高的毛利率，获得不断上升的资产回报率，吸引新投资投向更好的企业。现金流水平上升带来回报率增长是并购想要努力实现的目标。这并不复杂，但确实需要耐心，因为耐心会创造巨大的价值。

从儒博工业有限公司身上得到的经验和教训

- 简单的模式被低估了。企业要关注价值的几个基本驱动因素。
- 围绕利润和现金流增长的简单薪酬方案通常是最好的。
- 历史并购模式显示利基资产存在较大的定价失误，这可以持续很长时间。
- 资本的增量现金回报是重要的，其重要之处不在于其会计定义，而在于实际货币。
- 高利润率和低资本密集度加起来是一个强力组合。
- 并购奏效了，这是一种数学现实。
- 新的产品周期很棘手。企业经常"训练"顾客延迟购买。
- 企业家通常在产品开发和后勤方面投资过度，而对销售和市场营销投资不足。

CHAPTER
9
第9章

泛图集团

百万级企业如何实现千倍增长

作者：卡特·科普兰

华尔街一向都有至简主义的倾向，分秒必争，时间就是金钱，容不得拖沓烦冗。崭露头角的新人从大学四年级时开始实习，一直到他／她最终晋升为投资组合经理或总经理，在此期间不断地培训和完善其推销技巧。如果一份投资计划书不能让决策者在乘坐电梯上下楼的时间里明白其关键点，那么就一定是不值得一读的。

对于总部位于克利夫兰的航空零部件公司泛图来说，自 2006 年公司上市以来，其简练的广告一直是这样的："这是由一系列航空航天垄断企业组成的集团，拥有强大的定价权。"如今，关于泛图的大多数公开内容都将其描绘成一个过度使用杠杆的机会主义价格操纵者。这是对其的一种过度简化。是的，泛图的故事确实包括了借债以及连续收购拥有强大市场地位的企业，但并不止于此。泛图仍将取得成功，其产品的价格涨幅仅为企业多年来所承受的价格涨幅的一小部分。这是因为每天从工厂车间到企业高层，泛图的员工都只关注能取得持续成功的真正重要的事情。

本章讲述了一家企业如何以非凡的速度合并价值，发挥建立在战略和经营纪律之上的商业模式所具有的力量，不懈关注企业所有者（包括员工和投资者）创造价值的驱动力。这家企业优化内外部投资以及资本和成本结构。我们在本书中讨论的许多成功的工业企业都拥有非常正规的体系，但泛图并非如此。然而，泛图严格遵循基于价值定价、提高生产力和开拓营利性新业务的核心原则，完善了正规程序。

客机座椅上的伟大企业

任何坐过客机的人都知道飞机安全带是什么样的，以及它是如何使用的。我敢打赌，你可以描绘出带扣的确切外观和触觉，想象听到乘务员通过广播系统说，"把金属扣件插入安全带扣，系好安全带，然后调整安全带……"。为什么几乎所有的飞机安全带都像你想象的那样有一个带扣？

　　这是因为几乎只有最初的带扣制造商向美国联邦航空管理局认证过设计。因此，一家名为阿莫森（AmSafe）的企业占据了全球飞机安全带市场 95% 以上的份额。

　　飞机安全带的业务能有多好做？毕竟，它只由 3 块金属和一个弹簧构成。你可以问问泛图，泛图在 2012 年斥资 7.5 亿美元收购了阿莫森，得到了超过 20% 的投资回报。生产飞机上的安全带是一项了不起的生意，尤其是当它掌握在正确的人手中时。

　　认真了解泛图的产品组合，你会发现它是由成千上万个看起来并不复杂的小部件组成的。你实际上会在飞机洗手间发现其产品，如厕所水龙头、排水组件和门锁，包括头顶上的垃圾箱插销和压制的塑料通风口（它们将冷空气推入机舱）；还有一系列的阀门、泵、电缆和连接器，这些都在世界各地每天数百万人的飞行中发挥着作用，如图 9-1 所示。

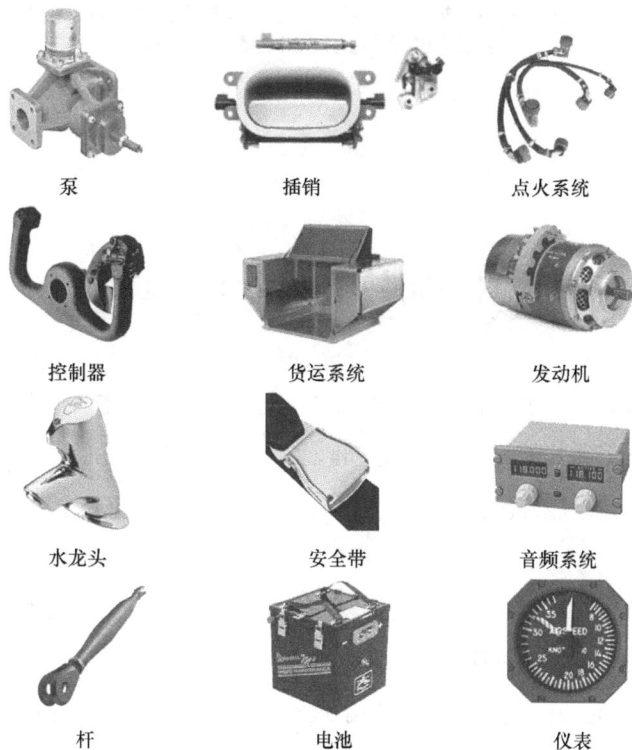

泵　　　　　　插销　　　　　　点火系统

控制器　　　　货运系统　　　　发动机

水龙头　　　　安全带　　　　　音频系统

杆　　　　　　电池　　　　　　仪表

图 9-1　在未经专业训练的人看来，泛图的产品线不是特别复杂

资料来源：泛图公司文件

这些业务的利润非常可观，而且这些业务都归泛图所有，泛图对每项业务的回报都进行了充分的研究并使之最大化。2019 年，在新冠肺炎疫情暴发之前，这些业务创造的价值使泛图成为自 2006 年首次公开募股以来表现最好的工业股票，股息增长了约 50 倍。这家 25 年前以 1 000 万美元的初始股权投资起步的企业，企业价值增长了数千倍，如图 9-2 所示。

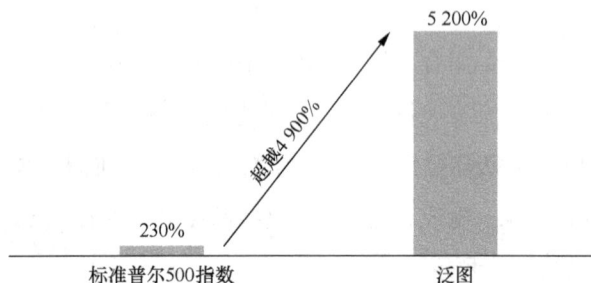

图 9-2 在新冠肺炎疫情暴发前，泛图自首次公开募股后业绩
表现超过标准普尔 500 指数 4 900%

注：数据截至 2019 年年底。

资料来源：彭博社

泛图当年并不被华尔街看好

泛图上市时，华尔街起初持怀疑态度，而不是乐观态度。这家企业背负着沉重的债务负担，曾在私募股权领域三度易手，但利润率比其他航空公司高出 20 个百分点。当其通过首次公开募股上市时，许多人并不了解泛图到底是一家怎样的企业。

投资者天生就对大多数首次公开募股持怀疑态度，尤其是对那些刚脱离私人股本所有权的企业。私募股权公司声名狼藉，它们在把一家企业好好打扮出售给机构投资者之前，就已经从内部毁掉了这家企业，让其背负过多债务，它们希望这些机构投资者无法分辨出其中的区别。

2006 年，泛图上市时，正值华尔街的鼎盛时期。许多企业正在进行首次公开募股，投资者当然可以挑三拣四。因此，投资界一直在寻找各种理由来否定不完美的募股。对泛图而言，财务杠杆、看起来不可维持的利润率以及其私人股本所有权的历史，这些因素都会让人引起怀疑。很少有人花时间去了解泛图过去的财务表现如何变得优秀，或去了解为什么它的情况能继续向好。在当时没有人能完全清楚泛图的长期潜力。

在首次公开募股之后的几年里，我对泛图的运作方式及其商业模式如何融入航空航天生态系统有了更深的了解，如图 9-3 所示。与前首席执行官尼古拉斯·豪利（Nicholas Howley）和泛图的一位投资者的一次会晤让我有了醍醐灌顶之感。这位投资者有意要让豪利自乱阵脚，所以单刀直入地诘问他，在豪利最近出售了数百万美元的股票之后，为什么自己还要相信泛图呢。豪利坐直了身子，胳膊肘支在会议桌上，看着那家伙的眼睛，说："说来也许您不会相信，但我这么做确实是为了钱。在私人资本拥有企业时，我没有机会出售持有的股票，但如今有了。我的太太想要一栋海滨别墅，所以我们就要买到手。您尽可以相信您会得到想要的东西，而我会助您一臂之力。我要赚更多的钱，如果您愿意，您可以和我一起赚钱。"我很震惊，这几乎告诉了我对泛图所想要知道的一切。这位首席执行官打算赚更多的钱，但他究竟要怎么做呢？

了解泛图的市场

长期以来，航空公司一直在问自己，他们希望自己的备件是安全的还是廉价的。毫无疑问，安全和可靠总是排在第一位的。因此，如今你会发现，某一类飞机上的所有零件通常只有一两家供应商，而且它们已经制造同一个零件 70 多年了。这些企业利用既有的工程和制造技术经验、现有资本和认证投资以及安全性和可靠性的跟踪记录，建立起小型垄断企业，几十年来一直销售特定的飞机部件，但其竞争水平和再投资水平都比较低。这些竞争的和监管的壕沟使航空供应链拥有了许多优秀的企业，其中最好的企业在飞机服役的 30 年左右的时间里靠销售成本低但价格相对较高的备件来赚钱。

工业界利润率最高的是航空的售后市场。通用电气更换涡轮叶片的利润率为

60%；霍尼韦尔和联合技术等企业的备用刹车片利润率为 70%；导航软件更新的利润率接近 100%。

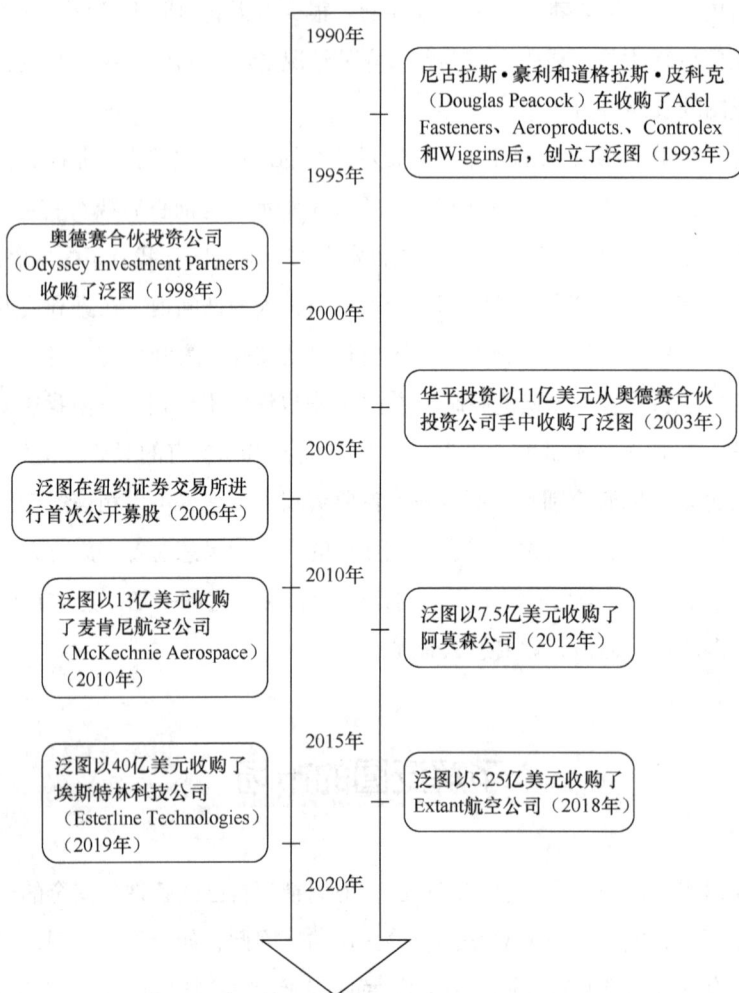

图 9-3 泛图的历史（1993—2019 年）

资料来源：泛图公司文件、新闻报道

航空航天零部件行业在很大程度上是建立在"路径依赖"商业模式上的。原始设备的零部件在卖给波音和空客时，或赢利甚微，或以略低于成本的价格销售。许多年后，当同样的零部件需要更换时，出售给航空公司的价格则是出售给飞机制造商原价的数倍。零部件的需求总体稳定，因为零部件需要定期更换，而飞机一直在不停地飞行。

　　飞机变得越老，运行成本就越高。这会导致机队缩减，因为老化的、运行成本更昂贵的飞机被淘汰或使用频率更低，取而代之的是更新的、效率更高的飞机。到了飞机生命周期的这个时间点，替代零件获得认证的可能性越来越低。新企业要想在一个不断萎缩的市场里，与扎根已久的、广受信赖的对手竞争，进行销售新零件所需的工程和监管投资，很难让人觉得可行。因此，传统制造商每年更极力地推动价格上涨。这种定价能力不仅抵消了产量的下滑，而且还证明了在订单增速放缓的情况下，保持生产线高效运行是合理的。这些零部件带来了大量利润。

　　对于大多数大型航空公司来说，这些利润丰厚的零部件是与那些利润水平相差甚远、吸引力远不及它们的零部件一起生产的。以联合技术公司为例，该公司利润超级丰厚的刹车业务与金属起落架业务捆绑在一起，而金属起落架是一项资本密集的非备件业务，利润率很低。这只是其中一个例子。在航空业中，同时拥有回报丰厚的业务与回报不高的业务的企业比比皆是，但泛图是个例外。

　　全球航空业的平均营业利润率约为15%，而泛图却达到了约50%，如图 9-4 所示。部分原因在于泛图的投资组合很单一，仅由"具有重要售后市场内容的航空业务"组成。泛图没有不良业务，这使泛图作为独家供应商能够享有定价特权，不会因不牢靠的商业模式而摊平利润。不过，这也是由泛图高度关注其价值驱动因素决定的。

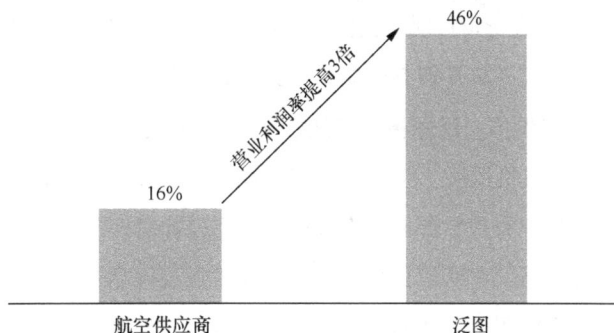

图 9-4　泛图的营业利润率比同行高 3 倍

资料来源：泛图公司文件

　　毫无疑问，在飞机零部件市场上，泛图因其独特的工程和监管影响力以及强劲的品牌形象和良好的声誉，使许多企业难以与之匹敌。然而，当了解到泛图的许多业务实际上是从多家平均利润率约为 15% 的企业手中收购的，你就会开始疑惑泛图意识到了什么其他企业没有意识到的东西。

泛图的核心理念在于几个关键的价值驱动因素，这听起来非常直截了当，也许过于简单而显得不真实，但让其如此强大的原因在于，如何始终将这些驱动因素应用到精心设计的产品组合中去，企业如何管理这些驱动因素以产生最大的价值。

三大价值驱动因素

泛图始终如一地采用其所谓的三大价值驱动因素，即根据价值定价、生产效率以及利润丰厚的新业务。这是一个基本的公式，需要熟练掌握才能正确使用。多年来令人惊奇的是，为了实现这些看似简单的目标以取得巨大成功，需要同时具备财务约束、战略行为准则和组织纪律性等多个层面。

根据价值定价

对于一些多年来一直关注泛图的人来说，基于价值定价的概念被视为利用垄断地位将价格大幅提高到不公平或过高的水平。然而，值得注意的是，相比航空航天供应链中的其他同行，泛图的首要定价策略并非独一无二。事实上，美国国防部在 2018 年对泛图的定价进行审计时，披露了一些业内同行也在提高可比产品的价格。每家企业都在提价，泛图只是拥有更加单纯的产品组合，更专注于获取与其生产的零件类型相称的适当价值。泛图极其专注于从每个零部件中赚取适当的经济回报。这意味着，随着老旧飞机退役，备件的生产频率降低，情况预测起来也更具挑战性。泛图要求补偿，不仅要补偿零部件的直接成本，还要补偿雇用熟练的劳动力和使用工作的机器保持生产线"热火"的成本。泛图非常重视可靠性，并且希望能够快速交付高质量、可使用的零件，从而赚到钱。这种从每笔订单中获得适当价值水平的心态在企业的产品线经理脑海中根深蒂固。但每年接近 5% 的物价涨幅能真正持续多久呢？

泛图的定价策略仍然是可持续的，因为它具备 3 个关键因素：监管、经济以及客户行为。在监管方面，联邦航空局对新零件的审批过程既耗时又成本高昂，这给进入该领域制造了很大的障碍。其他企业试图与泛图的产品线竞争，给泛图造成了一些简单的经济挑战。泛图的许多零件订购量小，数量不等，间隔时间较久。因此，第三方往往发现投资资本设备和工程专业知识的成本高于潜在的回报。航空公司的客户行为加剧了这种生态。对于航空公司来说，泛图的零部件组合的价格相对较低。安全带的价格只相当于发动机备件的一小部分，但航空公司需要这两者组合起来才能起飞。泛图始终如一，准时交货，产品性能好，因此客户很少更换供应商。冒险是不值得的。如果因为价值 200 美元的备件不能按时或按规格交付而导致航班取消，航空公司就会损失几十万美元的收入，这是它们接受不了的。除了产品线组合经过精心打造，能够承受持续涨价之外，泛图还是最擅长削减业务成本的企业之一。

生产效率

泛图的生产力指令着眼于年复一年地将总成本的年度增长保持在低于通货膨胀的水平。这听起来不像精益生产法或六西格玛那么具有革命性，但总体目标是为了易于理解并下达给各个产品线。

如果你在任何一家泛图工厂漫步，你不会发现任何浮华的东西。但是，如果你年复一年地参观同一家工厂，就会发现即使销量增加，生产规模通常会缩小，员工人数也不会增加太多。管理层一直在寻找减少不具备创造价值的员工的方法，并且企业会关闭或合并工厂以优化其更广泛的生产规模。这反映了泛图对成本评估的热情。当泛图收购另一家企业时，它通常会将这家企业的价值链转移到之前由提高生产效率的努力节省出来的空间。

2006 年，泛图进行首次公开募股。自此，泛图的销售额增长了约 15 倍，但其员工人数仅增长了约 13 倍，并且对占地面积进行了严格的管理。这证明了企业年复一年不断努力提高生产效率。尽管在价格和成本方面都做出了巨大努力，但泛图已经着手去占领下一代飞机平台上的盈利位置，并以此来满足企业长期增长的需要。

利润丰厚的新业务

在开辟新业务时，许多企业花费了大量的时间、精力和金钱去追求不太可能实现盈利的新机会，但这一点被低估了。本书中提到的许多企业都雇用了专业的业务开发团队，努力评估新客户或新市场的增长机会。然而，衡量他们成功与否的标准往往不是这些机会是否带来了利润增长，而仅仅是这些机会是否带来了销售增长。但泛图并非如此。只有在业务开发团队给出了一条清晰的盈利途径时，泛图才会满意，绝无例外。尽管有严格的原则，泛图在新业务开发上还是取得了广泛的成功，在大多数下一代飞机上的市场份额都有所增加，而且它对研发和资本支出预算进行了严格管理，最大限度地控制了浪费。

泛图明白优秀与伟大之间的区别，建立了一系列公司，意在使这些公司的组合可以渐渐合并最大的价值。其他航空公司也符合泛图的产品组合，但在很多情况下，它们采用同样的原则并没有取得同样的效果。大企业通常都有很不错的产品线，但管理这些产品线的经理让它们就像自动驾驶一样运行，因为他管理的这些业务在众多表现平庸的业务中已经处于前1/4的位置了。泛图不允许这种情况发生。所有的业务部门都在推动价格，提高生产率，赢得新业务。如果可以做到伟大，那么企业的文化、原则和薪酬架构就不能容忍只是把事情做好。

成功不像看上去那么容易

泛图上市的几年后，市场逐渐熟悉了泛图的故事，而投资银行界也热议着一家模仿泛图剧本在私人市场上经营的企业，这家企业就是麦肯尼航空公司，它被投资者称为泛图2.0。麦肯尼航空公司的一位高管向我承认，他们确实是在努力复制泛图的成功。

在麦肯尼航空公司有机会公开上市之前，泛图就以13亿美元的价格将其收购了，这成为当时泛图历史上最大的一笔交易。许多人心存疑问，既然麦肯尼航空公司已经是泛图的"克隆版本"了，那么泛图究竟还可以创造多少价值。

收购完成的几个月后，我认识的麦肯尼航空公司高管就被解雇了，但他在那里的时间足够长，了解两家企业之间的差异。在被解雇后不久，他告诉我，他对泛图的领导者印象深刻。他说："这些家伙比我想象中的要优秀得多……我完全低估了他们的工作方式……这太疯狂了，因为我们每天都在努力复制他们的一切。"

多年以来，泛图的经营纪律很少受到关注。这种纪律不只应用于工厂车间和销售部门，还涉及许多其他功能，大大提升了生产设备所产生的价值。

围绕价值最大化，联合一切可联合的

泛图最初的 13 年是为私募股权公司所有的，这段经历得出的教训是要采用并改善商业模式。私人股本所有权当然不是没有问题的。负债水平高，成本过度削减，缺乏经营或行业专业知识的所有者无法成功驾驭商业周期，做出错误的决策，在这些压力之下，完全健康的企业被压垮并非罕见。然而，在其他情况下，像泛图这样的企业脱胎于私募股权，成为效率更高的企业。

在脱离私人所有权之后，泛图从它的经历中保留下来了两个核心观念：（1）深思熟虑的资金配置和精心设计的资本结构是创造附加值的工具；（2）员工应该像企业所有者一样去思考、行动并得到报酬。

通过资本配置和结构，泛图认识到，企业如果可以从备件中获取高额的经常性收入，拥有定价权，并且投入的成本很少变动，资本要求不高，就可以比一家普通企业承担更高的债务负担。额外筹集的资金可以用于收购其他符合泛图模式的零部件制造商。

在泛图历史的前 25 年里，它收购了 60 多家企业（如阿莫森和麦肯尼），支付了 70 亿美元的股息。而这家企业最初只是由 4 家小企业构成的，初始股权投资刚刚超过 1 000 万美元，如图 9-5 所示。

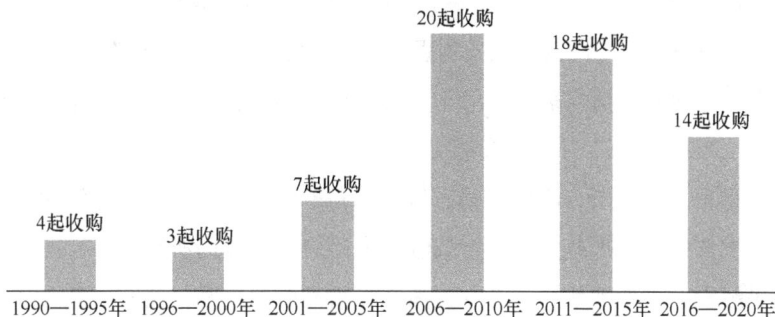

图 9-5　自 1993 年起，泛图收购了 60 多家企业

资料来源：泛图公司文件

泛图收购的企业在收购完成时平均只有 20%～30% 的利润率，但在几年内，泛图只需采用自己的经营模式，通常就会将其利润率提高到近 50%。这些交易产生的财务回报增加了泛图核心业务产生的利润。或许最重要的是，泛图从未进行过偏离其核心竞争力或削弱其整体资产组合的并购交易。如果没有合适的并购交易，泛图也不会勉强，只会把多余的资金作为特别股息分派出去，同时等待合适的交易。

这些因素不是绝密的，也不是泛图的同行无法采用的，但却很少被使用，主要是因为组织约束被认为太过重要，难以突破，包括资本结构限制和更广泛的激励性薪酬计划所带来的约束。这些约束产生规模化的功能，形成不太理想的业务组合，把焦点引向利润和现金流以外的因素。

努力干，赚大钱

我关注泛图的文化已经有将近 15 年了。泛图的员工们比我见过的其他企业的员工们的更努力，睡眠时间更短，赚的钱更多。通常情况下，如果你是一般工业企业的产品经理，你很可能会拿到 25 万美元的年薪。而同样职位的产品经理在泛图可以拿到 100 万美元。每个职位上的每个员工都关注企业的价值驱动因素，作为回报，每个员工都可以得到奖励。泛图的工作节奏很快，不是每个人都能跟上的。如果你跟不上，企业很快就会开除你。如今，在企业领导层的 200 多名高管中，近 90% 的人是土生土长、通过内部晋升的。他们中的许多人是千万富翁，也有一部分人是亿万富翁。泛图的薪酬计划强化了预期的结果，从而创造了这些财富。

泛图希望每年都能实现"类似于私募股权"的增长，这意味着在很多年里增长要达到 15%～20%。如果企业能持续实现这种增长，那么随之而来的就是丰厚的股票回报率。在泛图，股票奖励占员工总薪酬的很大一部分。它认为，为了让商业模式发挥作用，那些负责执行战略的人需要像企业的所有者一样得到薪酬奖励。如果经理们有效地执行了计划，他们将得到股票奖励，其升值潜力远超奖金的初始价值。我认识泛图的"离职员工"，他们的孩子还很小，他们自己头上没有一根白发。他们早早来到泛图，努力工作，得到企业适当的奖励，然后带着财富离开。

为什么在别处没有见过这种程度的成功

　　我与另一家航空行业零部件公司的一位高管几次谈到过泛图。他经常问我："你为什么这么喜欢泛图的员工？"接着，他开始批评泛图的模式在价格上过于激进，并且完全以收购为基础，这种庞氏骗局终会破灭。我向他承认，虽然它并不是唯一一家采取这种定价态度的企业，但出于前面提到的原因，它确实可以在同行中定价偏高。我还着重指出，这只是其成功故事的一小部分。

　　这位高管管理企业的方式在多个方面与泛图的管理方式不同，不仅仅是在定价方面。其公司的产品组合既有炙手可热的宠儿，也有毫无用处的废品，还雇用了许多员工，但他们对企业的贡献尚未可知。员工薪酬与其他和日常运营无关的业务部门的成功挂钩。该公司的管理是自上而下的，以保护来自大客户的大量利润，而不是采取自下而上的方式使每个航空部件的价值最大化。这是明显不同的方法。采用不同战略的最好证明是，泛图于 2018 年收购了爱克斯坦特航天航空公司（Extant）。爱克斯坦特航天航空公司收购了一系列"没落"的旧飞机零部件的知识产权，这是很多企业决定不再需要的。

　　想象一下这样的情形：一家大企业的业务经理看着自己业务部门的产品清单说："如果能摆脱那些正在缩水的东西，我可以让这项业务的收入增加得更快。"他发现老式飞机上的产品不再生产，库存周转缓慢，创新不足。如果他能摆脱这些部分，企业的整体增长率会逐渐上升，库存也会下降。鉴于他所得到的报酬（通常是按销售额增长来衡量的），他成了英雄。

　　这样的情形只存在一个问题：这些产品通常在投资组合中拥有最高的潜在利润。它们拥有最好的定价能力，而且只需要很少的或者根本不需要后续投资。事实上，允许管理者把这样的产品线卖给 Extant 比泛图做过的任何事情都更疯狂。

　　许多企业，尤其是那些在新经济体中的企业，可以从泛图 /Extant 的例子中学到关于价值创造的重要一课。对于科技企业而言，增长往往是最重要的。然而，当高利润和高回报的产品增长缓慢或停止增长时，放弃这些产品会让企业失去巨大的价值。缺乏适当的关注可能会促使企业做出决策，导致无法将之前努力的作用发挥到最大，无法变现。这是我们看到的许多企业都会犯的一个错误，而泛图充分利用了这个错误。

反思

在未经训练的人看来，与其他航空公司或科技界的产品线相比，泛图的一系列泵、阀门和开关产品并不会特别令人兴奋。然而，泛图已经证明，当严格运用专注的战略和经营原则时，即使是"枯燥"的业务也会变得非常有利可图。

泛图一直用投入的每一分钱创造价值。它持续关注价格和成本，再加上航空旅行增长带来的长期利好，从而创造了可观的利润。这些利润又积极地再次投资到类似的业务中去，在这些业务中可以利用相同的价值驱动因素，并将浪费最小化。在考虑周全的杠杆的作用下，以及员工像企业的所有者一样获得报酬的情况下，这种商业模式变得非常活跃。尽管会出现一些小问题，但在任何可计量的时期内，企业都会始终如一地创造出价值。

新冠肺炎疫情将不可避免地使泛图经受考验，因为2020年公众飞行需求不足，严重打击了航空供应商，泛图也无法幸免。但泛图拥有强大的经营纪律，冷静地坚持价值创造原则。我们几乎可以肯定，它会以比同行更有利的位置从危机中走出来。随着时间的推移，乘客将重新开始乘坐飞机旅行，飞机将继续消耗零部件。当这一切发生时，泛图的模型将再次出现在人们的视野中。

归根结底，泛图是通过激进的定价作弊了，还是仅仅做得比其他企业都好，对此人们一直争论不休。尽管这场争论仍在激烈进行，但泛图确切地知道在何处以及如何运用努力、专注、人才和资本，来继续取得成功。泛图已经表明，如果没有例外，即使是优秀的企业往往也可以做得更好。仅仅做到良好是不够的，围绕企业的核心价值创造引擎把所有因素组织起来，这才是伟大之处。泛图就是一家伟大的企业。它了解终端市场和产品线各自的优势，设计出旨在最大化这些特点的经营和财务系统，可以很好地为其他企业及其领导者服务。

从泛图身上得到的经验和教训
● 即使是优秀的企业也可以做得更好。
● 了解自己的独特优势，并始终专注于最大限度地发挥自己的优势。
● 制定简单的目标就会专注。复杂的目标会导致混乱。
● 资金和资本结构可以增加价值创造，但往往是被忽视的工具。
● 制定并购战略不应偏离核心竞争力。
● 员工应该像企业长期所有者一样思考并得到薪酬。
● 自下而上的管理远比自上而下的管理有效。

CHAPTER
第 10 章

史丹利百得公司

借助科技数据拓展业务

作者：罗布·韦特海默

史丹利百得（SBD）是凭借新优势不断取得成功的一个案例。它的管理团队带领企业经历了一次成就非凡的、历经多个阶段的复兴：首先是以成本为中心进行转型，然后是建立一个非常高效的商业体系，利用不断增长的经营专业知识来进行收购。这种新优势在于史丹利百得如何将其高效的商业体系与科技界的关系网和机遇融为一体。

很少有科技企业能掌握有形资产的系统管理方法。苹果公司就是其中明显的佼佼者，但大多数科技企业可能都忙于创新，而不像传统行业那样不得不专注于优化流程。数字技术发展迅猛，科技界中能够成功适应这一形势的企业就更少了。科技界的快速创新体系实在太不一样，工程师、初创企业和需要收购的企业所组成的网络也必须跟上前进的步伐。

自 2016 年起，史丹利百得的首席执行官吉姆·洛雷（Jim Loree）就推动企业更新了商业体系。尽管采取措施的时间还不久，但战略转变比通常情况更加迅速有效。企业现在有一个明确的目标：为那些创造世界的人服务。它在不同的创新网络中创造了有吸引力的东西，注入新鲜血液，招聘有新想法的员工，并且正在走上一条利用先进制造技术给生产体系带来更深刻变革的道路。

初识史丹利百得

史丹利百得是美国历史最悠久的企业之一，在 1843 年成立之时名为史丹利工厂（Stanley Works），是一家门闩和铰链制造商。它已经连续 144 年支付股息，比宝洁、埃克森美孚、爱迪生联合电气公司（ConEd）和可口可乐都要久。

史丹利百得生产各种各样的工具，从螺丝刀、卷尺、得伟（DeWalt）的钻子和起子，到汽车和航空航天市场的高端机械工具。其消费者和承包商品牌包括史丹利品牌本身。最近收购的欧文（Irwin）和雷诺克斯（Lenox）品牌服务于电气和管道行业，其业务重点是钻头和锯片。迈克汽车配件公司（Mac）的手工工具面向汽车市场，普罗拓（Proto）和法康（Facom）的工具面向工业市场。史丹利百得拥有一个商业安全平台，用来测试一些先进的技术。企业还有一个专门面向工业的部门，负责生产管道施工设备、重型液压设备和紧固件，包括铆钉、夹子、螺母和螺栓及其安装系统。

史丹利百得有注重创新的传统。它的产品大多面向消费者，因此增量功能、更新和型号变体一直是其营销策略的组成部分，它在这方面有着深厚的内部竞争力。这些创新对史丹利百得公司整体有帮助，尤其是其工具业务，增长速度超过了一般的工业企业，在竞争中保持领先优势。

在其 177 年的历史中，史丹利百得公司并非是一直长盛不衰的，不时会出现一些停滞期。在 20 世纪 60 年代末到 80 年代末的这一时期，史丹利百得公司在优秀企业领导的带领下，发展迅猛，迅速扩张。而到了 20 世纪 90 年代，问题开始堆积。为了扭转颓势，1997 年，史丹利百得任命了通用电气的前高管约翰·特拉尼（John Trani）为企业的首席执行官。特拉尼又雇用了几名通用电气的高管，其中就包括史丹利百得的现任首席执行官吉姆·洛雷，如图 10-1 所示。

打下基础

1997 年的史丹利百得与如今相比很不一样，实力较弱。当时，由于各种因素，美国各地有许多工厂倒闭。史丹利百得努力对抗这些因素，但它的营业利润率降至 10% 以下，并进一步下滑。其基础成本和生产成本实在太高，并且缺少在现代商业体系中生存的综合能力。

现任的最高领导者洛雷就是在这一充满挑战的时期来到史丹利百得的。他在杰克·韦尔奇的领导下度过了 19 年，当时通用电气的企业管理体系在全球范围内最受认可。洛雷来到史丹利百得之初担任首席财务官和副总裁。现任首席财务官唐·阿兰于 2000 年担任公司财务总监。杰夫·安塞尔（Jeff Ansell）

是企业最大的业务——全球工具和存储产品业务的长期负责人，曾任销售副总裁。在来到史丹利百得后，他们发现企业正面临着一些重大的结构性阻力。

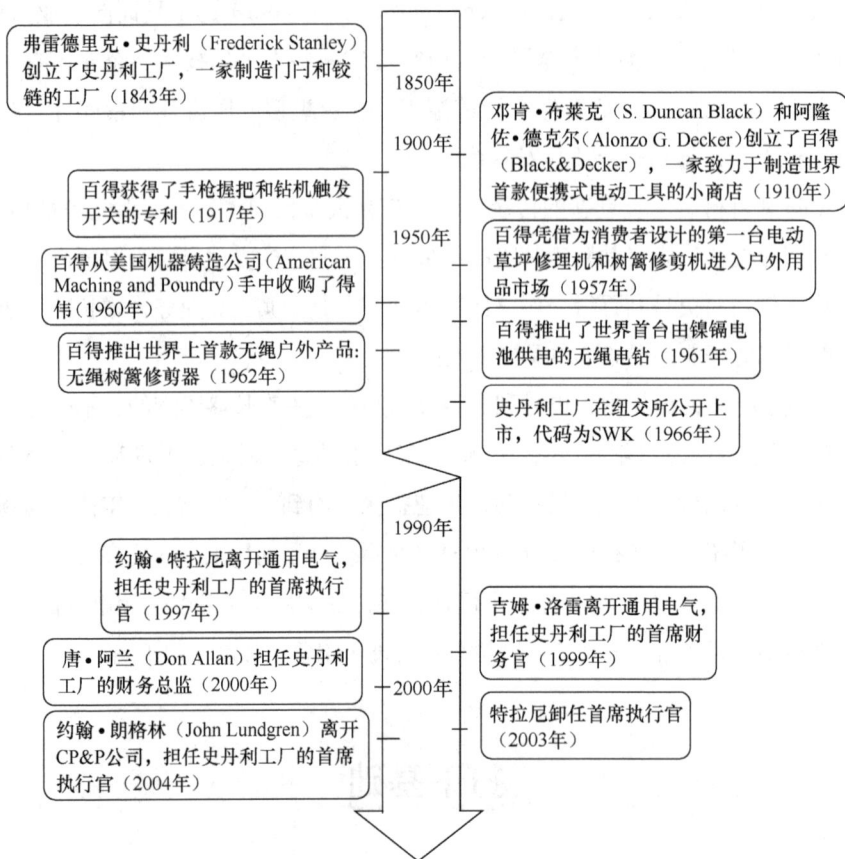

图 10-1　史丹利百得的形成时期
资料来源：史丹利百得公司文件、新闻报道

　　分散的分销渠道通过数千家不同的小型分销商和零售商进行销售，此类销售方式给一些工业企业提供了保护。试想一下，与密集销售策略相比，把产品销售给沃尔玛这样的大客户要容易得多，而密集销售策略则需要将产品打入为数众多的独立的便利店。这样一来，家得宝（Home Depot）和劳氏（Lowe's）等家居中心的兴起，使新的工具制造商更容易扩大规模，从而赶走了各种旧式的五金店和出售工具的木材场。不过，家居中心也加快了从海外采购低成本产品的步伐，如

196

图 10-2 和图 10-3 所示。

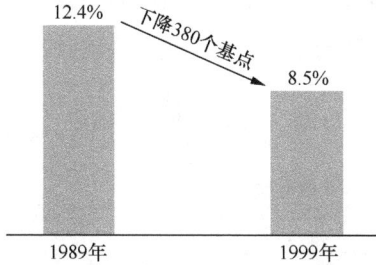

图 10-2　史丹利百得的营业利润率在 20 世纪 90 年代下降了
资料来源：史丹利百得公司文件

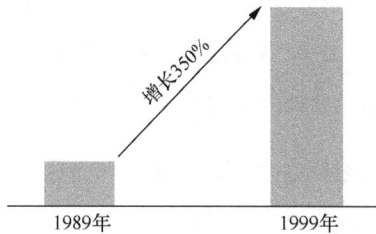

图 10-3　从海外进口低成本的工具数量大幅上升
资料来源：美国国际贸易委员会

在互联网泡沫破裂之后的经济衰退时期，这些挑战达到了顶点。史丹利百得团队做出的反应只是紧急削减成本，这是当时唯一的选择。他们关闭了在美国和其他高成本地区的工厂，并将生产转移到低成本国家。1999—2002 年，史丹利百得在低成本国家的采购量翻了一番。

史丹利百得关闭了 60 多家工厂，在此过程中裁员 20%。这是一个困难时期，工人失业，罢工失败，经理流动率很高。所有这些都是痛苦的，却是有必要的，这些挽救了一家历史悠久的企业，使其免于破产。在工具业务这样竞争激烈的行业里，成败只在一线之间。在史丹利百得走出衰退期以后，员工人均收入增长了近 1/3，员工人均利润翻了一倍多，如图 10-4 所示。

不过，这让企业文化遭到重创。2003 年，首席执行官特拉尼宣布退休，工会工作人员为此欢呼雀跃。企业的管理层也都称这一时期为艰难的岁月。特拉尼大肆折腾高管队伍，离开的高管比留下的更多。他在削减成本方面取得了重大进展，但在建立可持续的业务流程或成功文化方面却进展甚微。2004 年，史丹利百得聘用了约翰·朗格林，企业开始建立一个强大的基础商业体系。

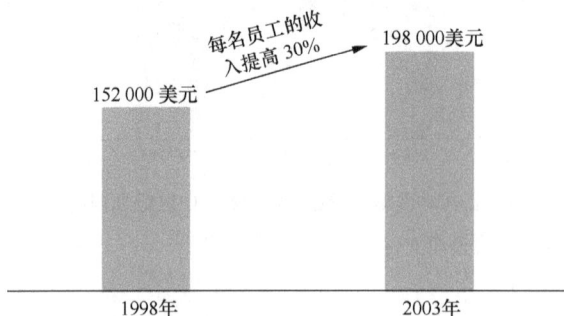

每名员工的收
入提高 30%

198 000美元

152 000 美元

1998年   2003年

图 10-4　重新调整结构提高了生产力

资料来源：史丹利百得公司文件

变革早期的举措是实施精益生产，这是任何合格的制造商都要打下的基础。史丹利百得在得到一些经验教训后，向精益生产转变。其面向消费者的业务性质推动了企业不断追求新产品和改进产品，它所提供的独特产品 [以库存单位（SKU）计] 的数量稳步增加。以客户为中心的战略带来了积极影响，但企业没有对老旧的产品线做出足够的调整。1998 年，史丹利百得仍有 14 万个库存单位，其中 8.5 万个库存单位的销量不到 2%。这是一堆低效、停滞的库存。面对众多不同的产品，经理们并没有使用拉动系统，甚至没有单独规划产品的生产；相反，他们大规模地猜测工具业务的总体需求。这导致过多的资金积压在库存中，陈旧的产品滞销引起亏损。

精益生产与这截然不同。精益生产的原则很简单：减少浪费，减少库存，快速生产所需产品，而不是试图预测需求。试图预测需要多少库存会造成多种错误和大量浪费。将这个过程再乘以 14 万个不同的产品，你就会陷入混乱。再加上全球转而投向低成本的制造，你就会陷入这家企业在 20 世纪 90 年代末所面临的异常困难的窘境。

要进行系统性变革就需要建立体系，而史丹利百得一开始没有任何体系。在那些日子里，像"暴力强迫"这样的短语频繁出现。依靠加班和非标准化的流程并非理想的方法，但朝着正确的方向前进是至关重要的。仅在 2001 年，史丹利百得就削减了近 10% 的库存单位。现任首席财务官、时任财务总监唐·阿兰参与引进了公司当时缺乏的基本管理流程。

由于需要从头开始创建这样的体系，史丹利百得不得不更加依赖阿兰这样的管理者。实际上，首席财务官和首席执行官级别的会议每月都要召开一次，并且与基层进行了更加频繁的沟通。在此之前，史丹利百得没有正式的销售和经营规划流程。创建这样的工作流程很快生效，以数据驱动的方式对库存和多余的库存单位进行管理，而不是眼睁睁地看着多余的库存不断累积又被削减。规范流程为开启持续改进的流程循环创造了时间。确保正常的流程在没有干预的情况下进行，就可以腾出时间来关注异常或争议，其目的是找到并解决问题的根源，以免问题再次发生。

这些改进需要进行大量工作、花费大量时间，但一两年后，过程进展顺利，真正的持续改进得以加快。在转型的一年内，企业每年进行数百场改善活动，促进了关闭工厂和削减生产线这样的重大举措。到了 2004 年，史丹利百得为制造卓越及其持续发展奠定了基础，如图 10-5 所示。虽然该体系的总体状况较好，从某些角度来看，它依然可以得益于董事会成员所进行的改革。

从出现改观到创造史丹利履行制度

伊曼纽尔·坎保瑞斯（Emmanuel Kamjouris）曾担任美国标准公司的首席执行官，拥有数十年经营类似业务的经验。董事会成员并不总是为企业增加价值，比如通用电气董事会在伊梅尔特时代例行公事般进行审批，卡特彼勒董事会未能就企业在煤矿业的失败提出尖锐质疑。然而，在最好的情况下，企业领导者带来了专业知识，带领企业面对强有力的挑战，正如坎保瑞斯所做的一样。他推动的是核心业务流程的核心部分，即史丹利履行制度。他甚至对企业在精益生产取得进步后所持有的营运资金水平提出了质疑，他认为企业可以在为客户提供更好服务的同时做出实质性的改进。

	2000年

唐·阿兰担任首席财务官，吉姆·洛雷担任首席运营官（2009年）

推出史丹利履行制度2.0（2015年）

吉姆·洛雷担任首席执行官（2016年）

史丹利百得收购了工匠牌（2017年）

实行精益生产，供应链发展成史丹利履行制度（SFS）

史丹利工厂和百得合并，成为全球最大的工具和存储公司、第二大商用电子安全公司和第二大工程紧固公司（2010年）

得伟推出了FlexVolt（2016年）

2010年

2020年

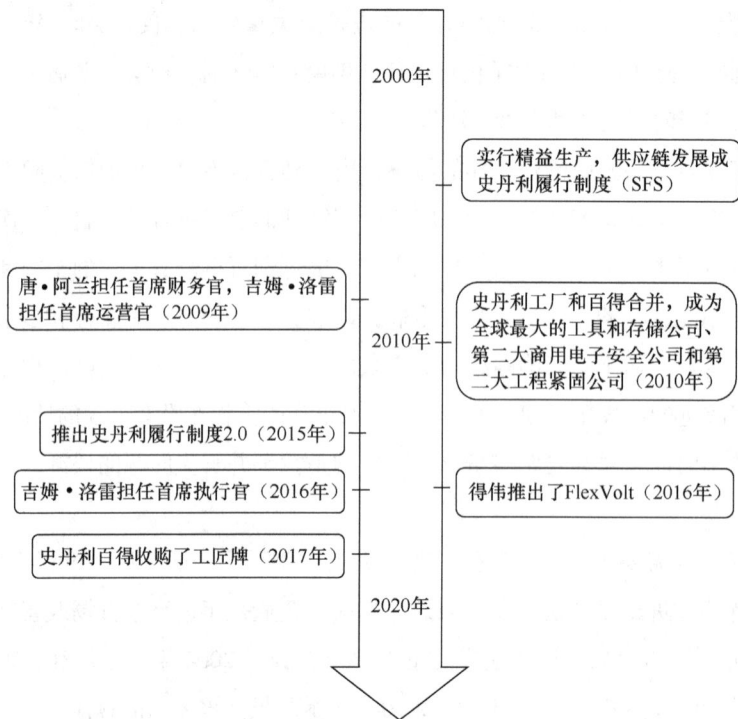

图 10-5　史丹利百得的发展
资料来源：史丹利百得公司文件、新闻报道

　　营运资金只是被限制的资金：存货或应收账款被公司尚未支付的票据抵销。这是一项投资，就像建造一座工厂一样。在 21 世纪最初 10 年的中期，史丹利百得的营运资本周转率（即销售额与营运资本的比率）从 4 左右上升至接近 10。

　　这解放了约 30 亿美元的额外资金，这些资金相当于建设其全球所有工厂加起来的成本。史丹利百得将腾出来的资金用于收购，从而加速了业务增长。营运资本的改善是一个重大胜利，但这只是经营体系改善的其中一个方面。更好的客户服务意味着即使是在保持低水平库存的情况下，也有合适的产品可用。

　　如果你走进一家大型家居中心或五金店的工具部门，你期待看到想要购买的产品。如果它不在那里，你可能会去别的地方买，或者可能会买竞争对手的产品，或者什么都不买。作为一家供应商，史丹利百得的满足率在 21 世纪最初几年为 93% ～ 95%，这处于中等水平，这一指标表示货架上实际存在的商品与理想情况下商品情况的比率。管理"库存"商品并非易事，而且要做到在保持营运资金的同时将供应链延伸到亚洲更为困难。拥有大量的缓冲库存是一种方法，但成本高昂，如果市场偏好发生变化，你会冒着被停滞或过时的库存困住的风险，史丹利百得已经吃过苦头了。

有效履行成为史丹利履行制度的一个主要推动因素，取代了靠"感觉"的库存管理。生产和库存计划转到更加细分的层次，分解到单个产品。史丹利百得还对薪酬体系进行了针对性的调整，以获得额外的提升，有效地让员工在实现满足率的情况下，有机会获得双倍奖金。激励措施在企业上下产生了激励作用，进一步促进了新体系的成功。有效的流程以及员工购买推动了库存周转率提升，同时在不需要增加多余的库存的情况下提高了满足率。渐渐地，满足率上升到98%～99%。

史丹利百得还强调了改善供应链的重要性，以有效地向客户交付产品，这也是一项基于工厂的举措。在整个21世纪初期，该公司一直在以工厂正在进行的精益生产和持续改进计划为基础，其结果与营运资本的结果同样重要。

如果你问任何一家优秀制造商的经理，他们在快速评估一家企业员工的制造能力时会考虑什么，答案往往非常相似：干净的工厂、高度敬业的员工，最重要的是，良好的安全性。有时有人认为，制造商并不关心工人的安全，例如，在煤矿业会出现一些令人震惊的疏忽事故。但在工业界，这是最为离谱的。

如果一家工厂的管理人员和员工都很敬业，那么安全就是衡量它健康与否的关键指标。这也与平稳运行高度相关。史丹利百得的安全趋势表明，它不仅在工人的安全方面，而且在整个生产链上都取得了巨大的进步，如图10-6所示。

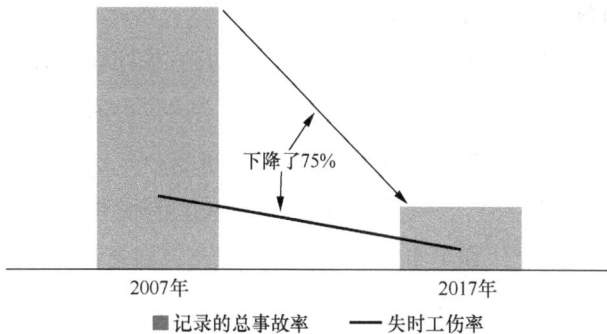

下降了75%

2007年　　　　　　　　2017年

■ 记录的总事故率　　— 失时工伤率

图 10-6　用一张简单的图表示史丹利履行制度取得的进步

资料来源：史丹利百得公司文件

史丹利履行制度的商业体系的发展为收购和扩张提供了机会。从营运资金中解放出来的资金用于购买新的品牌或企业，史丹利百得可以在销售、创新和经营方面为这些品牌或企业增值。

这些努力累积起来，最终在 2010 年，史丹利工厂收购了百得公司，该交易规模大，十分重要，公司因而更名为史丹利百得公司。百得为公司带来了大量销售额和市场营销专业知识，但它的经营方式更像是 10 年前的史丹利，更依赖直觉，而不是依靠经过良好调整的经营结构。史丹利百得将其策略应用于新收购的资产，提高营运资本周转率，解放资金，改善体系和管理方式以提高利润率。这次收购取得了巨大成功，合并后的实体扩大了规模，改善了体系和产品。随后的几次交易也同样推动了企业经营的改善。自 2002 年以来，洛雷一直领导着企业的并购战略，这 10 年是一段成功的多元化时期，随着经营的改善，史丹利百得从工具制造商转变为行业领导者。

将科技融入商业体系

2016 年就任首席执行官的洛雷领导企业进行商业体系变革，添加了大多数传统产业公司至今仍未拥有的技术层面。工业界和其他任何地方的创新都是由来自硅谷的想法和资本推动的，而不是由美国东海岸和中西部的传统制造业城镇推动的。史丹利百得接受了这一转变，这是一项不小的任务。

史丹利百得拥有 177 年历史，可能大多数人都不会首先选择将它变成技术领先的企业。或许有人会对推动这一变革的首席执行官说同样的话。如果你闭上眼睛，想象一位来自康涅狄格州的企业首席执行官的典型形象，你可能就会接近真实的吉姆·洛雷了。洛雷曾就读于联合学院，这是美国最古老的学校之一，位于纽约州的斯克内克塔迪市——通用电气的电力公司和联合技术公司的航母工厂所在地。洛雷在通用电气工作了 20 年，通用电气是美国旧企业的缩影。

在史丹利百得期间，他和其他领导在系统化经营方面表现出色。许多企业没能做到这一点。然而，接下来需要进行彻底改变。

洛雷看到了世界变化的步伐在加快，"解锁"增长和创新的体系不断涌现，如人工智能、采用 3D 打印的快速成型技术、工厂的连通性和自动化。他想推动史丹利百得的发展，让他的员工保持忠诚和灵活，并且都进行终身学习，不断适应新兴技术和新挑战。

洛雷花了很多时间来解释企业的愿景，他对此充满热情。企业的轴心是先进技术，我们从未见过他比谈到先进技术为企业带来多样性和新进人才时更为高兴的了。一家老工业企业要努力去做一些不同的改变，就需要新奇的想法和更新、升级劳动力。史丹利百得兴致勃勃地接受了这些变化。

值得注意的是，创新生态系统正在为旧经济带来巨大变化。10 年前，为工业市场提供的风险投资（VC）不足 10 亿美元，而在 2018 年超过了 400 亿美元。现在，所有上市工业企业的研发支出总额约为 900 亿美元，因此在短短几年内，风险投资已接近这一水平的一半，如图 10-7 所示。大部分流入的资金用于颠覆性创新，而大多数标准的研发的价值是逐渐增加的。因此，科技界目前在实际变革方面的支出远远超过工业界，而且效率更高。

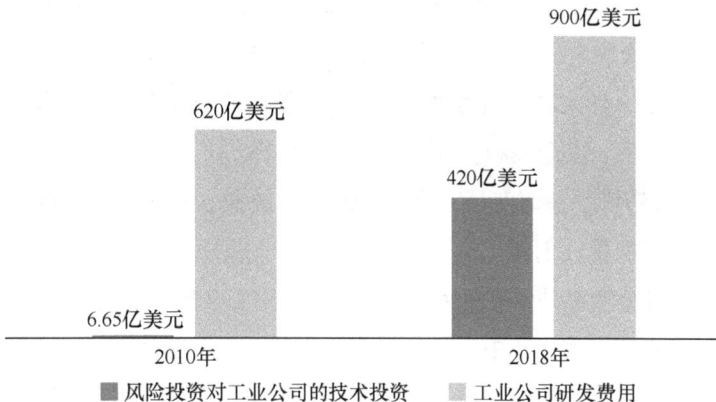

图 10-7　风投资金对于未来的工业企业来说已经变得重要得多
资料来源：Pitchbook

这种转变造成了 2014 年和 2015 年洛雷所经历的紧迫感。变革的风险很大，但引领大趋势的企业拥有巨大的盈利潜力。史丹利百得在现有的基础上，系统地采用了多种不同的技术，并将其融入企业。

史丹利履行制度 2.0 将商业体系向科技转变

商业体系的更新范围很广，但对面向客户的创新流程进行补充可能才是最重要的。

史丹利百得留下来的创新成果是优秀的，但更多的是渐进式的，而不是蜕变式的。与其他的企业策略一样，创新也经历了多个严格管理的流程。研究客户的声音带来了方向，在设定的财务障碍下，朝着通过／不通过的决策稳步推进。这一过程提高了生产力，有助于实现客户的需求，但它抑制了自由思考和真正的突破。

史丹利百得的创新工作始于 2014 年，是由一个研发团队负责的。它使用不同的体系，保持自己的节奏，每季度进行一次进度检查，而不是按照既定的创新路径进行严格管理。它保持小而精，以增强灵活性。其任务是创造至少具有 1 亿美元盈利潜力的新产品。

结果，史丹利百得的智能变压系列产品远远超过了这一关卡，这极大地扩展了无绳电动工具的选项，让用户可以在普通的 20 伏电压和更高的电压水平之间进行选择。120 伏的电流就足以运行一般情况下使用电源线的工具。这种选择对建筑工地来说是一件大事，因为去掉电源的加长线或噪声大的空气压缩机对提高工作环境的生产率、安全性和质量都有明显的好处。

FlexVolt 的销售增长速度是以前创新成果的 10 倍，取得了初步成功。在它的推动下，企业将颠覆性创新正式作为史丹利履行制度更新和扩展的一部分。史丹利百得在核心办公室以外，靠近大学和其他创新中心又建立了几个团队。

其中一个突破性的创新中心与一家德国汽车制造商建立了深厚的关系。这家汽车制造商面临的工程挑战与史丹利百得的产品或专业知识没有直接关系，但是两个团队相互了解，而且汽车制造商了解当下创新的关注点。汽车制造商与其稍微一合作就解决了自己的问题，即采用自动化和一致的应用程序解决了生产过程中的一个棘手问题。合作的甜头让工程团队之间更加深入接触，一起解决更大的问题，这可以给两家企业带来实质性的利益。其他早期取得的成功包括管道的自动焊接，建筑工地上可以节省高达 95% 的时间和劳力的钢筋螺柱焊接机，开发印度灌溉用太阳能泵所产生的令人兴奋的潜力，以及更多尚未发布的活跃项目。这些胜利给了史丹利百得继续前进的信心。

拥抱更大的生态系统

企业现在已经拥有一个强大的内部产品开发体系了，它有一种开放的文化，能以比工业企业所习惯的快得多的节奏向客户交付先进的新产品。但史丹利百得也需要与外部生态系统合作。科技进步太快，过于多样化，使企业无法只专注于内部。这需要一个精心调整的经营体系和一系列经过深思熟虑的、范围广泛的变革，囊括新员工、新领导层和企业外部的新资源，如风险资本和孵化器。这需要重新设计激励措施，鼓励突破性创新，进行试点，然后扩大先进的工厂。这是一个雄心勃勃的计划。

一个重大的主题是开放性。创业资金的激增，使得一些重大的变革更有可能来自外部。汽车制造商看到了特斯拉的异军突起，这家初创企业在汽车业界实现了跳跃式的发展。2012 年，特斯拉推出了 Model S。到了 2020 年，人们仍然在辩论是否会出现一款将它击败的产品。典型的企业研发过程基本上是在企业内部进行的，还有一部分是工程师在会议和贸易展上交流时获得了新观点，因此很多活动都是在行业规范内进行的。

史丹利百得采取了多种措施，从外部获得更多的想法。其风险投资部门——史丹利风投（Stanley Ventures）就是这样一个例子。大多数工业企业并不在创新中心附近，只有 1/5 的工业企业在硅谷或硅谷附近设有办事处。这限制了通过员工网络创造沉浸的创新环境，也限制了从招聘中获得其他企业想法的机会。史丹利风投旨在与这个生态系统同步发展。

史丹利百得与行业领先的加速器 TechStars 公司进行合作，在康涅狄格州的哈特福德，靠近史丹利百得在新不列颠的总部的地方创建了一个外部加速器，专注于 3D 打印和包装技术，进而投资史丹利百得的社区，同时投资先进制造业。史丹利百得内部在硅谷创建了一个指数式学习单元，既吸引了该领域的人才，又成了创意孵化器。

打开该企业的 Facebook Workplace 页面，就会看到展示企业开放性的一系列活动和链接——创造者空间、学生奖学金、职业技能竞赛赞助、由女性创办的 3D 设计实验室等。这比其他工业企业提供的活动更具创造性和多样性。

第二个重要的主题是为企业注入新人才。2017 年，史丹利百得从外部引进了第一位首席技术官马克·梅伯里（Mark Maybury）博士。梅伯里曾担任美国空军首席科学家，指导了一项 50 亿美元的投资。此前他曾担任米特尔公司（MITRE Corporation）情报投资组合部门的副总裁，该公司为数家美国政府大型机构管理联邦政府注资的研发中心。这次他有机会更新一家老字号的业务并对实体经济产生直接影响，所以他来到史丹利百得。对许多人来说，这是一个很有吸引力的机会。

这个主题的目标是避免新科技企业成为孤岛，史丹利百得希望将其引进的部分人才分散到整个企业。为促进这一点，它建立了一个位于亚特兰大的内部数字化加速器，利用当地的工程人才和相比硅谷更有利的成本结构。业务部门的领导有一年的时间来制订数字化计划，加速器有助于推动这一过程。那些在加速器工作的人的目标不是成为史丹利百得的内部顾问，而是成为团队可以利用和整合的资源。加速器最初的人员配置目标为 15 人左右，第二年扩大到 60 人，第三年扩大到 90 人，现在已经有 100 多人。在史丹利百得的其他公司吸收其部分员工的过程中，加速器也经历了多次内部调动。

先进的工厂

发展更深层次的创新生态系统和数字化能力只是变革的一部分。史丹利百得还致力于将先进制造技术引入工厂，从而降低成本，实现生产本地化，并加快产品开发。

工业界正在进行一场名为工业 4.0 的变革，旨在将制造业带入数字化时代。工业 4.0 这个宽泛的概念囊括了 30 多种先进技术，史丹利百得正在雄心勃勃地追求其中的几种技术。

　　第一阶段是大规模部署工业物联网。在过去的几年里，有很多关于工业物联网的讨论，但人们并不总是清楚它意味着什么或者谁会受益。简单地说，给生产线增加传感器和技术可以提高可视性，增强对产量变化或正在生产的产品做出反应的能力。除此之外，史丹利百得正在部署内部开发的工业应用程序，并利用其他公司开发的应用程序，目标是实现生产线的完全可视性。

　　第二阶段涉及预测性分析和维护，即如何在工厂都互相联系的情况下实时查看数据。价值流图是精益生产的一个基本工具，它为生产、浪费和价值创造创建了一张可视化图表。这一工具只需要一些简单的投入，比如拿秒表测量完成一项任务需要多长时间。一家全程配备软件和传感器的先进工厂可以创建这样的图表，并快速、自动识别出一袋袋垃圾，这大幅提高了整个工厂的可视性。毕竟，工业 4.0 主要指的是采用工具来改进当前流程。

　　安灯是工厂里常用的可视化信号，用来表示什么地方出了问题、需要注意。安灯通常看起来像小交通信号灯，要么亮红灯，要么亮绿灯。工人看到出了错就会拉一下电线，信号灯就从绿色变为红色，工程师和监督人员就会过来解决这个问题。使用安灯是非常有效的，但仍然是初级的。将整个生产线连接在一起的 iPad、软件和传感器等现代工具可以有利于更快地识别和沟通问题。

　　第三阶段是使用自动化和机器人技术，这要归功于机器人和协作机器人（即在生产线上与人类紧密合作的机器人）的成本下降了。更便宜好用的机器人听起来令人兴奋，但每一个机器人意味着可以省下一小笔钱，取代 1 ~ 3 名工人，同时为人类管理者创造一个更加需要技术的工作岗位。史丹利百得和其他制造商的目标是每年大幅提高劳动生产率，在工厂层面上提高 6% ~ 8%，转化到全公司层面上就是 3% 或以上，并可以在研发和营销方面进行一些再投资。在企业整个生产体系采用自动化技术，可以降低可变性，提高质量，让流程更加稳定，从而让系统省下更多钱，这就是工业 4.0 令人兴奋之处。

　　要实现这些全系统的好处，承诺和领导是关键。这项投资需要耗时多年才能实现。到目前为止，许多企业正在尝试单点试点计划，但还没有做到在工厂上下的所有系统推行。事实上，这是非常困难的，以至于咨询界对这种"试点折磨"敬而远之。大多数组织都有相当大的惯性，系统化经营的其中一部分是为了推动可重复完成的工作。发生在面向客户的产品、创新及工厂领域的广泛变化，是对现有流程的重大变革。

除了更低的错误率和生产成本之外，随之而来的还有另一个好处。自动化使企业能够进行本地化生产。这可能会在缩短供应链、减少营运资金和可变性的同时，带来品牌效益，正如我们接下来会讨论的工匠牌工具的案例。在如今的世界，这也降低了关税风险。

如何执行

多年来，在许多伟大的企业里，我们看到其举措无法实行。在这种情况下，有效的方法是将强有力的领导和指导、引进外部人才和资源以及社交网络工具结合起来，从而开启成功和分享的反馈循环。以下是一些变革的经验教训。

明星人才往往想去不断发展的企业。高层强有力的指导会吸引优秀的人才，解放他们，让他们勇于承担风险。当员工明确知道战略重点时，最优秀的人才就会被吸引到新项目中去。很多好主意都是通过各种部门产生的，但是需要首席执行官做出重大、公开的承诺，这样才能使企业始终朝着一个方向前进。

早期的胜利是非常有帮助的。智能变压系列的成功让更多表现优秀的工程师和管理者想要加入进来。这可能需要一点运气。然而，正如员工敬业度对任何持续改进过程都至关重要一样，早期的成功有利于提高新计划的参与度。

社交媒体可以促进变革。文化是日常行为的产物，也是其背后的愿景。激励非常重要，我们注意到史丹利百得是如何通过激励的力量提高其营运资本周转率的。它还对技术团队采用了小规模的、有针对性的激励措施。但是我们惊讶地发现，作为推动史丹利百得转型的一部分，一些较温和的问题更常被提及。当我们问到激励措施时，几位经理将谈话引向一个完全不同的方向，即通过工具促进员工沟通，提高员工敬业度，而不仅仅是采用不同的薪酬。

史丹利百得是脸书的办公协作平台"脸书职场（Facebook Workplace）"最初的试用者之一。事实上，脸书拒绝与史丹利百得合作推出"职场"平台，因为它认为该产品应用于科技企业会比应用于拥护传统产业的企业更为有效，但最终史丹利百得成为该产品最具活力的用户之一。"职场"推动了团队之间的联系和协作：

大家纷纷对各种项目建言献策，来自其他部门或其他国家的员工用自己的专业知识提供帮助。

目标是强大的推动力。我没想到会听到这一点，但它引起了我的共鸣。在设计和推动这一变革的漫长过程中，其中一部分是对员工需求的思考。我们大多数人都想在生活中做有意义的工作，而不是只为了赚钱而打卡上班。我喜欢想象我在帮助全球资本流动，促进生产力、健康和财富发展，而不仅仅是挑选这只股票或那只股票。

在 20 世纪 90 年代末和 21 世纪初，工厂关闭，大幅裁员，破坏了员工凝聚力。洛雷希望史丹利百得能促进员工形成工作有意义的感觉，加强互相联系。其最新宣布的任务表明了这一努力方向：为那些创造世界的人创新工具。科技经济的很大一部分有时似乎可以归结为采用"创造性"的方式，让消费者放弃他们的个人数据。研究更好的工具，使建设更快、更安全、更高效，这已经被证明是吸引新人才的有效途径。

用先进技术实现飞轮效应

2017 年，史丹利百得从西尔斯（Sears）手中收购了工匠牌。这笔交易很好地说明了我们所讨论的提高利润率和资本配置的良性循环，但拥有先进的技术又为其增加了另一层潜力。

工匠是美国一个历史悠久的品牌，随着西尔斯的衰落，这个品牌也艰难度日。与电器行业的肯摩尔（Kenmore）一样，它也以高质量的产品和服务而闻名。工匠牌承诺终身保修，并从中脱颖而出。如果你拿着一把 40 年前制造的损坏的工匠牌扳手走进一家西尔斯店铺，你就可以拿着一把保修的新扳手走出来。这对几代家庭机械师、承包商和求职者来说是一个有力的承诺。然而，近年来，顾客抱怨其质量下滑。

史丹利百得甚至可以在应用其先进技术战略之前就能让工匠牌取得成功。该品牌与渠道合作伙伴的现有关系紧密结合，随着多年来企业竞争力的提高，与渠道合作伙伴的关系也在不断发展。然而，向科技的转变开启了创造价值的另外两种方式。

借助于更为先进的制造技术，史丹利百得让更多产品回到美国生产。2018年，其宣布在德克萨斯州开设一家工厂，生产套筒、轴和扳手等机械工具，这为该地区带来500个就业岗位。预计成本将与从外国进口工具的成本差不多，之所以能做到这一点，得益于史丹利百得的创新制造战略。

此外，在先进创新领域不断增长的专业知识意味着史丹利百得进行的收购可以增加颠覆性潜力。除此之外，工匠牌还生产如除草机、吹雪机和割草机等户外设备。开发电气设备，甚至以比开发电动汽车更快的速度进行，因为这一领域存在巨大的商机。许多草坪护理产品的二冲程发动机不可避免会变脏，排放的污染物远超其使用的燃料，因为在小型发动机上安装排放设备的成本过于高昂。10年后，许多草坪和花园工具产品可能会变成电动的。颠覆性的创新团队已经在努力把这一商机变成现实。

反思

史丹利百得提高利润率，重新配置资本，产生飞轮效应，并将其融入技术层面。收购工匠品牌体现了史丹利百得转型带来的协同效应的机遇。企业有能力提高利润率，改善经营流程，加上它重视创新，因此管理层相信，它能够比其他企业更好地改进和振兴这个老品牌。在重新推出工匠牌的头几年，销售业绩远超预期。

20年来的稳步改进达到了高潮：关闭工厂，削减成本，实行精益生产，经过10年发展成熟，在此期间建立了史丹利履行制度，利用收购取得成功，最后使技术层面更加充实。史丹利百得继续推进其经营系统发展，专注于人的因素，专注技术、创新、客户和卓越经营的融合，产生了一个充分发展的经营体系，现在称之为史丹利百得经营模式，并将继续发展。起初，史丹利百得落后于大多数工业企业，而现在已经遥遥领先。

从史丹利百得公司身上得到的经验和教训

- 削减成本可能是痛苦的，因为它可能会造成企业内部混乱，但这可能是企业生存所必需的。

- 只要持续努力，即使是老企业也可以转型。这种努力是新挑战所要求的。

- 商业体系可以不断进化以适应时代的需求。史丹利百得公司从实行精益生产开始，但目前其重点已经转向创新和技术。

- 明星人才想去不断发展的企业。企业高层要发出明确信号，鼓励人才优化配置。

- 要接受新技术或新思想，企业就需要拥有开放性、外部网络、协作工具和可重复的流程。

CHAPTER 11

第 **11** 章

联合租赁公司

资源共享处理得当

作者：罗布·韦特海默

某些企业的成功源自某一个天然优势，即一种突破性的产品、专利或是利润非常丰厚的利基市场。在竞争加剧之前，它们可以在一个时期内坐享其成。成熟的工业企业已经远远超过了这一阶段，在强手如林的全球市场上进行竞争。这类企业确实在产品研发和科技创新上有所投入，但在更多的时间里，它们通过改善经营来取胜和发展。我们在本章中选择了一个极端的例子来说明创新商品化的成功之路。

租赁设备业是很难有繁荣机会的行业，即使是专业观察家也是这么认为的。这一行业没有明显的壁垒：任何有资金的人都可以创办一家企业，购买设备，将设备出租出去。然而，联合租赁公司和排名第二的阳光带租赁公司（Sunbelt Rentals），通过大规模的、持续改进的反馈环路实现了巨大的成功。

租赁设备行业概述

这是我们研究过的最不受青睐的行业之一。通常在城市地价高的地段难觅租赁公司货场的踪影，其场地内塞满各种经过反复出租的产品，这些设备往往只使用过几次就显得老旧不堪了。在这些租赁场里，你可能会找到挖掘机、备用发电机或一系列豪华和简易的移动厕所。租赁可以产生很大的经济和环境效益，但投资者看到的是一个情况糟糕的行业，消耗了大量资本，但竞争差异化却很有限。

主流观点认为，租赁业有点像一二十年前的航空业：飞机很贵，但不管怎样都要飞，所以不妨廉价出售机票，让所有的座位都坐满，在需求下降的时候更是如此。经济真正衰退的时期，对资本密集型行业就是一种测试，在其他企业倒闭时，看谁才能承受最大的痛苦。同样，如果设备租不出去，那么租赁业就赚不到钱，而且租赁业的门槛进入也比航空业更低。

联合租赁公司艰难地建立了显著的竞争优势。这样一来，它大幅提高了利润率,扩大了与竞争对手的差距,创造了数万个待遇好的工作岗位,并使一个分散的、创业型的行业专业化。

这里有一条关于新经济的教训。优步设计了一款突破性的软件应用程序,创造了一个行业,但管理一个规模极其庞大的资产密集型连锁行业又是另一回事了,而管理不善致使成本正在逐步攀升。优步可能不会拥有自己的汽车,但这并不意味着它总体上采取的是一种轻资产的商业模式。

设备租赁是资产共享的旧经济模式,与优步、爱彼迎(Airbnb)和众创空间创造的最新商业模式有很多不同之处。第一,它并不回避拥有资产,建立的是硬件管理公司,而不仅仅是软件公司。第二,领导者雇用受过良好培训的优秀员工,而不是雇用承包商。第三,租赁业利润丰厚。联合租赁公司和阳光带租赁公司赢得了数十亿美元的现金用于增长和扩张,同时大大降低了客户的成本,提高了经济效率。它们通过优化网络的方方面面来实现这一点,优化资产基础、劳动力,甚至优化客户的业务。

在本故事中,大部分时间里首席执行官是迈克·尼兰(Mike Kneeland),他改变了联合租赁公司的文化和结构,将一系列独立的分支机构联结起来建立了一个相互关联的企业,并大幅提高了收入和利润。马修·弗兰纳里(Matt Flannery)是联合租赁公司的前任首席运营官和现任首席执行官,他将企业打造成系统化、绩效优的行业领导者,其持续改进的文化让企业不断拉开了与竞争对手的差距。管理者在企业系统地应用了经营和改善的经验教训,这是租赁业的大多数同行和很多工业企业往往没有做到的。但要真正了解联合租赁公司的成功之路,就需要了解租赁业务及其环境,了解其所面临的艰巨困难。

如果开车经过一个租赁场地,你可能会看到一根根高高的吊杆,伸向两三层楼甚至是高空。这些是高空作业平台,用于将人吊在空中(而起重机则负责吊起钢梁和其他建筑材料)。它可以把工人从 1 层抬到 15 层以上,去进行各种作业:涂油漆、建造房子或进行修理、在工厂换灯泡等。这是一个拥有多种功能的产品,可以取代梯子和脚手架,而后者操作起来危险得多。高空作业平台是迄今为止最大的一类租赁设备。同时也有许多其他设备用于出租,特别是在联合租赁公司。

对租赁品种和类型的管理需要系统地改进行业领头羊的做法,允许扩展到更多的产品类别。规模较小的租赁公司也许能出租几十件或几百件产品,而规模大一点的租赁公司能出租几千件产品。

联合租赁公司的一个日益增长的产品类别是水泵和水箱。如果在沙漠以外的几乎任何一个地方挖个洞，水就会渗入其中，需要用水泵抽走才能继续工作。联合租赁公司还出租钢铁支架，以确保工人在沟渠中的安全。作为一名地质学学生，我在大学进行最后一份工作时，就在没有安全支架的情况下跳进了一条新挖的沟渠里。我还记得当初首席科学家想赶紧测量完就爬上去。联合租赁公司出租除湿机，在洪水或飓风后用于紧急烘干，避免可能造成的巨大损失。它还出租便携式暖通空调系统，拯救医院里的病人，使工作在空调坏掉的大楼里也能继续进行。

这项业务建立在租往往比买便宜这一事实基础上。某种设备如果只是偶尔使用，每次使用几天或几周，那么购买一台就没有意义。租赁公司越来越善于管理更多的产品类别，因此大大增加了进行租赁的理由。设想一下，纽约市任何一幢大型办公楼的地板一年只需要抛光机清洁几次。地板清洁设备可能不贵，但需要在地价高昂的地方找一个柜子来存放它，需要有人来维护设备，知道从哪里买到零件，知道如何修理等。这是一个大麻烦，而且还有一系列隐性开支，企业越来越不需要支出这些费用。

在外人看来，租赁业务听起来很简单：购买设备，租赁出去，收款。但要取得成功就需要对几个不同的流程好好进行管理。租赁业务是一系列物流程序的集合，包括提货和交付设备、修理和维护、客户服务、客户开发和车队管理。随着产品种类的增加，这一过程也越来越复杂。在联合租赁公司从一系列小型企业成长为这个独特行业的领导者的过程中，它开发了许多工具和体系来进行管理。

联合租赁公司的形成及其早期

联合租赁公司成立于 1997 年，是布莱德·雅各布斯（Brad Jacobs）整合而成的公司，他连续并购、创建企业。雅各布斯 1976 年从布朗大学辍学，不久后创办了一家石油经纪公司，接着又创办了一家石油贸易公司。他转而开始经营垃圾运输业，整合企业取得了成功，最终变为如今的美国废弃物管理公司（Waste Management）。在离开联合租赁公司后，他又整合了一家货运物流公司，改变了物流业。这 3 家企业如今都在纽约证券交易所上市交易，总市值约 700 亿美元。

在雅各布斯领导的最初几年里，联合租赁公司收购了 200 多家小型租赁公司，形成了经济规模。一个直接的好处是办公室在信息技术、会计、开具账单等方面节约了成本，扩大规模，从而增强了购买力。另外，联合租赁公司成为某些设备的最大买家，因此可以要求更低的价格。

不过，在 2008 年之前，联合租赁公司一直是一系列半自治分支机构的集合，每个分支机构都受益于网络所带来的规模优势，但没有形成真正的经营优势。联合租赁公司没有技术，没有有凝聚力的文化，也没有持续改进的体系。在一个形成了完全竞争、利润减少了的行业里，它没有拥有这些可用来建立可持续的优势，如图 11-1 所示。

文化和商业体系的根源

2008 年 8 月，迈克·尼兰接任首席执行官。他面临着重重阻碍，企业刚刚走出动荡的一年，美国经济即将大幅下滑。一年前，也就是 2007 年 4 月，企业面临出售，这对员工来说往往是一个压力很大的时期。企业的领导者离开了。当时的首席执行官韦兰·希克斯卸任，而尼兰被任命为临时首席执行官。联合租赁公司找到了博龙资本（Cerberus Capital）的一位买家，后者在 7 月同意将联合租赁公司私有化。雅各布斯 10 月辞去董事会主席一职，预计企业出售给博龙的交易将在不久后完成。但在 11 月，博龙退出了交易。

除此之外，金融危机使蓬勃发展的建筑业陷入大萧条以来最严重的衰退。还记得投资者对租赁业的看法吗？他们认为租赁业是一个资本密集型行业，一旦需求枯竭，价格就会大幅下跌。租金价格下跌了约 15%。雪上加霜的是，联合租赁公司债台高筑，信贷市场也变得冷清。为了维持财务状况，企业不得不在二手设备市场疲软的情况下出售部分车队。

简而言之，尼兰需要解决多种不同的麻烦[*]。不过，从一开始，他就不认为自

注：* 除了前面提到的障碍外，美国证券交易委员会（SEC）还就联合租赁公司 1997 年至 2002 年期间的会计问题进行了调查。联合租赁公司最终与美国证券交易委员会达成和解，并于 2008 年 9 月支付了 1 400 万美元的罚款。

己的工作只是处理危机。他想在企业现有行业领导者的基础上再接再厉，把企业改造成一个统一经营的领导者。

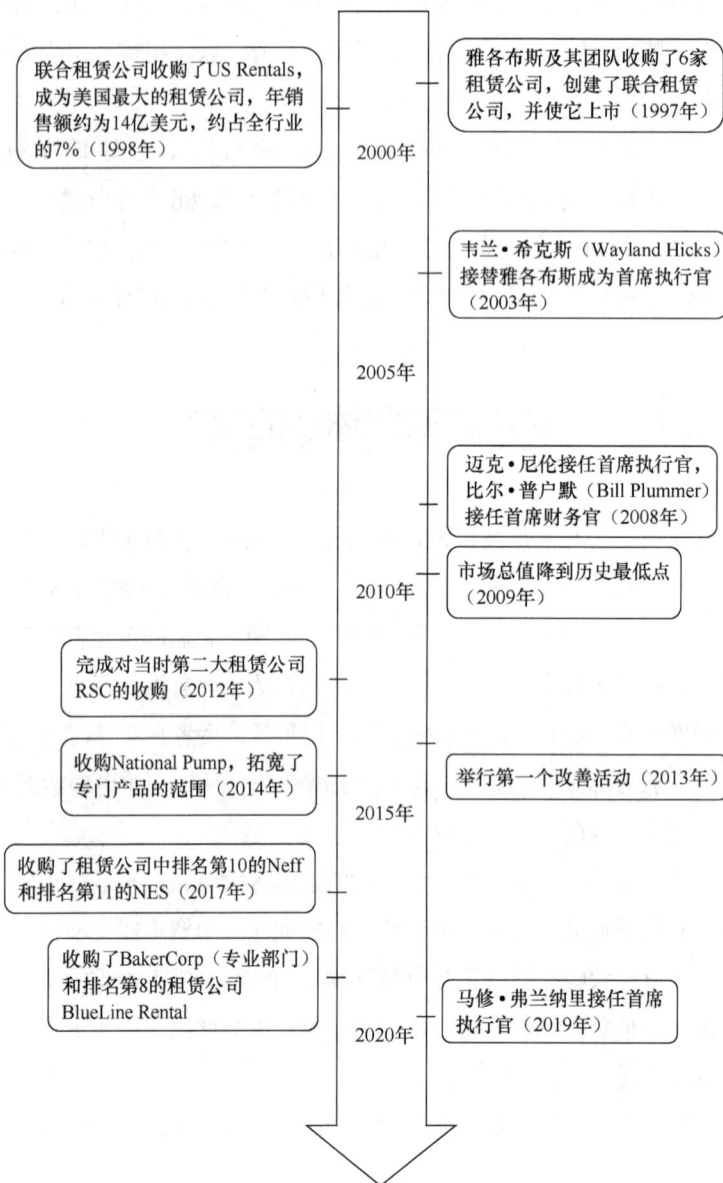

联合租赁公司收购了US Rentals，成为美国最大的租赁公司，年销售额约为14亿美元，约占全行业的7%（1998年）

雅各布斯及其团队收购了6家租赁公司，创建了联合租赁公司，并使它上市（1997年）

2000年

韦兰·希克斯（Wayland Hicks）接替雅各布斯成为首席执行官（2003年）

2005年

迈克·尼伦接任首席执行官，比尔·普户默（Bill Plummer）接任首席财务官（2008年）

市场总值降到历史最低点（2009年）

2010年

完成对当时第二大租赁公司RSC的收购（2012年）

收购National Pump，拓宽了专门产品的范围（2014年）

举行第一个改善活动（2013年）

2015年

收购了租赁公司中排名第10的Neff和排名第11的NES（2017年）

收购了BakerCorp（专业部门）和排名第8的租赁公司BlueLine Rental

马修·弗兰纳里接任首席执行官（2019年）

2020年

图 11-1　联合租赁公司的历史

资料来源：联合租赁公司文件、新闻报道

218

迈克·尼兰很谦虚，总是彬彬有礼，出言谨慎；他的言谈举止从不过分自信或过分大胆。企业领导者并不总是能做到这一点。尼兰表现得很平静，这是非常必要的。经济衰退是糟糕的时期。营业利润率从危机前的 17% 一路下降到 2009 年的 5%。管理团队没有浪费这场危机，借机重组并削减成本，正是联合租赁公司开启的下一阶段使其如此令人印象深刻。企业从经济大萧条中走出来后，只需几年时间就可以重塑业务，然后将利润再投资于更大、更多元化的业务。

创造文化

当尼兰带领联合租赁公司走出经济衰退时，他的举动一点儿也不谦虚。随着公司股价从 20 美元跌至 3 美元（这是市场认为企业可能重组或破产的迹象），他开始进行长期投资。

联合租赁公司并没有在利用其规模方面大做文章，以实现这一目标。它利用的是自己的购买力，但其所有的小型企业分支机构缺乏统一的经营机制。例如，那些从前独立的企业不愿意共享设备。共享设备可能有助于企业整体发展，但会损害个别分支机构的利润。

尼兰通过对业务进行结构性改革，迫使企业行为发生改变，并修改薪酬规则，开始创造一种共同的文化。这些变化反映了企业将重点转向全国范围内的客户，这使得服务这些客户的分支机构之间必须要进行协作。这种转变还有其他好处：这些客户在 2008—2010 年经济低迷时更加稳定，而且这种战略更好地利用了企业的规模和广度。联合租赁公司为客户提供一站式服务，以高效、全面的服务将重要的客户关系固定下来。

激励机制的改变很简单，但很有效。企业以前的领导者并非来自租赁行业，他们可能对共同目标如何克服不良做法和部件业务的过度自主权思考得不够深入。尼兰和弗兰纳里长期管理租赁业务，他们了解并有能力更好地改变现有的文化和技巧。

伯克希尔·哈撒韦公司的查理·芒格（Charlie Munger）曾说过："我想我这一辈子对激励的力量的理解一直排在同龄人中的前 5%，但我这一辈子还是一直低估了它。"对于联合租赁公司而言，激励之谜并不难解决。管理人员因 EBITDA 的增长而得到薪酬。换言之，他们因收入和利润的增长得到薪酬，而不是因他们拥有的车队而得到薪酬。这促使企业做出了一个简单的、有利于增长的决定：先买下更多的设备，之后再担心如何出租的问题。企业在管理制度上没有充分引导现有的设备资源去赚取更大的利润，导致管理者经常只是购买新的设备，因为购买新设备可能比维修一台老设备容易一些。这似乎是一个明显的错误，实际上是企业的薪酬结构出现了问题。

此前，各分支机构之间在设备短缺和客户共享方面也同样存在错位的问题，这意味着联合租赁公司的一个核心潜在优势将被搁置。新的指标很简单：可控资产回报率。用最低收益率来反映投入购进资产的成本需要获得的最低回报，实现这一盈利目标之后才发奖金。

弗兰纳里此前还调整了一些地区的薪酬，将关注点更多地放在范围更广的地区业绩上，起到了不错的效果。这种方法适用于整个企业。因此，分公司和地区经理 70% 的薪酬都与地区业绩挂钩，而不是与分公司业绩挂钩，此举直接将员工联系在了一起，促进了协作。

经营理念开始成熟

在弗兰纳里担任首席运营官时，企业的经营结构也得到了显著改善。尼兰在经济大萧条时期就对信息技术进行了大量投资，从文书工作到物流，再到定价，它在提高经营效率的方方面面都获得了回报。

制定定价战略是一项重大投资。多年来，该行业一直饱受坊间传闻的羸弱定价机制之苦。雅各布斯和他的继任者曾致力于改善定价，但没有做到系统性提高。

经济的大部分仍然是"非正规"的，说到这一点，可能有点令人惊讶。建筑业是技术最落后的行业之一：承包商仍然使用纸质表格、电话和文本做生意。10 年前，租赁业甚至更加不正规。目前第二大租赁公司阳光带租赁公司仍然使用纸质笔记本向其分公司宣传定价，而联合租赁公司使用移动设备取代纸张，但两者都没有真正的定价引擎。分公司经理感受到当地市场的活力与变动，并据此定价，通过电子邮件与销售人员进行沟通。不同的分公司意见不一，客户挑动分公司之间互相竞争。然而，新的系统采用从公司外部获得的定价和软件方面的专业知识，结合内部分析团队收集的分公司的意见，使定价变得更加严格。

技术投资也大大改善了修理厂和物流系统。移动技术大幅提高了效率：FAST 计划（现场自动化战略和技术）用电子文档取代了纸质表单，用于订单处理、合同和保险。子系统可以优化负载的卡车，包括装载和卸载顺序。驾驶员程序日志电子化，追踪安全、性能和维护情况。员工在交货时使用移动设备对设备拍照，提供可追踪的状况报告。该公司在整个重组过程中充分利用了麦肯锡和贝恩等咨询信息服务，后来又从这些咨询公司挖来人才。

因为供货商不提供全面的硬件软件包，联合租赁公司从不同的供货商处购买了软件系统和移动硬件。设计并实施这个系统使公司在竞争中取得了多年的领先地位，获利颇丰。企业的营业利润率在金融危机前为 17%，在 2009 年为 5%，2011 年回升至 15%。两年后企业的营业利润率接近 22%。

将收购的业务从整合到实现飞轮效应

之后，尼兰继续进行收购，进一步推进其战略。2011 年年底，联合租赁公司宣布收购当时的第二大租赁公司 RSC。随后，联合租赁公司发行新债券和股票，为这笔交易融资。企业的杠杆率大幅上升，负债与 EBITDA 之比超过 4，是投资者所能容忍的工业企业的较高水平。不过，这是个好时机，美国不太可能会马上经历另一场严重的经济衰退。2011—2018 年，联合租赁公司收购了租赁行业前 10 名的 4 家竞争对手，并拓展到新的类别，服务于新客户。

首席财务官比尔·普卢默帮助联合租赁公司实现了强势增长。他了解正在进行的改进以及现金流的灵活性和稳定性，并向前推进。负债从 2008 年他开始担任首席财务官时的 30 亿美元上升到 2018 年他卸任时的近 120 亿美元。不过，利润和现金流的增长速度更快，这使得企业现在承担较大的债务却比之前承担较小的债务负担时还要安全，如图 11-2 所示。

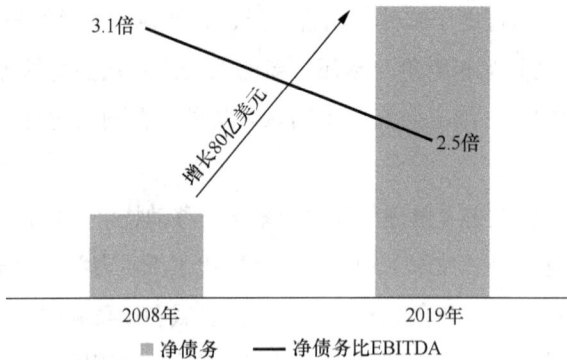

图 11-2　联合租赁公司债务增加，但是利润和现金流快速增长

资料来源：联合租赁公司文件

　　我们批评卡特彼勒在经济大萧条刚过去之际就进行了大规模、激进的收购，而现在我们却赞扬联合租赁公司采取更加大胆的行动。事实上，这一切可能都有一些运气成分。但联合租赁公司不断进行精细调整，将这些收购的企业纳入一个能力日益增强的商业体系。

　　收购不仅仅是扩大规模，还增加了广度，比如新产品所在部门的专业知识、可以作为实现更大增长的平台的业务线。如果没有对系统进行投资，企业将过于复杂，难以管理。如果不关注需求多样化的大客户，企业可能会停留在有限的产品供应上，错过利基利润。战略、系统和资本配置都开始在正反馈循环中流动。

　　联合租赁公司也曾出现过一些明显的小问题。国民水泵（National Pump）是它在 2014 年进行的一笔巨额收购，8 亿美元的收购价相当于当时联合租赁公司市值的大约 10%，它大举进军油气行业。当油价下跌一半时，给企业带来了一些痛苦，但它的计划一直是从石油行业转向更广泛的建筑市场。如今，尽管石油市场持续疲软，但水泵业务一直在增长。

　　可以说，为一些交易支付的价格还存在其他问题。收购整合在估值利差方面具有天然优势：大型上市企业收购方给出的交易价格可能是其产生的 EBITDA 的 12 倍，而规模较小、增长机会较少的企业可能会以较低的倍数被收购，比如说 6 倍。有时，市场会将目标企业的收益毫不含糊地归入收购方，目标企业产生的 EBITDA "价值" 会突然翻倍。然而，联合租赁公司通常会发生相反的变化：股市对其自身的 EBITDA 没有设定很高的倍数，而是会为其目标企业支付更高的倍数。

也许以更低的价格进行更少的交易会产生更好的结果——因为用于收购的资金会产生更多利润，但这个过程较慢，限制了相对于全行业增长速度的企业战略规模优势。同时，还必须考虑到不能迅速增加收入所产生的成本。联合租赁公司在整个 10 年的时间里高效地重新配置了资本。大多数企业都没有足够的机会始终如一地做到这一点。

持续改进

这些成功的收购正在扩大规模和复杂程度，企业内部也在额外努力，让收购来的企业创造更多的价值，并为整个联合租赁公司创造更多可持续的竞争优势。2013 年，联合租赁公司开始进行一系列的改善活动，这是由员工群体向弗兰纳里发起的。从此联合租赁公司正式开始持续改进，创建真正商业体系。

尽管一些持续改进的方法直接取自制造业，但持续改进作为一种工具，可以应用到任何事物中去。最终，任何人都可以通过倾注资本，达到与联合租赁公司相似的规模，尽管现在要做到这一点要困难得多。然而，做好成千上万个环节所带来的竞争优势是难以匹敌的。

一切是从在 8 个分支机构进行 8 种改善活动开始的，这得到了非常积极的响应。员工在这一过程中的参与度很高，很快企业就在每个地区开展了改善活动。最重要的是，持续改进从根本上说需要员工敬业，但也是一个进行管理的过程，由部门经理实施，但如果没有高管的大力支持，就不可能切实实施。在前 6 个月里，企业所有的地区经理 30% 的时间都花在了改善活动和改进管理上。这需要大量的时间投入：租赁公司重视客户服务，员工、经理和高管长时间工作。每天花 30%的时间进行改善是一个巨大的转变。

正如我们所提到的，许多乃至大多数改善活动都朝着精益生产发展，但类似的工具可能会失效，因为持续进行衡量和改善需要高度专注。联合租赁公司的文化从一开始就接受了这一过程，并且在早期取得了一些成功，让企业保持兴奋。脸书的"职场"就是联合租赁公司的一个重要工具，它在"职场"上分享了这些成功。

改进物流在早期取得了一些成功。试想一下,一天需要运送几十批货物到曼哈顿会如何。即使经验丰富的卡车司机运送的货物并不重,想到这种情形,也是叫苦不迭。我们阅读了卡车运输业留言板上的大量信息,通常是为了了解卡车司机对他们的设备或对经济的看法。很多司机都纷纷说要避开纽约。交通堵塞会使你不得不少转一个弯,最后就会延误一小时。桥梁的限高各不相同。转错一个弯,你就有可能陷入堵车,或者发生故障要被拖车拖走,或者要被扣驾照的分。

在设备租赁方面,问题远远不止找到理想的路径。不同的设备部件不一定能兼容不同的卡车,与其他设备组合的情况也各不相同。交通状况一整天都在发生变化。在卡车司机到达客户那里取货时,客户可能临时改变了主意,想再租一段时间;或者在卡车到达交货时发现客户要求的是别的产品;现场的设备可能出现了故障,需要维修。这项业务远比看上去复杂,也远比联邦快递(FedEx)式的快递系统复杂,后者通常是一种简单的轮辐式模型。

联合租赁公司很早就知道,解决客户对交付的不满是一个重要的商机。延迟交货也造成了额外的成本,损害了定价能力。租赁设备可能只占建造一座高楼成本的2%,但如果设备不送到或出了问题,许多其他程序就会停止。高薪员工只能站在那里等候,一系列延误随之产生,而客户会对租赁公司很生气。早期的改善活动明显解决了延迟交付的问题。订单是否正确履行?客户是否明确说明了近200米长的起重臂到底需要安装什么样的零件?客户是否确切知道自己的需求?客户是否能够快速咨询专家并从中获益?订单上有没有注明现场提货人员的电话号码和备用号码?如果有,那么号码是手机号码吗?送货地址正确吗?如果是送货到大型工地,那么卡车应该送到哪个门?

这些都是简单的问题,但是在其中任何一项上犯错误都可能导致一长串的延迟,客户生气不满,就可能对价格或对其他的服务产生不信任。正确的解决方案不一定是进行复杂的信息技术项目来改善交付。在联合租赁公司的案例中,由员工带领的改善活动将订单表中常见的错误挂在墙上,并高亮显示要做的事情。可视化管理是非常基本的管理方法,但其效果非常显著。

物流不仅仅是接受订单;租赁公司也有卡车车队和司机要进行管理。一家一天能跑15条路线的企业要比一家只有5条路线的企业做得更好。资产杠杆化程度越高,员工的人均收入越高,外部货运成本越低,客户满意度越高。对于这一事项，"改善活动"提供了另一种简单的方法：当一辆卡车进入院子时，它要在一条粉刷的线旁排队，所有要装载的设备都放在那里。只需要拿起设备放到车上，然后开车离开。这比司机在院子里到处寻找设备更节省时间。

2014—2015 年，联合租赁公司进行了 500 多项改善活动。随后，弗兰纳里取得了初步的成功，并将它们嵌入业务结构中。为了提高效率，也为了拥有多个场地的客户，联合租赁公司希望其分支机构也能具有共同的外观，产生同样的感觉。每个分支机构不是采用数百条独立的持续改进的路径来进化，而是将来自"改善项目"的经验纳入正式的最佳做法中。以前有副总裁和市场营销总监的地区增加了一位"卓越运营总监"。联合租赁公司集团总部现在有大约 30 多名"卓越运营员工"，在各个分支机构有 100 多名"卓越运营员工"，他们将最好的想法引入商业体系。

文化变得系统化

约翰·汉弗莱（John Humphrey）是联合租赁公司中大西洋地区的区域副总裁。在联合租赁公司完成了蓝线租赁公司（BlueLine Rental）的大型收购案后，我拜访了他。

汉弗莱在解释整合过程时将联合租赁公司称为"机器"。这告诉我们：制度已深深扎根于联合租赁公司的经营和现有的雇员群体中了。他不太担心要如何正确经营。他非常注重留住人才：首先要做到的是不要失去收购来的企业的员工，后者可能会经历文化冲击。2008 年的改善活动和其他系统性改进产生了更具凝聚力的团队合作文化与严格的经营体系，提高了联合租赁公司的生产力。蓝线租赁公司的一名销售人员可能要推销 500 种产品，推销重点放在少数几种最受欢迎的产品上。在联合租赁公司，地理密度、规模和系统使得额外产品变成了 4 000 种。因此，汉弗莱的主要关注点是防止优秀的员工在掌握既定流程，保证质量、安全和高收入的情况下突然辞职，同时还要逐渐提高他们的生产力。

在租赁行业中，大多数人都认为所有产品都是一样的，但联合租赁公司的产品更加多样化，大大提高了利润，使其可以出租更多的差异化产品。规模较小的竞争者根本无法与之竞争。它们没有合适的卡车、合适的司机、专业的销售知识、维修流程、机械师、供应商关系、客户群、区域密度等。同一批人在独立经营企业时无法应对各种各样的复杂情形，当这些企业被联合租赁公司收购后，它们就拥有了工具和系统流程，从而去经营更加强大、利润更丰厚的业务。

反思

我们追踪的大多数企业一开始并没有正确实现复合增长：建立在持续改进基础上的经营体系，与竞争对手拉开差距。首先，利润率大幅扩张，但只有在建立系统和可重复流程的情况下才能真正发挥作用。在过去的 10 年里，通过系统性改进，联合租赁公司的利润率比工业企业的平均水平高了一倍多，如图 11-3 所示。

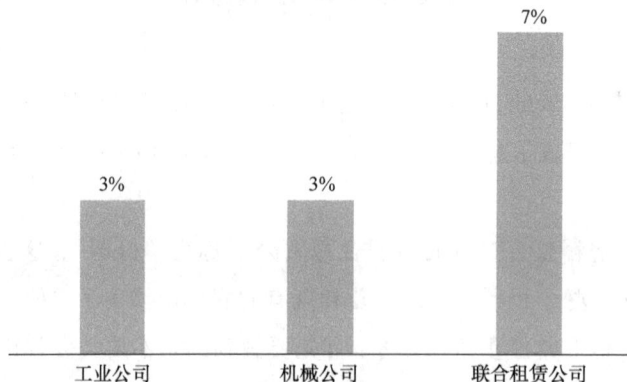

图 11-3　尽管有收购带来的阻力，但联合租赁公司的利润率还是上涨了 7 个百分点
（2007—2019 年平均的营业利润率变化）

资料来源：联合租赁公司文件

其次是利用提高的利润来收购新资产。细分的租赁行业是收购的沃土，由于其经营优势，联合租赁公司既有宏大的目标，也有大量资金可供分门别类地投入。

最后，收购的企业拥有了体系，提高了利润率，这样整个流程就可以实现良性循环。许多企业在进行收购，事实上有太多企业在进行收购了。大多数收购未能创造价值的原因有很多：在没有一种明确的方式来不断提高企业价值的情况下进行收购，就是在进行一场艰苦的战斗。联合租赁公司在收购企业并将其成功融入自己的系统方面有着丰富的经验。

这种结合是罕见的：良好的经营状况，以低风险的方式进行重复收购的能力，以及能够持续改进被收购企业的体系。规模可以让一家企业在一定程度上实现这些进步，但最好的企业远不止拥有规模效益。

给其他资产共享公司的经验

在本节开头，我们将联合租赁公司与优步等资产密集型新科技公司进行比较；在本节结尾，我们想提出，本文中的教训适用于未来的商业模式，甚至可能是未来商业模式所必备的。

联合租赁公司在经营中独特地运用了技术。它使用了一种工作流程来提高客户业务的效率，即便是以牺牲短期收入为代价。远程信息处理数据现在可以让企业追踪到其出租设备的位置以及消耗程度。联合租赁公司将其系统称之为全面控制（Total Control），客户可以在仪表板上查看自己设备利用率的统计数据。

客户使用设备的效率并不那么高，这也许不该令人震惊，但事实确实如此。他们之所以选择租用设备，是因为他们知道用得不多，用不着购买，但在一个大工地上，他们往往忘记了设备就在那里，每个月都要为没有使用的设备支付费用。从租赁公司的角度来看，这是件好事。因为在此期间租赁公司不需要维护，不会遇到问题，同时还能赚钱，成本却很低。而联合租赁公司的经营之道是告诉客户："嘿，你们好像不需要这台设备了。让我们来把它取走吧，为你节省成本。"在设备再次出租之前，联合租赁公司可能会损失几天的收入，但客户高兴了。技术将效率产生的效益进一步拓展到系统中，提升整个工作场所，而不仅仅是改善租赁公司的经营状况。

我们只是随意地关注新兴的资产共享技术公司，但它们似乎并不以同样的方式降低成本提高效率。梅利乌斯研究公司的办公室最初是在众创空间大楼，因为这是一种灵活的创业方式。我们用优步来查看客户，既轻松又省钱。然而，有迹象表明，这些模式未能创造更广泛、更持久的价值。这些企业可能不拥有这些资产，可能也没有员工。不过，这些资产仍然存在，"承包商"即使不为了生意花钱，也要为客户花钱。将业务中所有令人不快的和资本密集型的部分外包，正是技术世界的游戏规则。但是，拥有系统外资产也限制了它的优化能力，提高了系统的整体成本，降低了它对消费者的吸引力。你不能轻易地告诉承包商如何能更有效地工作。如果司机是自由职业者，你就不能轻易地告诉他们要离开过于饱和的区域。

成本似乎在上升，满意度似乎在下降。我最初一次与优步司机交谈是在伦敦，大约是在 2012 年的时候。这位优步司机很热爱这份工作。他白天照顾女儿，在女儿上学时就可以开几小时的车。他的私家车是一辆情况良好的奔驰基本款，所以他确实拥有选择的机会。

如今司机们却有着不同的感受。对于信用记录差、花费成本高的司机来说，优步打车通常是一份全职工作。纽约市的司机租用车辆，其费用加上保险费每月高达 2 000 美元。优步没有有效地利用其规模来降低客户的系统成本。相反，它只是将资本密集型成本施加给使用资本成本最高的人，即借款成本在 15%～20% 的人。即便是经营不善的资产密集型工业公司，如今的借款率也低于 5%。优步的利润源自于司机的拼命，而不是全系统范围内的卓越效率。或许并非巧合的是，5 年前在纽约市看上去很有竞争力的费率如今往往过高。优步曾经推出免小费体系，司机不用收小费就能赚够钱。而如今，优步大力鼓励客户给小费，实际上这是价格上涨的另一个层面。

实物资产仍然存在，许多司机不能好好地经营这些资产。目前，纽约打车应用的车辆每月跑了黄色出租车约一半的单数（约为优步出现前黄色出租车单数的 1/4）。与使用老式黄色出租车相比，使用昂贵车辆的效率要低得多。低效也增加了拥堵，减缓了每个人的通行速度。

可能不仅仅是重资产的管理需要改进。我们的关注点不在于软件，但是从与技术公司的高管和收购他们的工业企业的高管交谈来看，软件开发过程中存在着惊人的巨大空白。在许多情况下，跟踪和持续改进是不存在的。当然，系统化流程的工作也在进行，如精益生产和"规模化敏捷"流程，但这些都还处于起步阶段。

我们听说有几十家企业适应了持续改进的行话，乃至部分技术。但大多数企业未能取得持久的进展。让一个真正的系统起效需要进行数年的纪律约束。软件行业还没有出现差异化的、系统化的工作流程。对于优步这样的企业来说，这是一个代价高昂的问题：一家拥有 3 000 名软件工程师和数据统计师的企业收入不足 200 亿美元，竟会损失 30 亿美元的营业利润。问题根源在于优步未能进行严格的持续改进，出现这样的问题并不令人惊讶，这当然也不是软件或技术公司所特有的情况。

随着竞争加剧，胜利者需要扩大与竞争对手的差距。2008 年优步成立时，只有少数企业追求资产共享。10 年后，200 多家共享经济初创公司获得了资金。本书中联合租赁公司的巨大成功提出了一个解决方案。如果能在设备租赁等竞争激烈的行业中奏效，那它就有可能在任何行业中奏效。

从联合租赁公司身上得到的经验和教训
● 持续改进和卓越经营对服务业、软件业，以及制造业同样适用。
● 在竞争尤为激烈的行业里，企业生存会更加困难，而加强运营管理可能更加重要。
● 必须根据企业组织的当前需求制定激励措施，并逐渐推动激励措施不断改进。
● 员工的反馈可以形成良性循环。一线工人往往是灵感的重要来源。
● 对新旧经济体来说，抛售资产变成"轻资产"都具有诱惑力。然而，事实上资产通常仍然存在。
● 系统地将经营专业知识运用到收购的业务中去能有效地逐渐产生复合收益。

我们研究企业案例，包括探究其起伏兴衰及其背后的因素。我们前面所关注的每一家企业都面临着一系列独特的问题，也各自走上了独特的道路。有些企业取得了辉煌成就，有些企业遭遇了惨败，还有些企业得失参半。从成功案例中取得的数据一直指向 3 个共同的驱动因素：对成本的严格管理、现金流、资本配置。

在我们的研究中，排名靠前的企业利用其充足且不断增长的现金流在现有业务上拉开了差距，同时投资更高回报的机会，并一次又一次地不断重复这一过程。在这一点上，复利的力量占据了主导，实现了飞轮效应。许多商业书籍都在论述这一主题。然而，许多企业没能抓住重点。它们致力于在一些容易着手的地方削减成本和速战速决式的解决之道，而不是一步步采取可持续的行动。在职业生涯中，我们看到了数不清的"一次性"重组。在资本配置方面，进行"改变整场游戏规则"的收购远比采取更严格、可重复的资金再投资策略更为常见。这些企业并没有实现飞轮效应；相反，它们被飞轮远远地甩了出去。

最成功的企业强调的不是速战速决，而是整合系统和改进流程，强调激励并推动企业长期持续改进系统。这意味着要成为一家优秀的制造商，往往要使用精益生产等工具。不擅长制造业但仍然取得长期成功的企业我们还未曾遇到过。高水平的制造业企业发生了失误，也能全身而退。不擅长制造的企业不得不依赖一流的产品开发，而这越来越不可持续。否则它们就必须要进行很多笔大额的并购交易来掩盖潜在的弱点。然而，一旦在一两年内进展缓慢或进行了一两笔糟糕的交易，企业就会陷入困境。

经营有方对成功而言至关重要。在我们研究过的几乎所有商业案例中，长期的成功源自于对员工的卓越管理而不是产品的差异化。正是这种卓越管理推动了利润率高于平均水平，获得了相关的巨额资金。这些资金是用于内部再投资还是用于并购并不重要，只要回报率足够高，能够保持飞轮效应即可。但如果没有这些现金流，一家企业最终会步履蹒跚，每天都会落后同行一点。换言之，几乎所有真正的客户群都不认为适度的产品差异化会改变局势。因此，除非产品差异相当大，否则制造成本和质量将占据主导地位。这是在全球化开始暴露缺陷的时期工业企业学到的一个惨痛的教训。失败的企业通常是这个教训学得太晚了。

精益生产是工厂最常见的体系。精益生产原则起源于 20 世纪初亨利·福特（Henry Ford）变革性的 T 型装配线，但在 20 世纪 80 年代由丰田（Toyota）优化并推广。精益生产的核心是消除生产过程中的浪费。如果操作得当，就会缩短生产时间，满足难以预测的客户需求，降低库存水平，提高产品质量（减少次品），所有这些都会增加现金流、提高利润率。当然，成功采取精益生产的企业或工厂的生产力往往会在一定程度上提高，每年通常会提高 2% 或以上，企业会得益于额外的产能，推动资本回报率与努力强度成比例提高。精益生产的应用已经远远不止于工厂，企业上下都在采用精益生产，甚至连软件开发人员也有了自己的精益生产版本。

还有其他系统和工具，例如，用于质量控制的六西格玛；关注收益的经济附加值（EVA）得到了应用，但没有一种系统和工具像精益生产那样全面、经过时间检验。我们见过的最强大的工业文化是建立在精益生产基础上的，而最致力于持续改进的工业文化也是建立在精益生产基础上的。精益生产是一个伟大的聚焦工具，有着可以衡量的非常清晰的目标。公开可获得的数据集让模范生的成功法则一览无遗，可以给所有员工指明正确的方向。

这并不意味着仅仅把钱投入现代化的工厂中。这样做可能会奏效一段时间，但如果没有严明的纪律，就可能会变成巨大的吞噬金钱的无底洞，当然也就无法与那些同样财力雄厚的竞争对手区分开来了。相反，那些拥有最高效率的生产系统的企业，那些通过行动和激励来进行持续改进和建立文化的企业，才能取得持续成功。我们将这些企业描述为在另一层面上拥有了卓越的车间管理。这些企业几乎总是走在精益生产的道路上，在企业内外部都以最佳的组织为基准。

顶级的企业不会局限于工厂车间。它们将系统工具应用到所有的部门中，其中包括研发、销售、采购、分销和后勤办公室。例如，丹纳赫改造了丰田生产体系，并创造（或借用）了 10 多种工具专注于自己的员工。每个部门都有自己的工具包，并被授权可以充分利用该工具包。我们越来越多地看到，这些一流的组织也在利用员工敬业度和离职率等指标。它们在提拔优秀管理者的同时，也淘汰掉糟糕的管理者。同样的原则也适用于那些提供服务而不是实物的企业，甚至是软件、医疗和其他高利润服务的企业。拥有持续改进文化的企业几乎都能脱颖而出。在短期内，"新经济"企业可能会忽略经营，尽可能地创新或开拓客户群，但我们认为这是一种错误。一家企业越早采用精益生产并将其嵌入持续改进的文化，取得长期成功的概率就越大。

它的适用范围更广。我们喜欢使用体育来进行类比，因为可以对企业产生惊人的现实意义，特别是研究那些有效地利用系统来打造胜利文化的球队，并将它们与那些没有胜利文化的团队进行比较。团队的预算限制通常截然不同。在棒球比赛中，我们看到了纽约洋基队和波士顿红袜队与奥克兰运动家队和坦帕湾光芒队等球队之间的生态变化非常不同——大小市场球队之间巨大的工资差距将前5名的球队与其他球队（总共30支球队）区分开来。然而，工资第6高的球队在过去的25年里赢得过美国和加拿大的棒球世界系列大赛（World Series）的冠军，同时还有2015年获胜的堪萨斯市皇家队（工资排名第13）和2003年获胜的佛罗里达马林鱼队（工资排名第25）这样的取胜希望相当渺茫的队伍。工资前5名的队伍只在一半的时间内获胜，这让大家明白了巨大的金钱投入很难保证夺得冠军。

通用电气的章节形象地说明了这一确切的动态。通用电气在世界上名列前茅，几乎在各个方面都取得了胜利，但它最终把胜利视为理所当然，不再把注意力放在小事上。通用电气工厂资金不足，完全失去了对成本的关注，不得不进行越来越大的财务赌注来掩盖自己的衰退。而霍尼韦尔和丹纳赫却恰恰相反，成为美国最受尊敬的企业中的两家。这3家企业都有雄厚的财力，都能"买到"成功，但其中一家企业却遭遇了惨败。

为了进一步说明这一点，我们看看美国最艰难的制造行业之一：汽车的零部件行业。它是竞争激烈和客户要求苛刻的典型代表。它在历史上有过无数次失败，每一个经济衰退周期似乎都会增加更多的失败者。但那些幸存下来并繁荣发展的企业（行业前10%）是通过投资全规模的制造设施，并充分利用机器人技术和自动化技术做到的。这些企业通常处于成本基础好或离客户很近的战略位置，或者其战略位置能同时具备这两种条件。它们热情地实施精益生产，一贯以汽车世界以外的一流企业为基准。它们致力于产品的迭代改善，解决细小而重要的客户问题。它们建立了关注成本的文化，完全接受了客户群相当有限这一现实。它们提供极端严格的客户服务，明白单凭产品很难实现差异化。

那些一直保持纪律的企业实现了远远高于平均水平的增长和利润率。它们的出色表现也使得新进入者很难取得吸引力。事实上，它们的优秀导致了竞争减少，因为那些跟不上的企业最终退出了。由于获得了巨额资金，这些企业能够继续致力于它们的工厂资产，同时也使得资本找到了其他有效的投资。

这里的教训是，即使是最糟糕的行业也有成功的例子。正如最好的行业，如软件和互联网行业，也有失败的例子。成功企业的共同点是非常明显的，很少是因为拥有一个独特的变革性产品或因被其他人击败而去做下一件大事。相反，企业一切都是为了把小事做好，即使是在领导层发生变化或行业情况动荡的时候，也能有适当的系统来确保关注点始终保持一致。

为了让人们真正去使用一个系统，企业首先需要有力的领导者将组织作为一个整体果断地融入该系统中，这意味着要排除途中其他所有看似有吸引力的措施，然后不懈地推广和展示该系统。做对了，企业上下人人知道每天该干什么；做错了，人们就学会了应付系统，组织就不再专注于为客户增加价值。丹纳赫业务管理系统可能是前者最清楚的例子，霍尼韦尔运营体系则是另一个很好的例子。这些都是世界级的商业体系，它们不懈地让员工专注于实现长期增值，是值得研究的系统。

商业体系还可以帮助组织专注于价值创造的主要宗旨。它关注的是一个简单的问题：客户真正看重的是什么？我们如何以尽可能低的成本提供客户看重的东西？请注意，我们说的是客户真正看重什么，而不是你希望客户看重什么。这是最基本的东西，但在我们研究过的企业中，只有一半的企业真正做到在任何意义上都严格遵循这一基本原则。客户之声是一个重要的工具，越来越被最佳的企业所采用并推动对话。只要真正本着"两只耳朵，一张嘴"的精神去倾听客户的意见，它就是另一种推动专注的方式。

在本书中，我们大篇幅地谈论了商业体系，主要是因为像精益生产这样的商业工具至少可以帮助一家企业在两个最关键的成功驱动因素上取得成功，即成本和现金。但建立一个商业体系是一项艰苦的工作，需要惊人的耐心。你不能照搬丹纳赫业务管理系统，关键是要进行持续改进。即使有人努力复制丹纳赫业务管理系统，得到的也已经是一个过时的版本了。然而，最佳的做法是明显的。简而言之，找出对企业的成功至关重要的因素，然后围绕这些指标进行衡量和改进，回报可能会很可观。飞轮效应本身保证了一定程度的成功，如果保持适当的关注，就可能会变得非常强大。无论是经营一家企业，寻找一个更好的雇主，还是在寻找投资，这都密切相关。

变革吸引了过多的注意力

人们普遍认为，那些创新能力最强的企业，同时在很大程度上或在某种程度上正确做到了"其他东西"（如制造），就是那些逐渐取得成功的企业。这一观点强调了变革，削弱了制造、市场营销和销售以及资本配置的重要性。然而，现实情况是，有意义的变革是罕见的，而且要实现变革比想象困难得多。大多数企业都实现过一次变革，为自己的生存打下了基础，之后就再没有实现过变革，再没有产生过接近那种基础事件的影响力。想要在每一项创新上都取得成功的企业通常根本就不会实现创新。

3M 是总部设在明尼苏达州的胶带和胶水制造公司。它最著名的创新可以说是便利贴，这是一种广泛使用的黏性纸产品，其利润率很高而且还在不断提高，销售额也在持续增长。这是 40 年前变革性的产品创新。但便利贴的魔咒在于，在过去的几十年里，3M 的科学家花了大部分时间试图复制同样的影响。在预测未来客户需求的同时要实现这种规模的变革是极其困难的，特别是考虑到便利贴与许多其他顶级创新一样，是意外发明的。

在那次著名的创新之后，3M 非常专注于完成下一件大事，以至于常常忘记把小事做好。以大多数标准来衡量，3M 仍然是一家优秀的企业，但它已经经历了一段相当长的表现不佳的时期，增长没有超过创新能力比它差得多的企业，同时成本上升的趋势远超必要。也就是说，3M 公司有过辉煌的时期，过去的 5 位首席执行官中有两位取得了令人瞩目的业绩。他们两位的不同之处在哪里？首席执行官吉姆·麦克纳尼和英格·图林（Inge Thulin）制定了两项非常常见且简单的任务：第一项是高度关注制造卓越，同时控制企业各个部门的成本；第二项是建立研发部门商业成果责任制。每一位首席执行官都通过激励和其他方式非常清楚地表明，利润增长比取得市场份额更重要，开发客户愿意今天就支付预付款的新产品（通常是在成熟的平台上进行的渐进式改进）远比明天力争实现最高目标更为重要。商业行为的优先级高于变革。

结果显而易见。尽管这两位首席执行官只代表了过去 30 年中的 10 年，但在我们的研究期间所有股东表现优异的时期几乎都是由他们创造的，如图 12-1 所示。尽管都是一些非常成熟的业务，但他们都远比各自时代的大多数首席执行官成功。同时，没有证据显示在这些时间段内进行的变革就变少了。专注于近期商业成果的科学家们似乎和那些整天梦想着干一番大事业的科学家们一样有可能偶然做成大事。

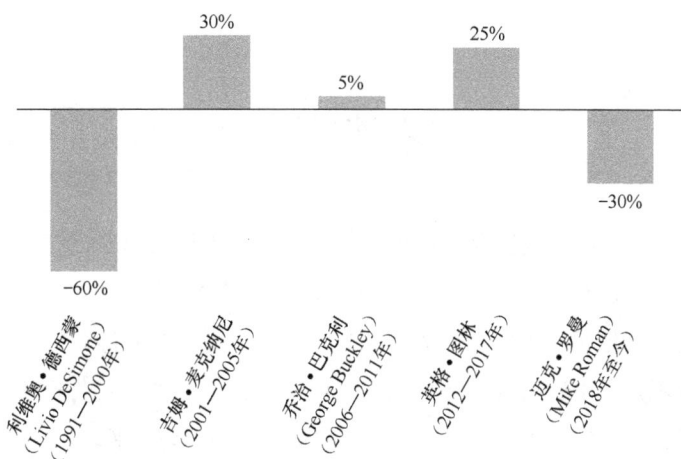

图 12-1　在首席执行官吉姆·麦克纳尼和英格·图林的领导下，3M 公司专注于组织，其股票是标准普尔 500 指数公司里面表现最佳的

注：迈克·罗曼的任期到 2019 年 12 月 31 日止。

资料来源：彭博社

3M 的例子更为常见。我们之所以使用这个例子，是因为个性十足的 5 位首席执行官采取了迥然不同的管理模式，股市业绩表现得十分突出。在麦克纳尼和图林时期，企业利润大幅增长，投资者得到了市盈率大幅提高的回报。其实，我们也可以利用其他几十家大企业来得出完全相同的观点。事实上，有些企业的情况更糟。杰夫·伊梅尔特领导下的通用电气是这种盛衰起伏的典范。它耗资数十亿美元，进军工业软件领域，开发出了客户并没有实际需求或购买欲望的"变革性"产品。浪费了数十亿美元，仅仅是因为企业从来不屑于询问或倾听客户的实际需求。通用电气是一家专注变革的企业。尽管通用电气的预算几乎是无限的，花了整整 10 年来产生重大影响，但它几乎没有创造商业价值。优秀的投资后是糟糕的投资，这也许是杰夫·伊梅尔特时代最常见的失败。

现实情况是，所有的企业都是建立在一定程度的变革之上的，但随着产品逐步改进、制造起到作用、拓宽或进一步渗透进市场，绝大多数的成功都是在接下来的几年里取得的。值得注意的是，过去的 20 年里工业界最成功的两家企业——泛图和儒博根本就没有任何与变革有关的指令、欲望或努力。这两家企业仅仅是让员工专注于增加现金流，并通过投资高回报的利基资产来产生现金流，从而创造了巨大的价值。

人才管理

尽管所有证据都围绕流程和基准驱动的组织，但我们发现管理团队、投资者、媒体和公众仍然普遍关注"人才"，尤其是企业高层领导者的个人特质、历史、动机和战略愿景。但是，根据我们的经验，人才更像是一个流行词，被到处滥用和误用。这并不是说少数极其有才华的人担任领导并不重要。大多数时候这当然重要。事实是，大多数企业的领导者和员工都很难达到平均水平。

我们询问了高管团队一个简单的问题："是什么让你的企业与众不同？"然而，几乎所有的高管团队都会回答："是我们的员工，我们有最优秀的员工。"但每家企业不可能都有最优秀的员工，有的人必须是普通员工。事实上，一半的企业肯定拥有的是低于平均水平的员工。事情可能比这更令人沮丧。如今，全球各地都有如此多的当代人才流向少数几家大型科技企业，剩下的人才可能远远低于历史标准水平。因此，事实上令人不安的是，许多领导者错误地认为他们的竞争优势实际上是他们的员工。我们并不是在建议企业放弃获得他们所能找到的最优秀的人才。显然，人才对一个组织的成功而言至关重要。但是，在高层背后必须建立一个制度，驱动所有员工的行为，不管人才的水平如何。否则，组织的成功会随着一小部分人才的更替或退休而以一种相当不稳定的方式起伏。

可以看看大多数获胜的运动队，统计数字表明了一个有趣的事实。例如，一支普通的篮球队或曲棍球队通常会有几个明星球员，得到几个主力球员和其他几个能提供一定帮助的替补角色球员的支撑。然而，你会在冠军队伍发现人才管理的水平不同。明星球员们的表现通常和预期的一样。他们登上了大舞台。他们在大型比赛中表现极其出色，这并不意外。区别在于角色球员。在冠军球队中，这些角色球员的表现要高于他们的薪水预期水平，而球员们自己也在一个系统中共存，这个系统能极其有效地最大限度地发挥出每个球员各自的能力。这些冠军球队通常由一个教练执教，他让每个人都集中注意力，避免分心，他有时会做出不受欢迎的决定，让球队开除"破坏性"的球员，这种球员可能有天赋，但不适合球队文化，或者会影响到其他人的表现。

在商界，要想取得类似的"胜利"当然需要几个明星员工（比如说总人数的5%），但冠军级员工之间难分伯仲，其关键是让普通员工发挥出更高的水平。我们发现处于"平均水平"的员工相当多，也许占了80%。淘汰那些具有破坏性的人（很有可能是最底层的15%）也至关重要。然而，我们发现企业对明星员工有着病态的关注，而对其他员工关注很少，这不仅没有实际意义，还没有数学意义。简单的数学计算表明，过滤掉破坏性的员工（15%）产生的效果是保护顶尖人才（5%）的3倍。而让广大中等水平的员工（80%）提升10%，其影响力是让排名前5%的人才提升50%的3倍。

考虑到企业整体所面临的挑战，一旦员工人数达到一定水平，企业本身的吸引力开始消退，从统计数据来看，要想获得更多的明星员工就变得更加困难了。面试过程本身就充满了各种各样的陷阱，许多研究人员认为，这比大多数人想象的更像是掷硬币。这一规则可能只有少数例外，而且其可持续性尚且存疑。像谷歌这样炙手可热的企业可能要从当今科技界中"矮子里拔高个"，像高盛这样盛名在外的企业可能会有很多金融界的顶尖人物，麦肯锡可能会吸引到咨询界最优秀的人才。如果你是一名航空工程师，波音公司似乎是一个十分理想的职场，但即使是波音公司也曾从失败走向成功，又走向失败，而在此过程中其员工队伍基本没变。曾几何时，安达信是汇集美国最顶尖的会计人才的企业，但由于管理上的巨大失败，安达信仍然与安然一起破产了。

那么，员工整体及其中的明星员工真的会对企业产生影响吗？如果他们不够专注就不会产生影响。如果他们只是每天上班，浪费自己的才能，那么整个议题就变得无关紧要了。如果一家企业明显依赖于拥有最好的人才，那么从长远来看可能会陷入困境。最终，这个行业本身会失宠，所有那些因为行业火爆而来到这个行业的人才都会去其他地方。

相比之下，最成功的企业依靠的是系统和一群能够让普通人在一段时间内持续成功的领导者，同时他们又可以让明星员工们按预期表现。其风险在于，如果因为行业不受欢迎或企业正经历一段艰难时期而失去了一半的明星员工，或者把这位冉冉升起的新星安排在一个浪费时间的人旁边，或者更不幸的是，你把他的报告给了一个彻头彻尾的混蛋，那么情况就会变得更加糟糕。表现不佳的人永远不会自己离开，优秀的人总是有许多的选择。正如我们在霍尼韦尔一章中所提到的那样，传奇的首席执行官高德威曾经对我们说，为了留住明星员工，他不仅仅是为他们今天所做的工作支付报酬，而且会为他们明天将要做的工作支付报酬。显然，企业必须缩小真正有才华的管理者的范围，否则这种策略的成本会相当高昂。但是高德威做得相当出色，他留住了最优秀的人才，提升了普通员工的业绩，筛掉了那些具有破坏性的人。霍尼韦尔运营体系是这一成功的一个重要组成部分，也许是因为它比其他系统更早地让无效的领导者暴露了出来。高德威没有为糟糕的管理者找借口，他只是尽可能快地开除了他们。运营体系所收集的数据是他的指南。

一个有效的系统一旦成功应用后，所有的员工在每天的工作中都会了解各自的角色如何为企业的价值创造引擎做出贡献，尽管这只是要达到的高层次理解的其中一条。这不仅仅是要了解如何在工厂或后勤办公室工作，还要了解到他们如何为团队、部门以及整个企业的目标做出贡献。人们只有通过一致的信息和清晰一贯的激励才能获得这种理解。但是，一家企业也必须能够逐渐塑造和转移关注点和传达的信息，因为外部环境的需求不是一成不变的。

我们在工业领域一次又一次地发现，最成功的企业都是在一个合适恰当的领导者团队的领导下繁荣发展的。我们采用"合适恰当"这个词，是因为不同企业的领导者类型不同，在同一家成功企业的整个生命周期中领导者的类型也不尽相同。领导者要在适当的时候具备满足组织需要的适当的技能。

　　毕竟，没有任何一个领导者可以无所不能。在本书中，我们赞扬了一些杰出的首席执行官，但他们都有明显的弱点。他们每个人都通过最大限度地发挥自己的某一项才能来取得卓越的成果，尽管由于他们的缺点会失去一些潜在的收益。

　　值得注意的是，即使是伟大的首席执行官，当他们在高层任职 10 年及以上的时候，往往也会开始步履维艰。这也许是因为他们所采用的策略不能适用于不同的时代。或者，他们只是单纯分心了，很难保持清醒和专注。这两种情况我们都见过。学术界对首席执行官进行过研究。首席执行官会感到孤立和脱节，并经常向董事会报告他们认为功能失调的情况。所有这些都是筋疲力尽的真实迹象，当这些首席执行官缺乏精力或权力来推动他们认为必要的变革时更是如此。在这种情况下，值得注意的是，大多数首席执行官任期中最糟糕的 3 年似乎是任期的第一年和最后两年。在任期的第一年，他们往往很难通过一个新的信息来获得动力，企业陷入"停顿"状态。在任期的最后两年，他们似乎总是紧紧抓住企业的一根线不放，但这不再有效。我们可以举出上百个发生这种变化轨迹的例子，包括一些非常有才华的人在最后关头失败的著名案例。即使是我们在本书中所称赞的那些管理者，如果他们能再早一两年离开，得到的评价也许会更高。

文化是产出而非投入

　　我们发现许多企业关注的另一个概念是文化，但它们往往误解了文化代表什么以及如何发展和维持文化。我们请了数百名高管对他们的文化进行了评论，几乎每次得到的回答要么是有抱负的（与当前现实情况不符），要么就更糟了，使用一些让人感觉良好的词汇，如"以客户为中心""卓越""有道德的""包容的"，这些通常都是难以衡量的品质，而且往往与我们的观察不符。不管这些企业的领导者在做什么，他们都没有认真地推行一种真正的文化，如图 12-2 所示。

　　文化不是可以强迫甚至用语言积极推行的东西。文化纯粹是为人们提供具体指导和例子的结果。它通常是由领导者所关注的内容、采取的行动以及围绕组织应产生的结果设置的激励因素所驱动的。领导者不能仅仅通过语言来强加一种文化，但如果他们接纳一种制度，在直接的报告中一致使用，并传播给全组织，那么最终你会得到一种非常接近该制度所倡导的文化。传达的信息越一致，持续努力的时间越长，文化就越强大。文化和忠诚往往是并行不悖的。如果消除了不好的行为，员工感到安全，得到授权，就会有助于确定文化最基本的水平。如果绩效得到了公平的回报，就会有助于确定文化中更积极的成分。这两者都支撑起了文化，还产生了忠诚这一种重要的副产品。我们最近看到了一篇在领英网（LinkedIn）上风靡的、与此主题相关的帖子。它只是简单地说，"千禧一代不是离开企业，而是离开糟糕的管理者。"我不确定这篇帖子的作者是谁，但这看起来确实很准确。虽然文化需要很长时间才能形成，但它可以瞬间消失。

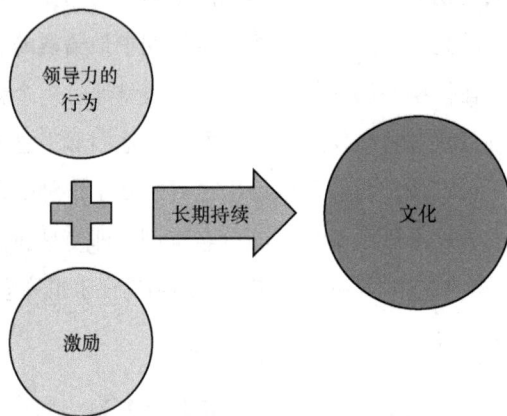

图 12-2　文化是一种产出，是领导力的行为和激励逐渐渗透进一家企业的结果
资料来源：梅利乌斯研究公司

举个例子，如果领导者不接纳一个明确的体系，那么就很可能会继续采用今天的风格。而且，仅仅是不断变化的信息就可以分散人们的注意力，让糟糕的管理者崛起。通用电气苦苦挣扎的首席执行官杰夫·伊梅尔特在其漫长的任期内所写的几乎每一份年度报告中都对通用电气进行了不同的描述，如图 12-3 所示。这些年来，企业真的发生了这么大的变化吗？还是它仅仅单纯地追逐热门的想法？在专注于流行事物的过程中，通用电气的管理者以及员工们失去了注意力。

长期强调文化的部分问题在于，分析师、记者、投资者、员工和高管都将文化解释为成功的原因。但是，是文化驱动绩效，还是绩效驱动对文化的认知？我们想不到有哪个失败的企业，在某一点上不赞美自己的企业文化。通用电气和众创空间是最近的典型例子，它们把冒险描述为"创业精神"。它们使用强有力的形容词让投资者和其他利益相关者认为企业具有某种特殊的能力。但透过现象看本质，你会发现那些文化并没有多少真实的东西。重要的是，亚马逊、脸书和其他科技公司不要落入这个陷阱。这是个滑坡谬误。问问波音的同仁们吧，他们就过着这样的生活。

通用电气年报标题（杰夫·伊梅尔特时期）	
2002年	《只有通用电气》
2003年	《在一个多变的世界中发展》
2004年	《我们的时代》
2005年	《走向伟大》
2006年	《投资并兑现》
2007年	《每天做到投资和兑现》
2008年	《我们是通用电气》
2009年	《调整……重新开始》
2010年	《增长从这里开始》
2011年	《通用电气做到了》
2012年	《通用电气想到、做到》
2013年	《进步》
2014年	《一家新型工业公司》
2015年	《数字工业》
2016年	《引领数字工业时代》

图 12-3　通用电气在杰夫·伊梅尔特时期的年报采用的是典型的"文化"套话
资料来源：通用电气公司文件

资本配置、复利和改造的需求

未来的投资是必要的，它以人们并不总是理解的方式进行。长期成功的关键是创造强大的优势胜过竞争对手，这是在不可避免的危机来袭时生存下来所必需的。无论是技术极其复杂的产品的卓越品质、营销能力，还是优势的分销网络，都不是马上就能实现的。企业必须在具有竞争力的重要领域以持续投资拉开差距。如果表现出色,这些投资最终将产生比以往更高的回报。将更多的利润投资到差距所产生的更高回报率中,就会带来更多的利润,如此循环往复,这就是复利的力量,可以产生飞轮效应。

企业可以进行内部投资,将现金投资于运营和新产品中去;也可以进行外部投资收购。这取决于出现的机会。关键是要使投资产生回报,转化为现金流,从而实现利润的复合增长。更好的情况是,掌握资本配置的企业(通过定期转换投资以寻求最高回报率,包括有机增长、收购、分红或股票回购)实现了较低的融资成本,因为投资者会为这一成功买单,而债务评级机构看到了更好的执行情况。较低的融资成本产生了更加强大的复合效应,使这些企业具备了长期生存所必要的韧性,尤其是在出现意外颠覆的时期,如我们目前正在经历的疫情。

举个例子,假设一家企业收入增长的速度与国内生产总值增速相同,比如3%,并且在制造业方面很有竞争力。仅仅通过严格的经营改善,它就能每年将利润提高5%~6%。但如果该企业一直将资金分配给回报率稳定的机会,那么最终其利润将实现重要的、更高的增长率,比如每年8%~9%。如果企业追求的是业务增长率高于国内生产总值增速,那么它就可以实现两位数的利润增长率。通常,两位数的增长率会让一家企业在众多同行中名列前茅。这是一个值得追求的目标。

事实证明,这种增长的算法对于在股市低迷时期保持投资者的兴趣而言尤为重要。在困难时期,持有有价值的股票和受到猛烈冲击的股票之间的价差会变得更加巨大。这在很大程度上取决于当情况恶化时保持利润和现金流稳定的能力。实现复利的企业如丹纳赫、儒博和泛图,即使是在过去周期性更强的时期,也都能够在衰退期做到限制下行。尽管我们不能确切地明白他们将如何度过最近的这次全球危机,但我们相信他们会比同行表现得更好。

不过,显然当商业环境稳定时,数学的优势是最引人注目的。在其他条件相同的情况下,一项复合增长率为10%的投资,其价值每7年就会翻一番,而一项复合增长率为5%的投资则需要14年才能翻一番。复合增长的回报是巨大的,而且可以通过多种途径来实现。其主要思想是像投资者那样对待现金:冷静地寻找最佳回报,而不是去建立一个帝国。虚荣的交易永远不能见效。出于防御性原因进行的交易通常也注定会失败。而"改变游戏"的交易通常是通往"游戏结束"

的道路。

　　企业要如何实现复利呢？经营纪律是至关重要的。如果每一个员工和每一件制造设备每年能仅仅改进 1%，都将会对回报率产生影响，如图 12-4 所示。那些拥有真正持续改进文化的企业通常每年可以实现 2% ～ 3% 的生产率增长。这些都是随着时间的推移真正出众的企业。

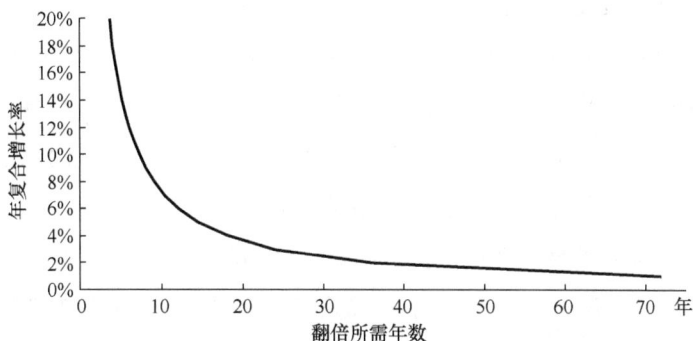

图 12-4　复合增长率的细微增长会产生重大影响

资料来源：梅利乌斯研究公司

　　令人惊讶的是，复利在当今许多企业的商业模式中体现得并不明显。许多企业更喜欢进行回报非常不确定的战略投资，或者缺乏组织力量不能果断地采取行动，或者以多种重要的方式来转换配置。它们相当保守，认为"平衡的"部署是最好的。平衡可能在一定程度上是有意义的，因为它与风险控制相关。不过，你并不是要在任一特定的时间点实现平衡，而是要在时机正确的时候将某一领域置于其他领域之上，比如在股市或经济疲软时进行大规模的股票回购或并购，或者在交易不那么令人感兴趣、估值很高的时期偿还债务并倾向于内部投资。

　　一些企业选择改变整个组织的形势、商业模式和集体心态。我们已经看到那些曾经深深扎根于工业世界的企业迁移到了其他行业。例如，通过大胆的拆分和投机交易，丹纳赫从一家传统的工具公司转型为一家医疗保健公司。霍尼韦尔放弃了最著名的恒温器业务线，专注于仓储自动化和软件。儒博从水泵转向了软件业务。但这些并不是异想天开的转型。在每一种情况下，现金流都部署到了增长更快、利润率更高、更能抵御风险、回报更高的项目中去，并在足够长的时间内持续执行，更好地管控大变革中固有的风险。这些例子不太常见，但它们象征着强大的企业在追求建立可持续竞争优势方面将要做出多少努力。

成功的基准

我们发现，最成功的企业衡量几乎所有可以衡量的东西，但是会缩小关注的范围，以符合企业的目标。它们会按照基准比较内部各个部门。它们会按照基准对标一流的同行和其他行业的企业。它们让谦逊在企业内风靡。总会有一些企业拥有更高的利润率、更快的增长、更高的市场估值。在持续改进的文化中，标杆分析法可以带来强大的激励，当然要应用在有意义的地方。

对于企业使用的特定数据，我们发现最成功的企业平均会关注 8 ～ 12 个相当常见的指标（如图 12-5 中所示的丹纳赫指标列表是一个很好的例子）。

财务	顾客	人才
内生收入增长	质量（每百万件外部部件）*	内部晋升率
营业利润率	准时交货	员工保留
现金流/营运资金流转		
资本回报率		

图 12-5　丹纳赫将其基准缩小为 8 项关键指标

注：＊指产品次品率。

资料来源：丹纳赫

我们发现首要指标是现金流增长和利润增长，这形成了一个共同的基础。大多数较好的企业都会增加一个资产收益指标，如资本回报率，但这可能会打击投资的积极性，还会受到人为操纵，因此它必须要强调新投资获得的回报，并留出时间来实现这种回报。好的投资往往需要多年的时间才能真正得到证明。而且资本回报率并不一定适用于每个组织的每个层级。例如，工厂管理者很容易投资不足，因为他们很少在特定的岗位或地点待足够长的时间，来产出现代化项目的收益。因此，一刀切的模式存在风险。无论如何，高层领导者对投资决策尤其是长期投资决策负责是非常重要的。最好的企业似乎已经找到了正确的拉抬指标，意识到时间点目标与持续改进和飞轮效应相冲突。一个组织最不想强调的是"冲刺到目标线"的行为，但这种行为如今在商业中非常普遍。这是不健康、不可持续的，对文化不能产生积极的影响。

丹纳赫有一套我们所见过的关注点最集中的指标，经过多次更新换代趋向完善。究其根本是丹纳赫高度关注现金流。在我们的研究中，霍尼韦尔和丹纳赫的两位著名的首席财务官提出，现金流是他们日复一日、季复一季关注的唯一最重要的指标。他们认为，正是这种关注支撑起了他们各自的成功。他们都认为关注现金流的企业通常在风险控制方面做得更好，关注现金流的销售企业价格约束更加严格，而关注现金流的制造企业除了采纳精益原则外别无选择。相比之下，我们所列举的专注于市场份额的企业却能表现卓越的例子很少，尤其是那些已经过了变革阶段的企业。

在这种情况下，以市场份额为目标可能是危险的，因为这往往会导致短期行为（有时是不道德的）和长期风险。以黑莓（BlackBerry）为例，它将手机的销量置于其他事项之上，并相应地投入现金和管理资源。再以通用电气为例，在通用电气失宠的整个期间，包括 10 年内两次濒临破产期间，它一直在取得市场份额。杰夫·伊梅尔特将取得市场份额作为其战略正在奏效的证据，而企业的根基却发生了动摇。显然，波音公司为了击败空客推出 737MAX 客机而进行的竞争导致了令人遗憾的疏忽和错误。

在一些快速增长、不成熟的行业里，市场份额可能有一定的意义，比如谷歌、苹果或亚马逊投资增加，以在其平台上实现网络效应。但网络效应仅限于几个完全不同的例子，在这些例子中，网络效应可能会在将来带来丰厚的利润。对 99% 的企业来说，以成本价或低于成本价给合同定价，或允许客户延迟现金支付，最终会带来隐患。我们发现很少有例子表明，在过了企业早期的变革阶段后，这种战略实际上还能奏效。一些工业企业已经以"路径依赖"模型取得了成功，以略高于成本的价格进行提前销售，但这些业务需要源源不断地长期服务收入，并且需要受到知识产权的保护。因此，这越来越成为明日黄花。事实证明，网络效应转瞬即逝，美国政府威胁要调查通过这一战略获得巨大权力的科技企业。欧洲和亚洲国家也承诺将效仿。

最后，每个企业都有其独特的情况，竞争的层次不同，成熟度不同。但我们发现，没有一家取得长期成功的企业不高度关注（有激励措施）自己业务的现金流。

我们发现，即便是在科技界，业绩好的企业也绝对是现金流机器，这一点几乎无法反驳。

最好的企业不仅根据相关的指标来衡量和支付薪酬，它们每天还会用"日常管理"来做到这一点。一位退休的丹纳赫高管曾告诉我们："即使丹纳赫经营得最好的业务部门，也面临着挑战。"他又接着说，在他25年的任期内，没有一天他不必去"解决问题"。无论是客户不满意、供应商问题、产品质量问题，还是员工做了蠢事，领导者的大部分工作是在问题恶化到真正伤害企业之前发现并解决这些问题。越早发现问题，就越容易解决问题。他认为，日常管理水平在很大程度上是区分优秀管理团队和糟糕管理团队的关键。我们想要一种坏消息传得快、领导者能迅速解决问题的文化。

美国国家橄榄球联盟进行了一项文化对成功与失败的影响的相关研究。联盟中到处都是很少赢球的球队，年复一年犯着同样的错误，由于太过频繁更换教练，导致球队无法保持政策的连贯性，无法制定流程和建立优秀的日常管理体系。你可能会认为糟糕的结果会引发一些严肃的自我反省，但事情很少如此。相反，找借口会占据上风，教练和球员的工资会按照一系列越来越低的目标和标准来支付。有趣的是，联盟的下游球队给四分卫的薪水与上游球队差不多。教练的薪酬也没有实质性的差别。输球的球队只是设定了较低的标准，并用"进步"而不是胜负来定义他们的历程。他们树立了一个形象：球队存在系统，粉丝们应该更有耐心，但人们会渐渐明白这显然不是真的。从工厂经理（及其首席执行官）的经营胜负中，我们可以看到事实上相似的情形。事实上可能会进步，但进步太慢，无法缩小与成功的文化和团队之间的差距。持续改进的文化将一个已经很高了的基准又进一步提升了。成功的文化在以下方面倾向于开诚布公：何谓成功、如何衡量成功以及何谓谦逊、如何保持已经很高水平的成就。

体育或商业从来都不会猝死，这对它们来说是一个福音。霍尼韦尔的案例研究就是一个完美的例子，说明了一家企业在走上可能失败的道路后又能重新走上正轨。尽管本书中没有阐释，英格索兰、美国国际电话电报公司和伊利诺伊工具公司（Illinois Tool Works）都成功地走出了低谷。3M在新任首席执行官的领导下举步维艰，但在疫情期间，它重新找回了业务重心，并且已经能够从容应对。扭转失去特许经营权的局面是很有可能的，但这需要保持适度的谦逊，在一段时间内不懈地重新找回专注。

风险管理

大多数企业领导者都乐于关注增长和盈利能力。华尔街正是以此来衡量企业价值的，这些领导者的薪酬也通常是据此来支付的。在如何定义这些指标上存在细微差别，比如采用现金流与利润率还是利润率与资本回报率。但归根结底，薪酬计划需要针对某一企业面临的挑战来制订。差异化通常不如预期中那么充满活力。然而，我们很少发现关于风险管理和控制的最佳做法。领导者通常可以自由地采取导致截然不同的风险总体状况的策略。

具有讽刺意味的是，专业投资者往往比许多他们投资的企业的管理团队更了解风险。专业投资者往往拥有一种"最大化收益，最小化损失"的心态，能够识别出潜在的风险并期待能够因此得到补偿。这是一个基本的价值驱动因素，支撑着金融界几乎所有结构，在债券评级中最容易观察到这一点，因为在债券出售之前风险水平就已经得到评估和分配了。当将软件等更可预测的收入模型与金融服务等不太可预测的收入模型进行比较时，这一点可以直接从股票估值中看出来。当将周期性资产与不太具有周期性的资产进行比较时，也有类似的动态变化。估值差异完全与风险感知有关。

在许多企业内部，尤其是企业架构的下面几层，对风险的认识很少。而激励性薪酬制度往往完全忽略了风险。即使是在一些管理良好的企业，员工也会因增加收入和收益或最大化现金流而得到报酬，但这些员工在这样做时并没有得到要承担多大风险的指导。结果，他们倾向于做出冒险的决策，特别是当这些风险的潜在后果是未来预期很好、另一个领导者会为此负责的时候。

为了实现增长和利润这两种产出，企业必须进行各种投入，而且各种投入不该相同。有些投入会附带成本，而另一些投入则附带时间的影响，从而扭曲了对成本和收益的估值。根据我们的经验，最成功的企业总是能考虑到最能推动其预期产出的投入，并设法限制有风险的投入。这种考虑带来的是更高质量的增长，或长期波动更少、更可持续的回报。

因此，在我们对成功与失败的长期分析中，风险管理是一个关键变量。尽管投资者很擅长对不同的风险状况进行现值估计，但企业往往会失职。通用电气在10年内两次濒临破产，具体来说是因为它未能在很多层面上管理风险，包括我们甚至没有计算进去的层面：项目风险、并购风险、高债务水平、退休金融资风险、文化退化风险、投资不足风险，以及它保留的长期护理保险负债带来的精算风险。我们所能发现的几乎每一次失败都有一些风险状况变化的因素，这些风险状况都非常糟糕，无论是考虑不周的并购交易，还是决策错误的投资，或是糟糕的领导能力，都会让这种情况持续远超应有的时间。即使是在运行良好的经济体中，与风险控制相关的管理缺陷也开始显现，但在经济衰退时会表现得尤为明显，如图12-6所示。

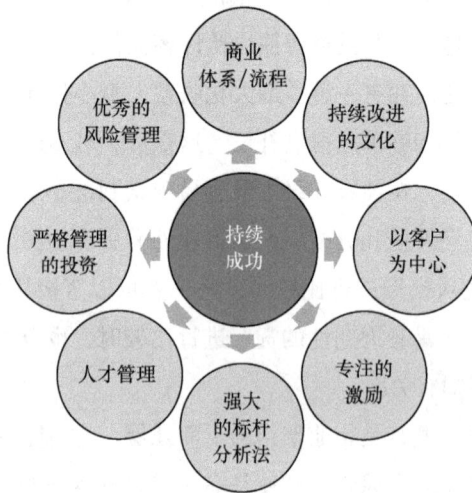

图 12-6　实现飞轮效应后收益额外增长

资料来源：梅利乌斯研究公司

结论

我们研究的所有企业都有某种流程，不存在流程暂付阙如的问题。但大部分流程的时间都花在了非生产性的活动上，比如预算、预测、资本规划，以及解决那些可以拖延和加剧的问题。相反，有效的方法是集中注意力实现 3 个目标：通过减少每一步的浪费来控制成本；保证生产质量稳定；以及使企业从上至下实现高度的客户亲密度。当这些目标成为企业每个人的共同目标，并且持续改进的态度成为文化的核心时，这个机制就能发挥作用。最起码来说，有效地实施持续改进的企业将通过可以用于增长的更多现金流获得机会。

最成功的企业还是那些做出更多努力，并有一些不同的新创造的成长性企业，这些企业是围绕着经营能力而非围绕着产品周期创建的。丹纳赫和福迪威经营的业务范围很广，并且在专业工具和生物技术方面可以说比世界上任何企业经营得都要好。儒博从经营工业资产转型为经营软件业务。泛图是一家专业化的企业，但由于它高度关注受保护的利基市场，其业绩表现甚至远远超过了其他经营良好的航空航天供应商。虽然对于航空业所遭遇到的困境，泛图公司也难以幸免，但它在应对挑战方面有着良好的记录。当然，能生产出客户需要的高质量产品固然重要，但真正将一家企业与其他企业区分开来的是可重复的流程、让每个部门都能竭尽全力和保持专注的商业体系。经营活动产生现金，这些现金用于投资更多的资产，资产又随后得到改善，实现了成功的飞轮效应。

对于需要避开哪些问题，相关的教训显而易见。错误之一是通过预测终端市场多年的发展来推动战略决策，这是在掷硬币，虽然企业是基于充分信息来做决策的。通用电气将大量赌注压在石油和天然气行业多年来的持续增长以及化石燃料发电上。卡特彼勒认为，在一段时间内采矿业的支出将显著增长，而现在美国的煤炭急剧降价，变得一文不值。就在媒体行业好转之前不久，通用电气出售了美国全国广播公司，进行了那些命运多舛的投资。通用电气和卡特彼勒就是两个极端的例子，对终端市场未来 5 ～ 10 年的增长进行超前思考注定会失败。如果预测营收是一个巨大的挑战，那么预测未来的盈利能力甚至是更加艰巨的挑战。很少有管理团队会表明由于市场变动及其行为，利润率会降低。管理团队的预测普遍很乐观。

管理在为组织设定目标和强化支持这些目标的行为方面起着关键作用。激励比大多数管理者所认为的还要重要，这些激励需要调整适应当前的战略。长期任职的首席执行官离职是企业的一个不确定的时刻，如果首席执行官是传奇人物，如通用电气的杰克·韦尔奇或联合技术公司的乔治·大卫，情况就更是如此了。

在这种情况下，投资者通常会谨慎行事，担心当前任领导层隐藏的问题浮出水面时，收益会进行"巨额冲销"。不进行改变会带来更大的危险。像联合技术公司一样，正在实施的战略需要首席执行官和董事会仔细地重新评估。联合技术公司是其中一个例子，但还有很多其他的例子。在首席执行官执掌企业的 15 年里由他提拔的管理者自然会支持旧的战略，而且他们可能会非常犹豫是否要抛弃旧的战略。毕竟，他们已经用了自己的职业生涯去执行它。高德威在霍尼韦尔取得长期成功中最令人印象深刻的成果之一就是，他选择了杜瑞哲作为继任者，后者带领企业走向了一个截然不同的方向，但仍然取得了积极的结果。

对于开拓职业生涯的员工和寻求所有权的投资者来说，问题肯定存在。管理非常重要，其重要性往往超过业务本身，超过除了短期框架之外的任何事情。

我们越来越多地寻找成功的两个标志。其一是谦逊，展开来说，就是接受反馈和变化的能力、进行标杆分析和产生高质量反馈的方法。其二是完善的反馈流程，它能够实现持续改进，这是任何成功的工业企业的核心，尽管持续改进往往局限于工厂车间而不是整个组织。危险信号则恰恰相反：傲慢、过度自信、严格按照目标进行管理的策略，以及对终端市场的巨额赌注，或者至少是对实现这些目标的强烈信心。鲁莽行事本身就是危险的，而且可能是错误安排的标志。

商业书籍谈论强大的领导能力，这往往在军事上是奏效的，英雄般的将领响亮地发号施令，但这在商业上似乎从来都不奏效。我们将"强大"定义为规划合理路线、传达计划和正确安排能够执行的人员的能力，同时能够对使组织保持持续改进的心态稳步实现长期目标的行为进行激励和奖励。

最好的企业拥有强大的文化，但强大的文化只是多年来明智的行动、纪律严明的流程和领导层制定的激励措施的结果。每个员工都知道自己的使命，每天都朝着履行使命的某个方面努力。当你了解它时，就会知道这是一个相当明显的特征。

这一切对新经济而言意味着什么？随着行业老化和竞争加剧，缺乏经营纪律的新企业将会倒闭，就像成百上千家旧经济的领头企业所经历过的那样。反馈环路和持续改进在任何行业都是有效的，但许多新技术领域似乎做不到。没有日常管理工具的大创意文化最终都会脱轨。概念企业和软件企业尤其容易面临这样的风险。

　　在基于知识产权的企业框架内，管理硬资产是非常棘手的，优步和众创空间就是很好的例子。通常的策略似乎是假装资产没有成本，一切都会随着时间的推移得到解决。有时，科技经济向实物资产的转变似乎是一种将所产生的尽可能多的痛苦转移到体制外的做法，而不是将成本降到最低。当有足够多欲望的人来接手这项工作时，这种做法才会奏效，而且还容易使自己受到实际的、有利可图的业务的影响。这也会产生明显的道德影响，有可能会被政府监管机构注意到。

　　这些教训在理论上并不复杂：衡量、制定过程、采取激励措施、根据需要进行纠正，然后不断重复。这一过程越向前发展，就会变得越强大，跟其他企业产生越大的区别。差距拉开了，这种文化也扎根了。

　　至关重要的是，一个组织要把注意力集中在那些能让它保持飞轮效应的小事上。要采用集中精力的商业体系。要以外部和一流的组织为基准。要鼓励一种建立在不断改进的基础之上的谦逊的文化。要提升领导力，使领导者明白管理成本、获得更多的资金以及按照最高回报重新配置资金的重要性。要做到这些一点也不难，但不知何故，每一代新企业都会迷失方向，因为它们过于关注短期成功，忘记了"长期"往往就在眼前。

后记

本书讨论的主题是我们观察到的最值得注意的最佳实践。然而，如果说这份清单已经是完整无遗的，就肯定会产生误导。企业要取得成功，与此相比，还需要更多的艺术，也许还需要更多的运气。我们所做的这些案例研究都有一个共同点，即缺乏即时的大众吸引力。例如，许多读者从未听说过联合租赁公司；然而，它已经发展成建筑设备行业的优步，但它的商业模式比优步更有可持续性。

这也是我们认为案例有研究价值的原因。这些企业没有进入公众视野，但不应如此。每个案例都提出了清晰而常见的业务问题和一套解决方案，这些解决方案要么表现出色，要么遭遇惨败。虽然它们有共通之处，但也存在很多的细微差别和技巧。如果脱离了研究的背景，我们在这里所讨论的教训完全不能产生预期效果。

我们可以保证的一点是，在如今对变革的迷恋消退之后，这些同样的挑战还会再次出现。很多事情已经在发生了。众创空间在从首次公开募股中获得暴利的一个月之后，就需要紧急融资。苹果和谷歌都面临着在全球一体化的经济环境中进行经营的挑战，而规则却往往不同，竞争环境也很难取得公平。人们普遍不相信这些新一代的成功。科技界的亿万富翁与二手车销售人员一样，在公众信任度方面的排名靠后，这些看法将影响一代人的政策。

工业界已经碰到过这一情形了。只要把上面所提到的名字换一下，回到20年、40年甚至60年前，我们就会遇到同样的说法。几乎在每一个案例中，都有一家工业企业要么解决了其中一个问题，要么尝试失败。那些无视历史的人注定要重蹈覆辙。我们没有所有的答案，远远没有。但我们确实有了一些答案，这些答案对广大受众都有启示：对于投资者、领导者、求职者及监管者来说，还有很多值得学习的地方。